応答する〈移動と場所〉

——21世紀の社会を読み解く

伊豫谷登士翁
テッサ・モーリス＝スズキ＝編
吉原直樹

飯笹佐代子
伊藤美登里
辛島　理人
笹島　秀晃
高野　麻子
高橋　雅也
武内　進一
松本　行真
望月　美希
山岡健次郎
山脇千賀子

ハーベスト社

はじめに

伊豫谷登士翁

ＡＩなどの新しい技術革新が急速に進展する中で、これからの人間のあり方にかかわる「ポストヒューマン」をどうとらえるかが、社会科学の中心的なテーマのひとつになり、他方では、これまでの境界を越えるさまざまな動きとしてのグローバリゼーションを問い直すことが喫緊の課題となっています。グローバリゼーションの新たな展開は、あらためて「移動」という問題系に分け入り、移動との関連で論じられる〈場所〉や共同性（コミュニティ）の内実を問うことが求められるでしょう。

こうした課題設定をおこなう際にまず頭をよぎるのは、社会学はグローバリゼーションをどのようにとらえてきたのであろうか、という点です。たしかにこれまでに「グローバリゼーションと社会学」とか「グローバリゼーションの社会学」などといったタイトルを付した書物が数多くあらわれています。またメディア研究などでは、社会学があたかもグローバリゼーション研究をリードしてきたかのような言述が広がっています。しかし実際のところはどうなのでしょうか。

こうした問いを提起するのは、社会学においていまなお方法的ナショナリズムあるいは国民国家という枠組への暗黙の固執、そして成長あるいは進歩という歴史認識への無意識の執着がみられるからです。さらに、こうした事態は、現代世界が直面する最大の課題である環境破壊に対する批判とみなされてきたエコロジーに関する議論と共振することによってより複雑な様相を呈しています。

もし社会学が、そして社会科学全体が、有効な議論を展開し得ていないとするならば、その理由の一つは、以下に述べるような〈近代における国家原理／市場原理のジレンマ〉を誰にでもわかるような形で説明し、国家／市場に代替するシステム原理を提起し得ていないからであると思われます。

グローバリゼーションに関わる諸事象は、近代という時代が抱え込んだジレンマの表出であったといえます。近代は、政治的には（国民）国家という政治のあり方へと帰着してきました。しかし二度の世界戦争（総力戦体制）からそれ以降（高度成長と福祉国家）に至る時代において、国民国家は極端な大量殺戮と豊かさ（ホブズボウム）を、そして総力戦体制崩壊後のグローバリゼーションは地球的規模での格差を生み出してきました。国民国家間の政治的な対立が二度にわたる未曾有の世界戦争へと導いたことは否定できません。しかしながら、現在においても繰り返される紛争をはじめとするさまざまなコンフリクトを解決しうるのは、近代国家というシステムをおいてほかはないのです。

同じことが、資本主義という市場経済システムにおいてもいえるでしょう。市場システムは、効率的な生産体制を生み出し、世界的な規模での生産のグローバル化を実現し、人類史上類をみない規模での大量生産／大量消費の時代を可能にしてきました。市場システムに対する批判として、かつては社会主義の計画経済がかかげられましたが、それは見事に失敗しました。しかし豊かさと引きかえに、われわれは、甚大な環境汚染というリスクに直面しています。
近代は〈(国民)国家〉という権力システムと〈市場〉という分配システムを基盤として展開してきました。そしてグローバリゼーションの進展とともにあらたな問題事象として立ちあらわれているのが、他ならぬこの二つのシステムの機能不全ですが、残念ながらわれわれはこの二つに代替できるシステムを未だ見いだしえていません。そしてそのことが、あまたのネオリベラリズム批判、そして国民国家批判が説得力を欠いてきた大きな要因であるといえます。

だからこそ、いま一度根源に立ち返って、西洋近代が創り上げてきた政治のあり方、すなわち(議会制)民主主義、立憲政治／憲法、正義、自由と平等、個と公など、西洋諸国のなかで育まれ、近代国家における統治の根幹を形成してきたコスモポリタンな価値観／歴史認識を問い直す必要があります。またそうした問い直しとかかわって、時代としての〈グローバリゼーション〉の立ち位置をしっかりと見据える必要があります。さらに、経済システム(市場原理)への国家介入という観点からグローバリゼーションをとらえたときに、一九六〇年代後半以降の時期は、ひとつの重大な画期です。すなわち、多国籍企業が、発展途上国を含めた地域をグローバル資本の世界的な統合に包摂した時期です。ここで社会学にとって最大の争点(イシュー)になるのは、「時間と空間の圧縮」(ハーヴェイ)としてのヴァーチャルな空間の展開と、ヒト、モノ、カネならびにコトのボーダレスなフロー(移動)、そしてそれにともなう場所喪失と再形成の経験です。これらは、近代の〈国民国家〉という権力システムと〈市場〉という分配システムを直接崩壊に導くものではないが、根底からゆるがしていることはたしかです。

〈移動と場所〉を時代としての〈グローバリゼーション〉にかかわらせて論じることは、近代の国家／市場に代替するシステム原理を作り出す／考案するにあたって欠かすことのできない前提要件となるのです。さらに、移動と場所という課題を日本という場で考えるわれわれにとって、欠くことのできない課題として、三・一一の影響もみておく必要があります。

原発事故によってたしかに近代科学神話は崩壊しましたが、それとともに露見した政治の軽さ＝言葉（論理）の軽さは、こんにちポピュリズムの台頭／左翼の衰退を招いています。そうした事態は先に触れたコスモポリタンな価値観／歴史認識の否定と根底のところで深くむすびついているように思えます。しかもその言葉の軽さは、日本だけではなく、世界中に蔓延し、それが象徴的に立ちあらわれているのがブレグジット・トランプ現象であるといえます。しかし欧米では、そうしたブレグジット・トランプ現象の反転として、さまざまな市民運動が立ちあらわれており、そうしたものが市民社会形成のあらたなうねりとなるのかどうかが注目されています。

本書は、以上のような歴史認識／時代意識をゆるやかに共有しながら、表題にかかげたテーマにアプローチしようとするものです。

全体は三部からなり、I部では問いの背景、所在を明らかにすることによって、移動と場所をめぐるダイナミズムへの基本的な視角を得ようとします。II部では、それを受けて具体的に五つの問いを設け、グローバルな諸相を説き明かそうとします。本書全体の基幹部分となっています。そしてⅢ部では、この間、日本の日本研究に深甚な影響を及ぼしてきた論者によって、Ⅱ部の応答論文の基調を踏まえながら、より広い視野、普遍的な課題の下でテーマの再審がなされます。このようにして本書は、三重奏によって「移動からいまを問う」という内容になっている点に最大の特徴があります。

目次：『応答する〈移動と場所〉——21世紀の社会を読み解く』

目　次

III部　再び、大きな問いに立ち返る
――「民主主義、多文化主義、三・一一」

I部 いま、何をどのように問うか

——移動と場所をめぐるダイナミズム

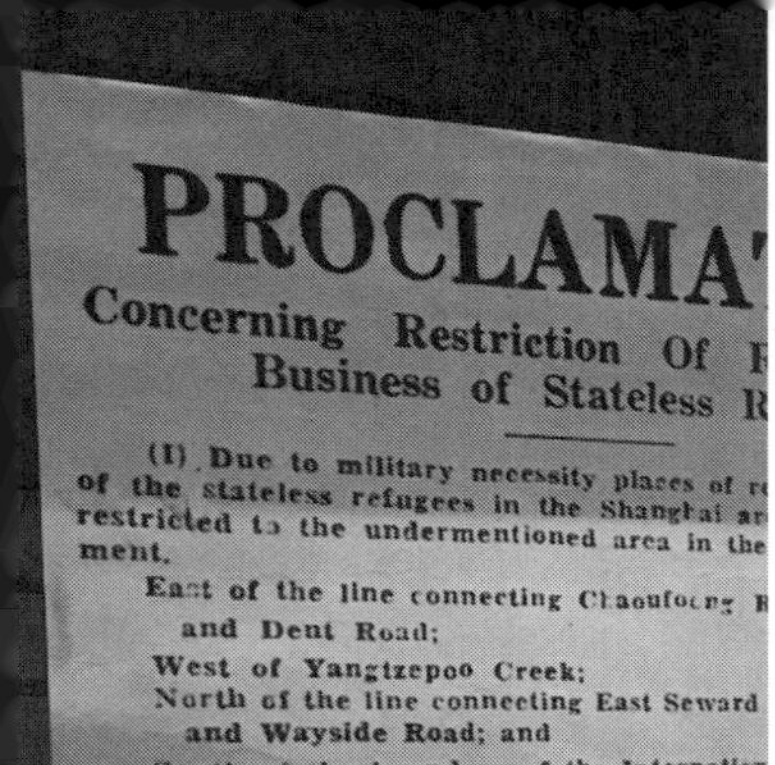

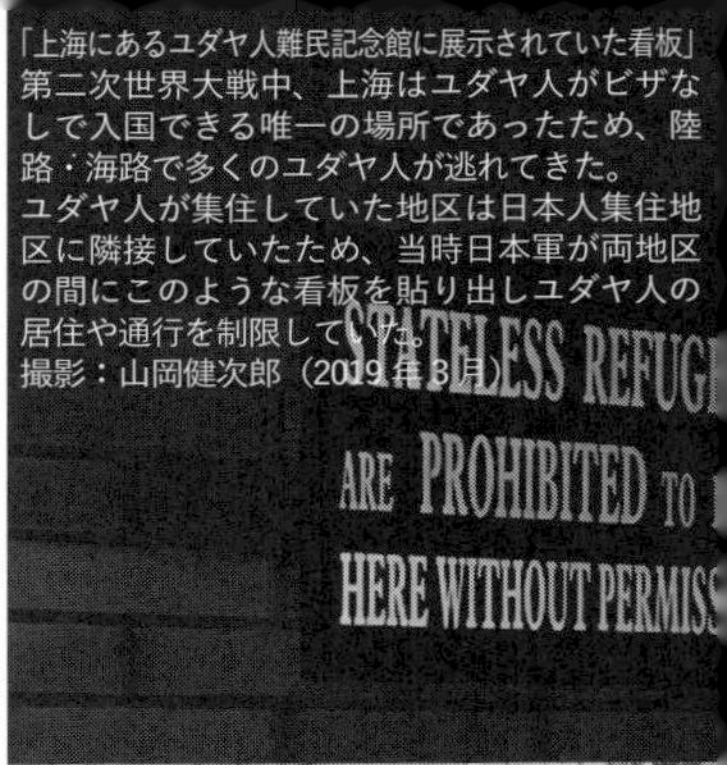

「上海にあるユダヤ人難民記念館に展示されていた看板」
第二次世界大戦中、上海はユダヤ人がビザなしで入国できる唯一の場所であったため、陸路・海路で多くのユダヤ人が逃れてきた。
ユダヤ人が集住していた地区は日本人集住地区に隣接していたため、当時日本軍が両地区の間にこのような看板を貼り出しユダヤ人の居住や通行を制限していた。
撮影：山岡健次郎（2019 年 3 月）

「ジョブセンターの建物（ドイツ、ミュンヘン）」
撮影：伊藤美登里（2014 年 10 月）

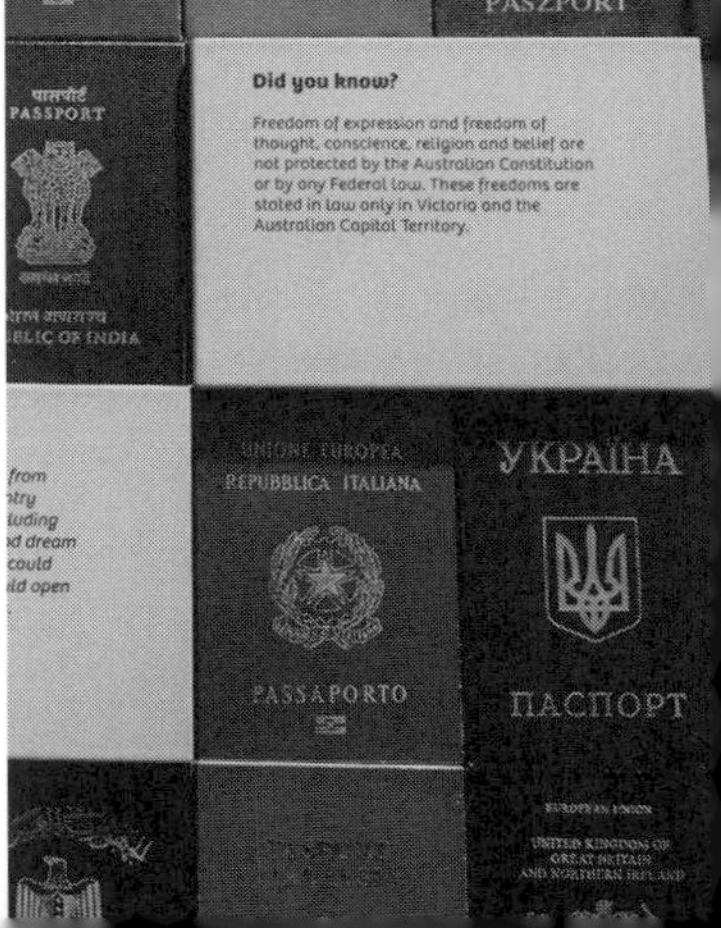

「壁一面に展示された移民のパスポート」
オーストラリア・メルボルンの移住博物館（Immigraiton Museum）にて。
撮影：飯笹佐代子（2019 年 3 月）

移動はどのような場所を創り出してきたのか

伊豫谷登士翁

情報の移動と人の移動が生みだす場所

膨大なカネ、モノ、そしてヒトの移動が場所を大きく変えてきている。この半世紀ほどの間に、世界のさまざまな地域で生産されたモノが、大量輸送手段によって結びつけられ、人類がこれまで経験したことがない大衆消費社会を、世界的な規模で生みだしてきた。また、天文学的なカネの流れが、経済や政治だけでなく、人びとの日常生活の基盤を浸食し、ライフスタイルや価値観までをも変化させてきている。カネやモノの移動とともに、ヒトも移動する。しかしながらグローバリゼーションの時代と言われながらも、ヒトの移動は国籍という衣服にまとわれ、いまでも移動にはさまざまな制限がつきまとう。

二一世紀に入ってから劇的な変化をもたらしたのは、カネやモノ、そしてヒトの移動だけではない。インターネットを通じたとてつもない情報の移動が、場所を大きく変えてきている。これまでとは比較にならない情報の移動は、国境を越えたヴァーチャルな空間を拡大し、コンピュータによって解析され、デジタル化された情報は富を生みだす商品として市場化されてきている。膨大なデータは、これまでの産業のあり方を転換しただけでなく、新しい産業を生みだしてきた。さらにマーケティングの手法は政治の世界に拡がり、統治する手段として利用される。ビッグデータという怪物が、ニュースの形態を変え、選挙を通じた政治戦略から人々の消費行動までを動かし、国境を越えた対立や分断を生みだしてきているのである。

本書の出発点は、まず何よりもこの四半世紀、インターネットの浸透、金融や情報の肥大化などによるヴァーチャル空間の拡がりが、移動という概念を大きく転換させ、国境という枠を越える動きとしてのグローバリゼーションを新しい局面へと導いてきたのではないか、ということにある。さらに国民国家というまとまりのなかで、自由や平等あるいは進歩といった理念を創り上げようとしてきた近代という時代が、大きく転回したといえるかもしれない。多くの人々が、民主的な政治に参加し、豊かさを享受したと思えた時代が終わった、という認識が拡がっている。

これまでも規制緩和や民営化といった一九八〇年代以降の政策は、人々の間に深刻な亀裂を生みだし、拡大する格差への批判が繰り返し行われてきた。親の世代よりも豊かになれないという感覚が多くの国の若者間で蔓延し、社会的な分断や世代間の対立を加速してきたのである。近年では、極右と呼ばれる勢力の台頭にみられる分断政治は、欧米諸国だけでなく、発展途上国や旧社会主義圏諸国などのいたる地域へと拡がり、ネオリベラリズムやポピュリズムへの危惧がしばしば表明されてきた。

グローバリゼーション時代における社会の課題

しかしグローバリゼーションの新たな局面における重大な問題は、格差や民主主義の衰退として表れてきている政治や経済だけにあるのではない。いま直面している大きな課題は、変貌を遂げる局面の底流にある時代の変化にあり、近代国家が築いてきたシステムが機能不全になってきたことにある。本書のテーマとの関わりから言えば、国家に対して社会と呼ばれてきた人々の間で創り上げられてきたさまざまな共同性がもはや機能しなくなった、と言い換えることができる。ここでは移動という観点から、この社会という場所の変化に対してどのような課題を提起できるのか、考えてみたいと思う。経済や政治において取り上げられてきているグローバリゼーションという課題を、社会という枠組みに投射してみる試みである。

コンピュータによって結びついたインターネットの世界が国境を越えて人々の生活のなかに深く浸透してきたのは、この四半世紀である。さらに今後、人工知能（AI）などの技術はいろいろな場に広く拡散し、国境を越える情報や金融などの移動はますます膨れあがるだろう。こうした変化を、私たちは避けて通ることができない。いまグローバリゼーションを学ぶ意義は、そうした変化や時代の流れをいかに批判的に捉え返し、どのようにすれば人々にとってより良い場所に作り替えることができるのか、社会科学はそうした場所を創り出すことにどのように貢献できるのか、を問い直すことにある。こうした問いに対する正しい解を見いだすことは困難であろうが、いまある場所をよりよい場所に変えていくことはできるだろう。本書の目的はその手がかりを探し出すことにある。

〈いま〉という時代から、グローバリゼーションを論じるには、どのような方法や観点があるのだろうか。あらためて言うまでもなく、グローバリゼーションは、経済だけでなく政治や文化、社会などあらゆる分野にさまざまな形で表れてきており、一方では大きな期待をよせて、他方では不安を抱きながら、多くの人たちが時代の変化を感じ取ってきた。

グローバリゼーションと呼ばれてきた事象は多様であり、それらは一見したところバラバラに見えながらも、国や地域の境界を越えて、ひとつの時代の変化を表してきた。そうした変化を捉えるには、各々の事象をひとつひとつ丹念に掘り下げるとともに、国家を暗黙の分析単位と見なしてきた従来の思考枠組みの組み替えが必要とされる。さらにいま、進歩や発展を前提としてきた近代の歴史認識や価値観が批判にさらされ、あらためてグローバリゼーションと言われる時代を、近代と呼ばれてきた歴史のなかでどのように位置づけるのか、再考を迫られているのだ。

境界を開く新たな人の移動の時代

本書では、グローバリゼーションとはどのような時代であるのかという問いを意識しながら、〈移動〉と〈場所〉という問題をたててみたい。あるいは〈移動〉という問いからグローバリゼーションが展開される〈場所〉を捉え直すことによって、〈いま〉と呼ばれる時代の課題を再考する手がかりを考えてみたい。とくにここでは、人の移動に焦点をあてる。その理由は、モノやカネの移動に比べ、ヒトの移動は、社会の変化が直接的に投影されて、時代の変化を集約するからである。モノやカネの移動は、これまでとは比較にならない規模に膨れあがり、情報が瞬時に世界を駆け巡る時代である。これらの移動には必ずヒトの移動がともなない、移動は場所のあり方を変えてきた。しかしながら、モノやカネの移動と比較して、ヒトの移動は依然として境界によって厳しく制限されている。グローバリゼーションと呼ばれる時代に、移動がどのような場所を生みだしてきたのかを考える重要な鍵が、モノやカネや情報の自由な移動とヒトの移動の制限との対照性、ズレのなかにある。

ここで問題となっているのは、新たな大量移民／難民の時代に入ったということだけではない。〈いま〉という時代が直面しているのは、移民や難民に対する共通した理解や認識が揺らぎ、これらの人々を保護する人権などの理念や手段が次第に閉ざされてきた、という点にある。これらは、しばしば多くの人たちによって、ナショナリズムあるいはポピュリズムと批判的に論じられ、かつての戦時期を想起させる状況に近づきつつある、と指摘されてきた。しかし世界で拡がる極右と言われる勢力の台頭は、単純に、かつてのファシズムの時代への回帰とは言えないだろう。

人権や民主主義という戦後の国際政治の理念は、たとえ建て前であったとしても、辛うじて大きな戦争を食い止める防壁として機能し、人種差別は正統性を失ってきた。しかしいま、悲惨な戦争を繰り返さないために創り上げられた戦後の枠組みや規範が、簡単に崩れようとしているようにみえる。なぜ人権や民主主義という理念は急速に色褪せてきたのだろうか。現代の移民や難民と呼ばれる人たちを巡る混沌とした閉塞状況のもとで、欧米諸国の政府は、移民を制限し、あるいは国境を閉鎖するという、時代錯誤の政策を掲げる他には、有効な政策を見いだせないでいるように思われる。

この混沌とした状況の底流にあるのは、多くの人たちが指摘してきたように、近代世界の基盤であった国民国家という体制の揺らぎである。近代の政治や経済、文化などは、国民国家という一定の固定した場所とそこに住む人々を当然のことと考えてきた。それゆえに移民や難民は、国民国家という本来あるべき場所から外れた人々になる。場所を固定的静態的に考え、そこから移動が捉えられてきたのだ。しかしながらいま移動と場所の関係性を柔軟に考えて、国民国家という場所を捉え返すことが求められている。

私たちの思考は、しばしば、定住している人びとのあり方が常態／正常であり、移動する人を〈例外〉あるいは正常ではないと、無意識に見なしてきた。社会科学は、基本的に、ある定まった領域によって画される場所に人々が定住することを暗黙のうちに〈常態／正常〉とみなしてきた。移民あるいは広く人の移動というテーマは、しばしば、正常から逸脱した人々の正常への回帰、と捉えられてきたのである。

しかしながら、移動から場所を捉え返すことによって、ある定まった場所を所与としてきた近代国家の、そして社会科学の課題が浮き彫りになる。移民や難民に関わる研究は、こうした近代の知の枠組みが持つ制約を明らかにすることができるはずだった。しかし、人の移動を対象とする移民研究も、あくまでも、ある正常な場所での定住を本来のあるべき状態として構想してきた。移民研究は、正常から逸脱した移民がもうひとつ別の正常にいかに戻るのか、あるいはもとの常態にいかに回帰するのかという物語として、展開されてきた。移民研究は、定住の観点から逸脱と見なす人の移動を研究してきたのであり、移動そのものが論じられたわけではなかった。

どこか定まった場所に〈定住〉することが人々の正常なあり方だとする考えにおいては、移動と場所をつなぐ「経路」(Clifford 1997=2002) は、そしてしばしば移動によって創り出される場所の多様性は、抜け落ちることになる。これまで移民や難民に対する政策において、さらに移動を考える場合においても、定住を正常と見なし、〈移動〉を本来あるべき正常な均衡からの逸脱と考え、常態としての〈場所〉のあり方を固定的に想定したのだった。一定の定まった場所に定住することを常態と考え、移動とはその常態からの逸脱とする思考は、国民国家を暗黙の前提としてきた社会科学に深く浸透している。しかしそのことが、移民や難民に対する政策的な隘路を生みだし、排外的なナショナリズムの台頭をゆるし、国民国家が揺らぐ〈いま〉という時代の抱える課題を見えなくしているのである。

大規模な人の移動と向きあう

増え続ける移民労働者への反発が拡大しながらも、移民に依存せざるをえない先進諸国。防衛目的だけでなく、石油やその他の稀少資源の利権を維持するために軍事的な戦略から介入を続ける大国とますます激化する地域紛争によって生みだされる難民。グローバル資本の浸透によって広がる経済格差と移民送金に依存する経済の拡大。これまで国民経済という単位で曲がりなりにも維持されてきた労働市場は、国民国家の揺らぎの中で、変質してきている。

人々の生活はますますグローバル化し、そのことが否応なくヒトの移動の拡大を引き起こし、膨大なヒトの移動は国際政治の最大の争点として浮かび上がってきた。アメリカにおけるトランプ大統領の誕生と中南米から北米を目ざす移民キャラバン、イギリスのＥＵからの離脱、欧州各国における反移民感情と極右の台頭、アジアやアフリカでの移民労働者や難民の排撃と虐待。二一世紀に拡大してきた膨大な人の移動は、資本や情報の移動を反映してきており、ここで問題となるのは、そうした人の移動の経路であり、そこで創り出された場所なのだ。

これまでも無数の経路が無数の多様な場所を創り出してきたが、そこで創り出された場としての国民国家が機能不全を起こし、対立を生みだしている。国際移住機関（IOM）によれば、生まれた国を離れて外国で暮らす人の数は、二億五千万人を越え、世界人口の三・四％に達すると推計されている。しかし境界を越えて暮らす人々、生活の場を求めて動き回る人々、国家的な暴力や制約から逃れようとする人々などの数は、統計として捉えられている数を、遙かに上回るだろう。さらに移民や難民と呼ばれる人々と観光や留学などの一時的と分類されてきた移動との境は曖昧である。いまや誰もが潜在的に移動する時代である。

膨大な規模の難民や増え続ける移民の流入は、欧米諸国だけでなく多くの国の政治的、社会的な分断を露わにし、第二次世界大戦後に封印されてきた人種や民族に関わる諸問題を噴出させてきている（Shephard 2010=2015）。さらに市場経済の浸透によって各地域にもたらされた亀裂が、移民や難民と呼ばれた人々の移動を契機として、表面に表れてきた。第二次世界大戦の経験を踏まえて、西欧諸国は人種差別を強く批判し、人権思想の浸透を主導してきた。しかしいま、年間百万人を超える難民や膨大な移民労働者の流入に直面して、欧米諸国は排外主義的な運動に対する有効な政策を見いだせないでいる。

人の移動は近代世界を創りあげてきた。しかし移民や難民の存在が政治の大きな問題として表れてきたのは、それほど昔のことではない。国境に画された国民国家という体制のもとで、人々の管理や支配が圧倒的な規模で展開されたのは、二度の世界大戦の時期である。さらに現代の移民政策や難民政策と呼ばれるものの原型が形作られたのは、第二次大戦後の大規模な人の移動が「正常な状態への回帰＝母国（故郷）への帰還」という形をとったことによる。また、政治課題としての移民危機、そして移民研究なるものが広く認知されるようになったのは、そして人々の移民や難民に対する基本的な認識が浸透したのは、欧米諸国において高度経済成長に支えられた福祉国家体制の時代が終わった一九六〇年代以降だった。

国境を越える移動は、これまでも「故郷」を生みだし、ナショナルなものを喚起してきた。第二次世界大戦と戦後の未曾有の規模の人の移動によって、かつての植民地を含めて、国民国家は再編成されて、国境と国民が再確定されたのである。ナショナリズムに席巻された悲惨な戦争の経験から、国境を越えて移動する移民や難民に対する国際的な規範や理念が創り上げられた。その後の高度成長の時代に人の移動は拡大し、移民や難民といわれる問題は、日本を含めて、いまやあらゆる国が直面するグローバルな課題となってきた。

移動する人々は、グローバル資本が創り出した世界編成に組み込まれ、その多くは安価な労働力としての移民労働者である。しかもその労働力は、これまでの生産やサービスなどの経済活動だけでなく、最近ではますます介護や看護などの人の再生産といわれる領域にまで拡大してきている。移民労働者は、生命の再生産という国民国家の根幹に深く入り込み、国家と個人との中間にある家族やコミュニティという領域、そして社会を大きく変えてきている。

グローバリゼーションは、経済成長に支えられた豊かさと福祉政策に大きな亀裂と分断を持ち込んできた。これまでも先進国と呼ばれる国々は、一方で難民や移民の流入に対する排外主義が拡大しながらも、他方では高齢化社会の福祉を維持するには彼ら／彼女らに依存せざるを得ないというジレンマに直面してきた。戦後の人の移動に対する人権などの理念は、この矛盾の解決策であり、その帰結として、外国人と国民とを分断する壁は低くなってきた。移民を管理する政策は、しばしば国民を管理する政策の裏返しであり、移民のシティズンシップが問題となるのは、まさに国民の範囲が揺らいでいることの反映でもある。

近代は、たえず崇高な理念と力の現実とのズレを内包してきた。平等は差別を内包し、自由と強制は表裏の関係にあった。他者としての外国人と国民との分割は、そして民主主義や人権の実現の場を領土の中に制限してきたのは、このズレを覆い隠すためでもあっただろう。そして、移動する人々は、言葉を発する自立した主体の位置ではなく、物言わぬ、保護される対象であり続けてきたのだ。移動する人々を人権の被害者、保護すべき対象とすることによって、国民国家という領域の持つ支配の構図を覆い隠してきたと言えるかもしれない（Mezzadra 2006=2015）。

二一世紀のいま、これら移動の規模は加速度的に膨れあがり、もはやひとつの国では対処しえない大規模な移民や難民を引き起こしてきた。現代の大規模な人の移動は、西欧中心に創り上げられた近代世界への反乱であり、異議の申し立てでもある。これら混沌とした状況に対処しうる能力を持ち合わせているのは、そしてグローバリゼーションに対抗する有効な手段を提供できるのは、いまのところ国家という制度しかないだろう。しかしいま社会科学に求められているのは、新しい情報化社会のなかで、領域性を越える開かれた場所の可能性を追求し続けることであろう。

【引用・参考文献】

Clifford, J., 1997, *Routes: Travel and Translation in the Late Twentieth Century*, Harvard University Press.（毛利嘉孝ほか訳『ルーツ――20世紀後期の旅と翻訳』月曜社、二〇〇二年）
伊豫谷登士翁編、二〇〇七『移動から場所を問う』有信堂。
伊豫谷登士翁・平田由美編、二〇一四『「帰郷」の物語／「移動」の語り――戦後日本におけるポストコロニアルの想像力』平凡社。
Mezzadra, S., 2006, *Diritto di fuga: migrazioni, cittadinanza, globalizzazione, edizione nuova,* Verona: ombre corte.（北川眞也訳『逃走の権利――移民、シティズンシップ、グローバル化』人文書院、二〇一五年）
Sassen S., 2016, *Expulsions: Brutality and Complexity in the Global Economy,* Harvard University Press.（伊藤茂訳『グローバル資本主義と〈放逐〉の論理――不可視化されゆく人々と空間』明石書店、二〇一七年）
Shephard, B., 2010, *The Long Road Home: The Aftermath of the Second World War,* Anchor.（忠平美幸訳『遠すぎた家路――戦後ヨーロッパの難民たち』河出書房新社、二〇一五年）
吉原直樹・斉藤純一・伊豫谷登士翁、二〇一七『コミュニティを再考する』平凡社新書。

移動からコミュニティを問う

吉原直樹

グローバリゼーションと「生活の共同」のゆらぎ

グローバリゼーションの進展とともに生じているヒト、モノ、カネ、インフォーメーションのフローは、単に社会の異質性、流動性を高めているだけでなく、社会そのものの存立基盤を危ういものにしている。それにともなって国家とともに社会を大きく区分けしていた大小さまざまな境界を人びとはいとも簡単にくぐりぬけ、その存在の無力化／形骸化をうながしている。にもかかわらず、人びとは境界から必ずしも自由にはなっていない。境界の内と外において人びとを規律づける新たな権力が台頭し、かつての境界をずたずたにしながら、疑似的な社会＝新たな境界をつくりだしているのである。そしてある人びとは再び、この疑似的な社会＝新たな境界に組み込まれようとしている。他方、このあらたな社会＝境界に胡散臭さを感じる人びとは必至になってそこから逃走しようとしている。むろんそこには、個々人が置かれている経済的、政治的、社会的状況の違いが多少とも影響していると考えられる。

ところでこうした包摂と逃走のせめぎあいのなかで、かつて人びとをとらえた国民国家のナラティヴは大きくゆらいでいる。それとともに国民国家を領域化された固定装置にしてきた制度的枠組みが緩み、国民国家と対抗してきたはずの市民社会の理念もまたどこにいくのかわからないような状態になっている。そうしたなかで何よりも懸念されるのは、マイノリティの存在を尊重し、違いを容認する（かつてオルテガが指摘したような）デモクラシーに人びとが以前ほど期待しなくなっていることである。むしろ、デモクラシーをなじり、それを嗤うかのような言説がわたしたちの周りに充ち溢れている。とりわけネットでは、人種や文化を異にするマイノリティへの差別や排斥を公然と主張する意見（まるで品のない罵詈雑言）が氾濫している。

こうしたなかで、人びとの間で共有される公共善（＝公共性）を前提としてコミュニティを語ることがきわめて難しくなっている。というのも、そこで前提とする公共善は、先に言及した境界のゆらぎとともにナショナル・シチズンシップの苦境が現実のものとなるなかで、いまやその実体的基盤を大きく損なっているようにみえるからである。しかしコミュニティを語ることがどれほど困難でリスキーなもののようにみえても、それを避けて通ることはできない。なぜなら、人びとの間でどんなにいびつなものであっても、何らかの「生活の共同」が存在するかぎり、コミュニティのなかみを問うことは避けられないからである。ところで、指摘されるような「生活の共同」が大筋としてグローバリゼーションの波間にあるかぎり、そして何よりも、そうしたグローバリゼーションの進展とともに多くのデジタル・コミュニケーションと経験様式がモノとヒトの物理的移動に取って代わるという事態が広汎にみられるようになる「デジタル都市」（アーリ）の下では、基本的に外に開かれたものにならざるを得ない。しかし、その一方で、グローバリゼーションがアーリのいうグローカリゼーションの色調を強めていくなかで、共同体主義に塗れた、内に閉じられた「生活の共同」への志向が頭をもたげている（息を吹きかえしている）のも事実である。実はこの動きを全体としてとらえかえしてみれば、上記のデジタル都市の裏面をなしている「要塞都市」(fortress city) がみえてくる。

ちなみに、アーリは、先のグローカリゼーションを「グローカル・アトラクタ」と置き換え、それをグローバリゼーションが深まればローカリゼーションが深まり、そしてそのことがグローバリゼーションを深めるといった並進的な過程を示すものとしてとらえている。注目されるのは、本来、「小さな政府」の下に、民間の自由な活力にもとづく成長を至上のものとする新自由主義がそうしたグローカリゼーションの基調音となるとともに、こうした動きがいっそう強まっているようにみえることである。よく考えてみれば、これはアイロニカルな事態である。なぜなら、新自由主義的なグローバリゼーションは一方でローカリティを否定してきたが、他方でその維持・存続のためにローカリティを再び組み込もうとしているからである。いずれにせよ、「生活の共同」の枠組みが相反する（しかし裏表の関係にある）二つの志向性のはざまにあって大きくゆらぐなかで、それに根ざすコミュニティもまた大きくゆらがざるを得なくなっている。

先に言及したように、国民国家が行政による施策体系の確立以前からいざなってきたコミュニティは、明らかに内に閉じられた定住主義の枠内にあった。それは平たくいうと、「住まうこと」を空間的（＝領域的）に限定された一定のエリアを前提として説く点に最大の特徴があるが、そうした定住主義はこれまでナショナル・アイデンティティの基層を構成してきた。そして近年のように、特定のイッシュー、たとえば防災や防犯、つまり「安全・安心」というテーマに関連して、人びとのセーフティネットの構築に照準を合わせたコミュニティの形成が施策の中心になっている場合でも、定住にもとづくエリアの形成が基礎的要件となっている。そしてそうしたコミュニティは、少なくともこれまでは国家の施策体系に組み込まれるのが常であった。つまり、国家とコミュニティはある種の入れ子状態、もしくは相補関係にあったのであり、現にそうしたものとしてある。

だがグローバリゼーションの進展とともに「生活の共同」の軸線がア・モバイル（不動のもの）からモバイル（動的なもの）へと移動し、社会の脱統合化がすすみ、「社会を越える社会」が大きく立ちあらわれてくるなかで、国家に糾合されてきた、境界のあるコミュニティは徐々にリアリティをもち得なくなっている。換言するなら、モバイルに足をおろす「生活の共同」の枠組みが境界の設定から生じる単一のアイデンティティではなく、境界のなかに閉じこめられない多元的で競合しあう、多重的なアイデンティティにねざすコミュニティをもたらしている。ここにア・モバイルにもとづく制度／理念としてのコミュニティとモバイルに足を下す実態としてのコミュニティの間に深い「亀裂」が生じることになったのである。

境界のないローカリティとコミュニティのダイナミクス

あらためて注目されるのは、そうした理念と実態との間の亀裂を埋めるものとして、新自由主義と共振する共同体主義に誘われた「イデオロギーとしてのコミュニティ」が登場し、境界のあるローカリティ／場所に郷愁を抱く人びとを惹きつけるようになっていることである。そうしたコミュニティは、かつてベネディクト・アンダーソンが「想像の共同体」とみなしたものと微妙に響き合っているが、国民国家のナラティヴが大きくゆらぎ、先にみたようなデジタル・コミュニケーションがいっそう進んでいるいま、いっそうイデオロギー的性格を強めている。つまり「記憶され想像されたホーム」／「ふるさと」としての擬制的コミュニティの色調を帯びているのである。こうしたコミュニティは当然のことながら、さまざまなベクトルとディバイドを内包する人びとの生活世界の真只中から湧きあがり、それ自体、多元的で競合しあうネットワークにねざすコミュニティ形成への要求に応えるものとはなっていない。繰り返すまでもないが、われわれが目にしている実態としてのコミュニティは、文化的、社会的、経済的差異が「生活の共同」に深く染みわたっているローカリティ／場所とともにある。いうまでもなく、こうしたローカリティ／場所を特徴づけるのは、デジタル都市に特有の「出会うこと」、すなわちさまざまな人びとの間でみられる近接性、社交性、居住・労働パターンが境界を越えてせめぎあうことである。同時に、こうした出会いには、上述の文化的、社会的、経済的差異が容易にディバイドとかセグリゲーションなどに反転するといった構造上の問題がひそんでいる。まさに実態としてのコミュニティは、こんにちグローバル・モビリティの「ショーウインドウ」としてあるといえる。

考えてみれば、日本のコミュニティ施策の基軸をなしてきたのはエリア（圏域）の設定であった。それはある意味で人びとの「生活の共同」の枠組みにたいして上から形を与えるものであった。そしてそれじたい、日本の近代を支える形をつくってきたのである。この形はこれまで国家統合のシンボルとして、さらにフーコーのいう生権力のそれとして現在まで強固に維持されてきた。だが、それもいまやグローバリゼーションの進展とともに外から加わったモビリティの圧力にさらされて変形／転態を余儀なくされている。その場合忘れてはならないのは、「ホスト社会」に新しく埋め込まれた移民や難民を、「外部者」ではなく「内部者」として引き受けざるを得ない、境界のないローカリティが立ちあらわれていることである。ちなみに、かつてのエスニック・コミュニティは、エリアの設定によって境界のあるナショナリティ／ローカリティへの統合と排除、同化と異化を強いられた「外部者」のコミュニティとしてあった。そしてそれは、「内なるコロニアル体制」（小谷汪之）にくっきりと組み込まれていたのである。

いずれにせよ、境界のないローカリティを土台にして、上からの変形／転態をとらえかえす可能性を有する「もうひとつの形」が立あらわれ、コミュニティをダイナミックなものにしている。今日、いわゆるテーマ・コミュニティとかネットワーク・コミュニティなどといわれているものがそうしたダイナミクスを色鮮やかに示している。それとともにコミュニティを境界のある社会的なものとしてではなく、新たなコレクティビティ（集合性）とコネクティビティ（関係性）の位相で脱境界的な協働態のようなものとみなす立場（たとえば、デランティの立場）が力を得ている。もっともごく近年の動向としては、そうした協働態としてのコミュニティをゲマインシャフトリッヒな文脈で再度共同体としてのコミュニティ、すなわち境界のあるコミュニティに押し戻そうとする動き（既述した共同体主義と新自由主義の共振／共進の動き）もみられる。またそれとともに、みられるような協働態としてのコミュニティの外側に巨大企業や市民社会組織が跳梁するようになっており、それはしばしば「新しい中世」として論じられている。

ところで、先に言及した脱境界的な協働態としてのコミュニティを境界のあるコミュニティに押し戻そうとする動きを示す際立った例を、われわれはポスト三・一一の福島（原発事故被災地）でみることができる。ちなみに、イチエフ（福島第一原子力発電所）のお膝元である大熊町では、「記憶され想像された」、すでにない「元あるコミュニティ」への復帰をスローガンにして帰還政策がすすめられている。この帰還政策は国＝県が強行する（ロボット、バイオなどに関連する新産業の育成を通して復興をすすめようとする）イノベーション・コースト構想に誘われている点に一つの特徴があるが、あらためて注目されるのは、そうしたイノベーション・コースト構想の中心に、「記憶された被災」を記録し継承しようとする震災アーカイブズ化構想が位置づけられるようになっていることである（詳細は、拙著『「原発さまの町」からの脱却』および『絶望と希望』を参照）。

他方、こうした境界のあるコミュニティへと押し戻そうとする動きにたいする対抗命題をはらむものを浮き彫りにするには、むしろ形のないものから社会組成的（societal）に立ちあがる、人びとの交わりの動的な絡まり合い／重奏に注目する必要がある。その点でいうと、グリックシラーらの指摘する「編入」という概念が示唆に富んでいる。グリックシラーらは、文化やアイデンティティが要となる同化や統合にたいして、境界にねざさないつながりやグラノヴェッターのいう「弱い紐帯」が一大特徴となる「編入」を対置させている。まさに社会関係の現場に降り立つことの重要性を示唆しているわけであるが、より実践的な文脈に立っていうと、脱境界的な協働態としてのコミュニティはまさにムフのいう節合（articulation）の地層をなすものであり、ネグリらがマルチチュードとして原初的に示したものでもあるといえる。

ちなみに、前者はわかりやすくいうと、ある一つの主体が「特権的主体」としてあるのではなく、もろもろの主体がおのおののアイデンティティを変容させながら、諸要素のあいだの関係を打ち立てること、すなわち諸要素を新しい構成へとつくり変えることである。他方、後者は、もともとは多数とか群衆といった意味で用いられていたが、ネグリらを通して、外部をもたない新しい世界である「帝国」を向うにして、これに対抗する、国境を越えるネットワークにもとづく権力として提唱されたものである。

だが節合にしてもマルチチュードにしても、吹き荒れるポピュリズムとコミュニティ・インフレーションに挟撃されて十分に花開かないまま今日に至っている。また先に言及したデジタル都市における「出会い」の両義性に規定されて容易に反転する可能性をもっている。とはいえ、それらは脱境界的な協働態の基層をなすものとして再吟味すべきであることはいうまでもない。ここであらためて強調しておきたいのは、両者とも国民はいうにおよばず、ある種の市民、民族、同胞の間でのみ共有される公共善への異議申し立て、そして自分たち以外の者は排除し、分断へと追いやることが自明のものとされている世界（→要塞都市）への訣別からはじまっていることである。

その端緒的な動きはすでにみられる。ここでは具体的に言及する余裕はないが、筆者がフィールドとしているポスト三・一一の福島（前掲の大熊町）において、またバリの日本人社会においてモバイルを与件とする、「異なる他者」を取り込んだ外に開かれたコミュニティが人びとのセーフティネットの構築の役割をになって立ちあらわれている。他方、先に概観したような理念としてのコミュニティ、そしてそれにまるごとのっかっている制度としてのコミュニティは依然として存続しているが、一方で外延化し、他方でひたすら個人化する人びとの「生活の共同」のありように対応しきれず、いわば「あるけど、ない」状態に置かれている。もっとも、存続していること自体を評価する立場もある。またそうした立場と共振しながら、より道具主義的／用具主義的な文脈に立って、ガバメントの地層における存在意義を認める議論もみられる（たとえば、先に言及した「安全・安心」に照準を据えたコミュニティ施策も、この議論の延長上にある）。

もうひとつのパトリオティズムは可能か？

しかしそれでも、みてきたような理念／制度としてのコミュニティは、さまざまなエスニシティがせめぎあい、異質性、多様性が押し合い圧し合いする「新しい近隣」(ジェイコブズ)にたいしてどちらかというと否定的(非寛容)であるゆえ、基本的に単一のアイデンティティに収束する内に閉じたものにならざるを得ない。あるいは、そうした性格を帯びがちになる。そこでは、セグリゲーションとディバイドが深く刻み込まれた都市空間(→「飛び地の地景」)は憎悪の対象でしかない。前世紀末のヨーロッパで吹き荒れた差異論的人種主義(レヴィ＝ストロースの構造主義的人類学にみられる文化の独自性・固有性を強調する立場がフレームアップされてネオナチズムへと継承されたもの)に倣っていうと、差異論的共同体主義がこれらのコミュニティを特徴づけているともいえる。

だがあえていうなら、われわれが現在目にしている世界／社会には、こうした差異論的人種主義／共同体主義には回収され得ないナショナリズムとレイシズムが吹き荒れている。そこでは、モビリティが先に言及した文化的、社会的、経済的差異、新しいローカリティの生成を通してはぐくむトランスナショナルな公共圏の可能性を帳消しにしてしまっている。したがって、トランスナショナルな公共圏の形成とともに想到される、境界のあるナショナリズムとは相いれない、というよりはそうしたものを打破するかもしれないもうひとつのパトリオティズム展開の可能性を閉ざしてしまっているのである。

ちなみに、ここでいうもうひとつのパトリオティズムとは、相互に異なる人びとがどのような形であれ、混じり合い競合しあいながら自分たちが足をおろす社会に積極的に参画していくという態度のことであり、偏狂なナショナリズム／排外主義と響き合う愛国心とは似て非なるものである。それはこれまで述べてきたこととの関連でいうと、境界のある、内に閉じられたナショナリティ＝ローカリティにたいして、境界のない外に開かれた社会を作りだそうとするものである。それはまたこれまでのローカリティが保持していた、ナショナリティに回収されてきた場所感覚が失われてはじめて立ちあらわれるものであり、モビリティが単に流れ去っていくのではない時間、つまり非線形的な時間のなかではぐくむ人びとの感覚変容にねざしている。繰り返すまでもないが、こうしたパトリオティズムは「異なる他者との共生」を根底から否定するナショナリズムやレイシズムのもとでは基本的に出現することはない。

いずれにせよ、いまコミュニティを問うことは、移動とともにあるわたしたちの生活の基層にあるものを問うことであり、そこから立ち上がるグローバリゼーションの残響に耳を澄ますことである。すでに指摘したように、この残響には無残にも、デモクラシーを罵り嗤うナショナリズムとレイシズムを謳いあげる音曲が鳴り響いている。そうしたなかでこうした音曲がかなでる社会を、一方で人と人が原的にまじわるコ・プレゼンス（「共にあること」）の次元に立ちかえって問いかえし、他方でそうした社会が設定するゴールへの統合や同化から積極的に逃走することを、いわば「都市への権利」として打ちたてる動きが立ちあらわれている。この相同する動きから、われわれはあらためて偏狭なナショナリズムやレイシズムには居場所はないとするデモクラシーの基本的立場を多様性や自由の再確認／検証とともに練り上げていく必要があるが、それはすぐれてモビリティ、より正確にいうとグローバル・モビリティがもたらすコミュニティ・イシューの枠内にあるといえる。

「たかがコミュニティ、されどコミュニティ」。グローバル・モビリティを通してみるコミュニティの奥底は深くて遠い。そこでは社会関係がさまざまな可能性と矛盾をはらみながら、社会が織りなしてきたいくつもの境界を越えてダイナミックに編制されている。そしてナショナリティの再審をうながすとともにグローバリゼーションの可能性の裾野をひろげている。

先年、物故したアーリは、その遺作 *What is the future?* において、「空虚な未来はない」と言っている。さまざまな未来観がせめぎあうなかで、ディストピアが蔓延する状況を危惧してのことであるが、展望のない「コミュニティ・インフレーション」が斯界をおおういまこそ、創発するコミュニティの可能性をその危うさとともに検討することがもとめられているといえよう。同時に、このことはモビリティーズ・スタディーズの領域とその適用範囲（カバレッジ）をどう問うかということと密接にかかわっている。考えてみれば、社会学では創始以来、移動をどうとらえるかということが中心的課題としてあった。とはいえ、そこでは長い間、移動が線形的なものとして把握されてきた。そうした意味では、社会学は典型的な近代の社会理論の一つとしてあったといえる。しかしグローバリゼーションがその近代の社会理論の根底を掘り崩したように、「モビリティーズ・ターン」（移動論的転回）は線形的な発想の根幹に疑義をさしはさみ、アーリが提唱した「社会を越える社会学」の地平を切り開いた。いま深甚なパラダイム・シフトのさなかにあるコミュニティーズ・スタディーズは、まさにモビリティーズ・ターンの「申し子」としてあるとともに、通常科学としての社会学にたいして異議申し立てをおこなっているのである。

【引用・参考文献】

Hardt, M. and A. Negri, 2004, *Multitude: War and Democrcy*, London: Penguin Books.（幾島幸子訳『マルチチュード（上）（下）』ＮＨＫ出版、二〇〇五年）

伊藤洋典、二〇一三『〈共同体〉をめぐる政治学』ナカニシヤ出版。

伊豫谷登士翁・齋藤純一・吉原直樹、二〇一三『コミュニティを再考する』平凡社新書。

Mouffe, C., 2005, *On the Political*, London:Routledge.（酒井隆史監訳『政治的なものについて』明石書店、二〇〇八年）

Urry, J., 2000, *Sociology beyond Societies: Mobilities for the Twenty-first Century*, London: Routledge.（吉原直樹監訳『社会を越える社会学――移動・環境・シチズンシップ』法政大学出版局、二〇〇六年）

――――, 2007, *Mobilities*, Cambridge: Polity.（吉原直樹・伊藤嘉高訳『モビリティーズ――移動の社会学』作品社、二〇一五年）

――――, 2016, *What is the Future?*, Cambridge:Polity.

吉原直樹、二〇一三『「原発さまの町」からの脱却――大熊町から考えるコミュニティの未来』岩波書店。

――――、二〇一六『絶望と希望』作品社。

II部 混迷する時代をグローバルな諸相から読み解く

——五つの問い

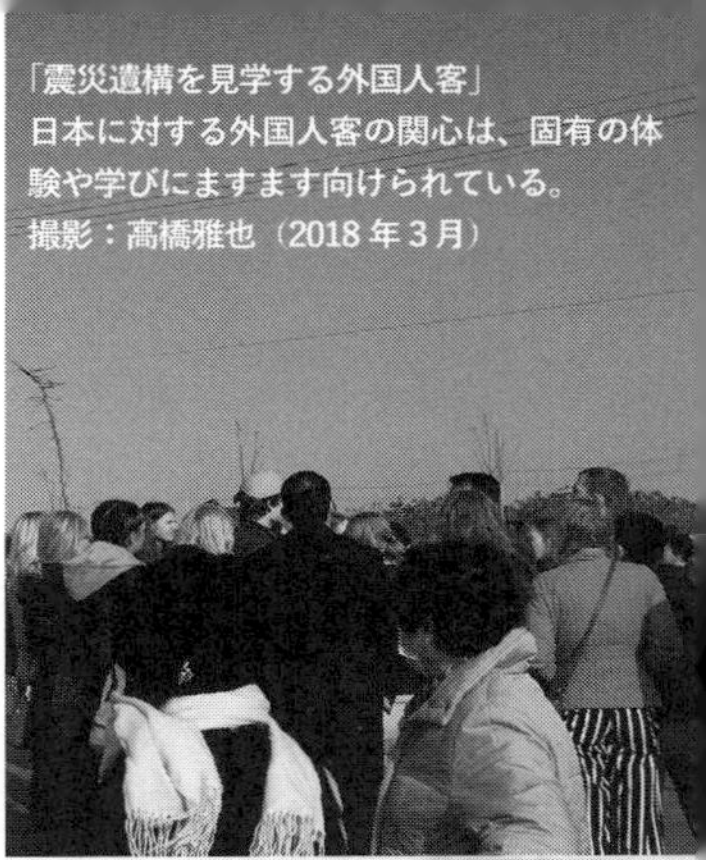

「震災遺構を見学する外国人客」
日本に対する外国人客の関心は、固有の体験や学びにますます向けられている。
撮影：高橋雅也（2018 年 3 月）

「ペルー・ニッケイ料理の一例」
タイの薄造りのソースかけと揚げ巻き寿司の魚介ソースかけ。
撮影：山脇千賀子（2011 年 3 月）

「亘理町植樹祭風景」
宮城県亘理郡亘理町沿岸部で行われている植樹祭の風景。津波で失った海岸林再生のため、町民や県内外からのボランティアが参加する。
撮影：望月美希（2016 年 5 月）

「ルワンダ南部の低湿地に広がる水田」
低湿地はかつてウシの放牧に使われていたが、近年急速に開発が進んでいる。農村変容を示す典型的な景観。
撮影：武内進一（2014 年 9 月）

問題提起(1)　グローバリゼーションは社会にどのような課題を提起しているのか

伊豫谷登士翁

二〇世紀を「大量殺戮の世界戦争」と「大量消費の豊かさ」の二つの極端な出来事の時代であったと表現したのは、歴史家のE・ホブズボウムでした。この二つの大きな出来事は、西洋中心であった近代の世界観とともに、国家と社会との関わりを根底から変えてきました。この変化は時代の新たな局面と捉えられて、社会学においては、これまでの近代に代わる「第二の近代」などの新たな理論枠組みが模索され、都市論やエスニシティ研究さらにジェンダー研究などの新しい理論潮流を生みだしてきました。もちろん、これら新しく現れた議論も依然として欧米諸国を対象としたものと批判されてきましたが、しかしその射程は発展途上国や社会主義圏諸国にも及んできたと考えられます。

これらの新しい理論潮流は、グローバリゼーションという課題に直面しています。第二次世界大戦後の冷戦や南北問題を含めた世界編成を「戦後体制」と呼ぶとすれば、グローバリゼーションの時代とは、戦後体制の転換です。戦後体制の転換というテーマは、政治経済だけでなく、社会と呼ばれる分野のさまざまな問題に大きな衝撃を与えてきました。ここで取り上げるのは、膨大なカネとモノそして情報などの流れがこれまでの政治や経済を根底から変えてきているいま、社会といわれる分野にどのような変化が引き起こされてきているのか、ということにあります。すなわち、グローバリゼーションといわれる時代において、社会学はどのような理論課題を抱えているのか、考えてみたいと思います。

天文学的な数字によって動かされる金融市場でのカネの流れ、多国籍企業と呼ばれる巨大企業の世界的規模でのモノの取引、市場原理の蔓延が引き起こす環境破壊、コンピュータやインターネットが創り出した情報社会、そして膨大な移動が生み出してきた格差社会など、グローバリゼーションというとてつもない力が、政治経済の大きな問題をわれわれに突きつけています。この変化は、社会をどう変えてきたのでしょうか。ここでのテーマは、社会学という問題領域から、グローバリゼーションをどのように論じることができるのか、ということにあります。

「グローバリゼーションとは何か」という問いは、社会学においてどのように受け止めることができるのでしょうか。戦後体制といわれてきた時代に、欧米諸国における消費社会の拡がりは、人々の生活スタイルや価値観を大きく変え、個人化が進んだ時代と言われてきました。さまざまな技術発展は、人々の移動の規模を拡大してきましたが、他方では国家による人々への管理は拡大し、科学技術の発展は、環境をはじめとするリスクを著しく高めてきています。これらの変化は、これまで先進国と言われてきた欧米諸国に留まるのではなく、また単純に南北あるいは東西の間に分けられるものではなく、境界を容易に越える拡がり持ってきています。

近年のデジタル化の拡がり、インターネットの普及、そしてカネ・モノ・情報の膨大な移動によって、国家の境界をはみ出す社会領域が広がってきています。そしてこの変化は、これまで考えられてきた社会の基本的な枠組みを大きく変えようとしています。近代が抱えてきたすべての課題が、いまはグローバルな課題として現れざるをえない時代であり、社会とはなにかという問いをあらためて問い直すことになるのではないでしょうか。

【参考文献】

Urry, J., 2003, *Global Complexity*, Polity Press.（吉原直樹ほか訳『グローバルな複雑性』法政大学出版局、二〇一四年）

Beck, U., 1986, *Risikogesellschaft. Auf dem Weg in eine andere Moderne*, Suhrkamp.（伊藤美登里ほか訳『危険社会——新しい近代への道』法政大学出版局、一九九八年）

Lyon D., 2001, *Surveillance Society: Monitoring Everyday Life*, Open University.（河村一郎訳『監視社会』青土社、二〇〇二年）

移動の増大と社会制度——自由の理念を題材に

伊藤美登里

はじめに——移動の増大がもたらすもの

地球規模で増大する移動は、グローバル、リージョナル、ナショナル、ローカルといった諸次元における社会構造の変容を促す。このような現象を、ドイツの社会学者ウルリッヒ・ベックはコスモポリタン化と命名した。彼によれば、コスモポリタン化とは、市場、国家、文明、文化、そして何よりもさまざまな民族の生活世界と宗教を隔ててきた明確な境界線が浸食され、同時にそこから異質な他者との意図せざる衝突が世界規模で発生してくる状態をいう (Beck 2008 =2011: 102)。

欧州では異なる価値観をもつ者が隣人となるにしたがい、既存の社会制度のもとでの摩擦も生じるようになった。筆者がドイツで見聞した移住の背景のある長期失業者の問題もその一つである。この問題は、近代西欧の根本思想である「自由」と、文化的背景を異にする他者の思想との間の衝突に起因する面もある。制度は文化的・宗教的なものから自由ではないからだ。そこで本章では、コスモポリタン化にともない生じる問題や今後生じる可能性のある問題のなかには、当該社会の根幹をなす価値観や原理を揺るがす類のものがあること、その現象形態は異なるかもしれないがそれは日本においても生じうることを示す。また、このような問題にいかに対処しうるのかについて、ベックが提唱したアイデアを紹介する。さらに、この問題は、近代西欧の**普遍主義**に根差した社会思想——その一例としてのベックの社会理論——の根幹部分への挑戦でもあることを指摘する。

「私はこれらの権利に関心がない」——ドイツでの聞き取り調査より

ここでは、ドイツ連邦共和国ミュンヘン市におけるジョブセンター（職業訓練及び職業紹介所）の職員を対象とした聞き取り調査の内容の一部を紹介する。本調査は二〇一五年一月に実施された。つまり、シリア難民が大量に欧州に流入する直前のことである。調査においてはジョブセンターでの業務内容を尋ねた。ここに紹介するのはその過程で出てきた話で、その大筋は次のようなものであった。すなわち、生存（サバイブ）できて経済的に最低限度の生活ができるのであれば、社会保障の対象となり、自由がある程度制限されたままでも構わない、その種の自由には関心がないと言う人びとがいる。それはとりわけアフリカからの移民や避難民に多い。彼らにどう対処すればよいのか、ジョブセンターの職員は困惑していた。やや長くなるが一部引用しよう。

> 問題は、われわれの有する自由の理念である。ここ［＝ドイツ］で人が仕事を有するなら、社会に統合されている。われわれには憲法があり、われわれは多くの権利を有する。したいことをすることができ、やりたい仕事をすることができ、行きたいところに行くことができる。しかし、われわれのところ［＝

ジョップセンター」に来る場合、これらの権利のうちのいくつかを放棄することになる。われわれはこう言うからだ。「あなたは仕事に行かなくてはならない、あなたは適応するよう努めなくてはならない、あなたが誰であるか私に語りなさい、あなたは何をやっているのか私に語りなさい」と。そのようにして、人びとは彼らのもつ自由のうちの一部を失う。しかし、外国から来る人びとのうちの多くはその自由に関心がない。彼らは自由を有したことがない。だから彼らにとってはいずれにしても天国である。（中略）自由はわれわれの有するものだ。われわれは何でも話すことができ、何でも見ることができ、何でもすることができる。（中略）彼らはここに来てこう言う。「自由。OK。私にはお金が十分あり、食べるものがあり、何かすることができる。この種の自由を自分は当てにしていない」と。だが、自由はわれわれの理念であり、それを彼らは放棄する。（中略）私はこう言う。「OK。サインしなさい。われわれはあなたにお金を支給しますが、われわれはあなたに何をしなくてはならないかを言います。あなたにはしなくてはならないことがあります。それをしなければわれわれはお金を支給しません。あなたは仕事を見つけるよう試みなくてはなりません」と。それが理由で彼らは、われわれの有する市民権の一部を放棄することになる。しかし、そういった人びとのうちの多くは「私はこれらの権利に関心がない」と言う。

ドイツにおける移民の歴史と現状

右の発言内容をよりよく理解するには、戦後ドイツの移民の歴史、および現在の労働福祉政策と移民・避難民政策について少しばかりの知識が必要となろう。

戦後ドイツでは、一九五〇年代の奇跡の経済復興により労働力が逼迫したため、海外から労働力としての人を受け入れるようになった。五〇年代半ばからは南欧諸国から、六〇年代に入るとトルコからの労働者を受け入れた。時の経過とともに、彼ら外国人労働者（ガストアルバイター）はドイツで暮らす移民となっていった。大きく分けると、この労働移民に加えて、ドイツ系移民であるアウスジードラー、難民・庇護申請者の三つの移民集団がドイツには存在する。このように戦後のドイツは実際には移民国家になっていったが、長年「非移民国家」という態度をとってきた。しかし、近年これを改め移民の受け入れと統合を目的とする移民政策を策定するようになった。二〇〇〇年には国籍法が改正され純粋な血統主義から踏み出し出生地主義による国籍付与も一定の条件により認められるようになり、二〇〇五年には移民法が発効されている（森井二〇一六：昔農二〇一四：一七、一三三）。

現在、ドイツにおいては、正規のルートで入ってきた移民や避難民にもドイツのハルツ第四法の社会保障が適用される。ハルツ第四法とは二〇〇五年に可決された法案で、そこでは長期失業者に失業手当IIが支給されることとなった。失業手当IIは従来の失業救済金と生活保護とを統合したもので、この手当の受給者は生活保護程度の支援を受けながら職を探す努力をしなくてはならない。ジョブセンターはこの職探しと職業訓練の窓口である。この失業手当IIは移住者にも適用されるが、それは次のような理由からである。現在のドイツにおいては、普遍的な価値にもとづく移民・避難民の統合が目指されており、その統合政策として、普遍的価値の遵守（民主主義、人権、男女平等）、公用語の習得、就労による社会・経済的統合の三つの柱がある（昔農二〇一四：一三三-四九）。よって、正規ルートの移住者や避難民のうち、長期にわたり失業状態にある者は失業手当IIの受給対象とされる。

この失業手当IIが支給される状態においては、自由の権利のうちのいくつかが制限される。しかし、アフリカからの移民・避難民は、食住が満たされるならある種の自由は制限されても構わないと考え、市民権のうちのいくつかを有することに関心がない。そして、おそらくそのような者は経済的自立には向かいにくく（というのは、生活保護程度の金銭がもらえればそれでよいので）、ジョブセンターでの職業訓練状態に居とどまる。ある種の自由の重要性を共有していないこと、それが問題であるとジョブセンターの職員は語った。

ジョブセンター職員の発言から分かること

ジョブセンター職員の発言からいくつかのことが分かる。それをまとめてみよう。

まず、アフリカ系移住者は、ある種の自由に高い価値を置いていないことが分かる。

第二に、ドイツにおいて、あるいは「ドイツ人」にとって、長期失業者の職業教育訓練の際にフルセットの自由が手に入るということが自律に向けての強い誘因となっていると、（少なくともジョブセンターの職員においては）考えられていることも分かる。換言すれば、自己決定権が制限されその意味で自由がないことは、辛いこととして認識されている。

第三に、少なくともジョブセンターの職員は、ドイツ人には自由の価値の重要性が（ある程度は）共有されていると考えていることも伺える。確かに、いわゆるドイツ人においても失業手当IIの受給状態に居とどまる者はおり、それが社会問題とされていたりもする。しかし、失業手当II受給者であることが「スティグマ（恥辱や不名誉の印）」になると言われたりもしている。スティグマという表現から、ドイツ人社会では失業手当IIの受給者状態からの脱出が社会的に望ましいと見なされていることが推測できる。少なくとも、ドイツ人の働かない者とアフリカ系移住者の経済的自立に向かわない者とは、かかえる問題の種類が異なるとジョブセンター職員は思っている。

ということは、第四に、ドイツでは自由の価値を内面化し、自由を獲得した状態、あるいは自律をよしとする人びとの集合体として社会が構想され、そのように社会制度が設計されていることも推察できる。そうであるからこそ、自由の価値の意義を共有せず、就労による社会・経済的統合という政策を受け入れない人びとの存在に、ジョブセンターの職員は困惑している。アフリカ系移民に自律に向けての職業訓練をさせるための誘因を、自由を獲得するため、ないし自由が制限される状態から脱するためという形で見いだすことは困難であるようだ。以上、ジョブセンター職員の発言から推論可能な事柄を確認した。

「自由」とは

ここに登場する「自由」が何を意味するのか、いくつかのテキストから学んでみよう。

盛山和夫は自由の内容概念を、「拘束からの自由」、「自律としての自由」、「開かれた自由」の三つに分ける。一つ目の拘束からの自由というのは、社会や他者によって制約されていないという意味での自由である。二つ目の自律としての自由とは、個人的な徳性や卓越を追究すること、ある者の人生がある程度までその者自身の製作になるという自由である。三つ目の開かれた自由は「良心の自由」と呼ばれ、制度的には「思想信条の自由」と「政治的自由」あるいは「寛容」によって表される自由のことを指す（盛山二〇〇六：二一〇‐四）。

これら三つの自由のうち、ジョブセンター職員の発言において主として問題となっているのは二つ目の自律としての自由であろう。自律としての自由の観点からすると、人びとが自らの自律的な徳性を高めるために社会が積極的に介入することはむしろ望ましいことであり、社会は人びとが「自らの人生の著者」になるような生き方をとりうるように支援すべきだということになる（盛山 二〇〇六：二一四）。そして、その思想にのっとってジョブセンターでは長期失業者に「自らの人生の著者」になるよう支援している。

この自由は、福祉国家がその前提とする基本的価値でもある。ある政治理論の教科書にはこう書かれている。リベラルな福祉国家は、市民生活が自律的なものになるように市民の広範な生活領域の隅々にわたってさまざまな形式で介入することを通じて、より具体的に自由を保障しようとしている。この福祉国家が提供する自由を享受するためには、生活の保障と引き換えに、規制や指導といった形での生活の規格化を受け入れる健康な個人でなければならない。自由は、このような権力が要求する自律性の条件に個人がかなうことを前提としている（金田 二〇一二：九二‐四）。ということは、リベラルな価値を制度化した社会において、人は自律的である自由を与えられているが、同時に自律的であることを求められてもいることになる。

自由をこのようにとらえ、自由が社会制度に根付くよう設計されている社会において、「自由」を欲しないことは、リベラルな福祉国家の施策の根幹を拒否しているに等しい。福祉国家が保障しようとしている「自由」を必要としない者は、「生活の規格化」を受け入れる動因をもたず、「自律的」な市民生活を送りたいという欲求もないからである。

それだけではない。「自由な個人」すなわち近代的自我は、そもそも、近代社会の法・政治・社会システムの前提となっている（大屋 二〇〇七：八）。大屋雄裕はこう述べる。

人々が自由であり、自己決定をする主体だということは、一つのフィクションである。だが現在の法は、あるいはそれを含む社会全体はそのフィクションの上に成立しているのであり、またそのフィクションの内部から見ればそれは確かな現実なのである。（大屋 二〇〇七：一九六）

法におけるこのフィクション（擬制）は、荒唐無稽なほら話や夢物語とは異なり、その「内部においては整合的であり合理的であることが求められる」（大屋 二〇〇七：一九四）。その意味で、「フィクションは現実ではないが、現実よりも現実的でなくてはならない」（大屋 二〇〇七：一九四）。ジョブセンター職員の嘆きの対象となっていたアフリカからの移住者は、そのフィクションを共有していないことになる。

ドイツ／アフリカ／日本

「自由」は多義的な概念である。先のジョブセンター職員の発言を題材に、いわゆるドイツ人とアフリカ系移住者との対比で「自由」を検討するなら、文化的背景の違いもあって、欲する「自由」の中身が異なっていることが分かる。アフリカからの移住者は、察するに、「飢えからの自由」や「恐怖からの自由」や「暴力からの自由」を希いドイツにやってきた。そしてそれはドイツですでに満たされている。ここでは自由が安全と同一視されている。ジョブセンターで多少の拘束はあるが、そのくらいは構わないと彼らは考えている。それに対して、ドイツの就労支援の現場では自由概念のうちの自律（それにアフリカ系移住者が価値を置かないこと）が問題とされている。

近代西欧社会において社会制度（設計）にいかなる理念が影響を与えているかは、ベックの以下のような記述においても端的に示されている。

西側社会の特徴は、（個人に付与された市民的、政治的、社会的基本権の形で）制度化された**個人化**と、同時に労働市場がもつ個人化のダイナミズムにあり、それゆえ西側社会は個人の自律性を自らの原則として内面化してきた。（Beck 2008=2011: 128）

ドイツでは自律としての自由は権利として保障され、社会制度にしっかりとはめ込まれ、かつ人びとに内面化され、それによってうまく機能している。それゆえ、この自由の価値に無関心な者が急増した場合、社会保障システムは機能不全を起こしかねない。

換言するならこう言えよう。自由な意思をもつ者の集まりである社会において秩序はいかにして可能かを考え、人びとに自由を保証しつつ、ある程度の秩序も成り立つような社会システムを長い時間かけて構築してきたドイツ社会は、現在、非西欧からの移住者・避難民が大量に流入し、自由に高い価値を置かない者が急増してきた状態にあると。

他方、ドイツと日本との対比で見えてくるものもある。経済的自立、つまり自ら働く状態に人を向かわせようとする場合、日本であれば、それが自律の価値を内面化しない者を対象としていてもさほど問題はないように思われる。現場レベルで、世間体が悪いと感じさせる、社会に迷惑をかけるなと周囲からプレッシャーをかけるという方法があるからである。もっとも、この方法がアフリカ系移住者に有効かどうかはまた別の話ではあるが。

もちろん、日本の社会保障制度において「自律」の理念が知られていないわけではない。日本においても、社会制度の理念や設計のレベルでは、自律としての自由は理念として謳われている。例えば、齋藤純一はこう述べる。

> 社会保障の目的は、たんに貧困に対処し、すべての人が人間らしいまともな（decent）暮らしが送れるようにするだけではなく、深刻な社会的・経済的不平等をも規制し、平等な自由を享受しうる条件をすべての市民に保障することにある。困窮（への恐れ）ゆえに特定の他者の意思に依存せざるをえない脆弱な境遇におかれるなら、他者によって自らの生き方を決定されないという自律を保持することも、また、公共的な事柄についての意見の交換を通じて自ら自身の判断を形成し、それを表明していくことも困難になる。（齋藤 二〇一七：一三四、傍点引用者）

しかし、日本では現場レベルにおいて自律としての自由はあまり浸透していないのではないか。つまり、一方の政治思想や制度設計のレベルと、他方の一般の人びとの意識や行為のレベルとで乖離が存在しているのではないか。このことは、良し悪しは別として、働くことへと人を向かわせる社会保障システムは、現場レベルで「自律としての自由」が共有されていなくとも運用しうる可能性を示している。

以上から次のことが示唆される。すなわち、近代民主主義国家において自由の理念（そしてそれに代表される近代的価値観）はある程度共有され、それぞれの社会の制度はそれに基づいて設計されている。しかし、制度がいかに設計されそれが現場レベルでいかに運用されるかは、自由の理念を共有する諸社会においても程度の差はあれ社会ごとに異なる。

考えられうるいくつかのシナリオ

ドイツに話を戻すと、異なる価値観をもつ移住者が大量に流入すると、ドイツにおける近代西欧社会の根本理念のいくつかが危機的状況を迎える可能性もある。そしてどうなるのか。いくつかのシナリオが考えられる。

一つ目は、文化的背景の異なる移住者に対しても自律としての自由の価値を内面化させることに何とか成功し、ドイツの統合政策が持続する。しかし、そのためにはそれが制度的に可能な範囲に移住者を制限することが必要となろう。二つ目は、社会保障制度を運用レベルで移住者用に調整する。すなわち、アフリカ系移住者のものの見方を変えないまま外的な行為のみを変化させ、失業手当Ⅱの受給者が急増しその状態に居とどまることによる社会保障制度の財政的圧迫という問題のみを回避する方策である。もっとも、この方策を採用した場合、現場職員は多種多様な出身地の移住者の価値観それぞれに習熟し経済的自立に向かわせるために有効と考えられる説得策をそれぞれにとっていかなくてはならず、それはそれで困難が予想される。三つ目は、ドイツ側も移住者側もものの見方を変えないまま社会の分断が進み、福祉国家財政は機能不全を起こす。四つ目は、自由という理念が組み込まれる形で設計された社会制度や社会システムが変容し、自由概念の変容も生じる。

地球規模の移動が増大し、社会がコスモポリタン化するということは、先に示されたような文化的衝突が至る所で生じる可能性があることを意味する。それは、当該社会を形作る（と考えられてきた）根本的価値体系が挑戦を受けるということ、そして社会のさまざまな制度が今のままではうまく機能しなくなる可能性があるということである。本章ではドイツの事例を紹介したが、これは日本にとっても対岸の火事ではない。日本においても外国人労働者は増加しており、それが一時的な労働者ではなく結果的に移住者となる可能性も欧州の歴史を鑑みるなら十分にある。

ベックに倣えばこの事例はどのような方向で解決を図るべきか

世界規模で現在コスモポリタン化や世界のメタモルフォーゼ（変態）が生じつつある、そうであるならばよりよく変わる方向にもっていこうというのが、ベックの基本姿勢である。また、移住問題に対して彼は、豊かな先進国への移住者の流入は不可避的現象であり、またそれが社会のさまざまなレベルにおける変容を現に生じさせていると見ている。よって、彼の立場は先の四つ目のシナリオに近い。いやそれに彼は希望を託しているという方が正確であろう（Beck und Beck-Gernsheim 2011=2014; Beck 2016=2017: 155-6; 伊藤 二〇一七：二〇七一八)。だが、このシナリオも相当の困難が予想される。異なる価値観をもつ他者と価値観のすりあわせをいかになし、いかに共存するのかという問題が浮上するからである。この問題に対してベックは、現実主義的なコスモポリタニズムの立場に立ちつつ、大きな方向性をいくつか示している。ここでは二つ紹介しよう。

一つは「コンテクスト的普遍主義」である。対立する思想を持つ者同士が以前のように別々の場所で離れて暮らすのではなく、隣人となった時代においては、普遍主義も**相対主義**も通用しなくなり、コンテクスト的普遍主義が要請されるようになると彼は述べる。一方の普遍主義（新自由主義的グローバリズムの背後にある考え方、カトリック思想や啓蒙主義など）を彼はこう批判する。普遍主義は他人を迎え入れ信用するという長所をもつが、自分の立場を他人に強要するのが短所である。普遍主義は他者の特殊性を認めず、文化的な差異を廃棄するかあるいは除外してしまう。例えば、黒人の黒人性や女性の女性性を道徳的に価値の低いものと見なす。他方の相対主義（**多文化主義**など）は異なる文化間の差異に対する敬意の念をもつものの、視点の転換は不可能だという理由でそれを拒絶すると批判する。相対主義には通約不可能性の命題があり、他者の立場を理解することは不可能だという想定が他者のもつ真理に接近するのを阻むが、これは対話の放棄につながる。対するコンテクスト的普遍主義は、他者の考えを尊重しながらも相互の対話や干渉を試み、それが成功したり失敗したりする、その経験を通じて自己の普遍主義における聖域や他者の普遍主義における聖域を限定することを試みる（Beck 1997=2005: 161-7, 2002=2008: 342-4, 2004: 77-87, 92)。これは、異質な他者との邂逅のなか、新しいタイプの普遍主義を構築しようという提言である。

もう一つは「コスモポリタン現実政治」である。これはグローバルなリスクに成功裏に対処するために理念やアイデンティティに訴えるのではなく、権力と利害関心を担ぎ出すことを促す。換言すれば、より大きな共同体の利害と共存できるよう自らの利害を追求するアプローチのことで、それが意味するのは他者の正統な利害関心の承認であり、他者の利害関心を自らの考慮に予め入れることである。自己限定から権力が増大しエンパワメントが生じると彼は述べる (Beck and Grande 2010a: 436-7, Beck und Grande 2010b: 209)。

これらに共通する態度は、自らの側に絶対的な正統性を要求することを放棄し、他者の立場と自らの立場を歩み寄らせることにある。その際の要は、双方の利害関心を互いに調整し合いながら両立させる、より大きな共同体の利害と共存させるといった現実主義的な考量にある。よって、ベックに倣うなら、欧州起源の自由の概念は、異質な他者との対話を重ねたうえでより大きな共同体の利害と共存できるようなものに変容していくであろうし、そうあるべきだということになる。

ベックの再帰的近代化論への挑戦

ジョブセンターの事例は、しかし、彼の**再帰的近代化論**に対する挑戦をも意味する。彼の社会理論は以下に見るように近代西欧の基本原理に依拠しており、その意味でこの事例は近代西欧の基本原理に依拠する社会思想に対する挑戦の一例としてもとらえられうる。

彼は、二〇世紀の第四・四半期頃から生じた社会の変化は**ポストモダン**への変化ではなく近代のなかでの変化であり、現代社会は**第一の近代**（単純な近代）から**第二の近代**（再帰的近代）へと変化していると主張し、再帰的近代化論を提唱した（伊藤 二〇一七）。この二つの近代には連続性と断絶性があり、第二の近代への移行によって基礎的制度は変化するが、基本原理は変わらないとされる（Beck 1996; Beck, Bonß und Lau 2001; Beck und Grande 2010b: 192）。その基本原理の一つとして彼は、個人の政治的自由をあげている。この個人の政治的自由を彼は個人の中心性と言い換えてもいる（Beck 1996: 45, 99）。別の個所では、二つの近代はモダニティ、合理性、そして啓蒙への要求という共通の基盤を有すると指摘する（Beck 1996: 100）。別の論文では、民主主義による社会の変化を近代の連続性の根拠としてあげる（Beck, Bonß und Lau 2001: 9）。さらに別の書物では、民主主義と人権を共通の基本原理としてあげる。ただし、第一の近代と第二の近代では両者は別の形で結びつく（Beck 2002=2008: 373-5）。このように、自由や啓蒙や民主主義が近代の連続性の根拠としてあげられている。

先に、コスモポリタン化にともない異なる思想に遭遇した場合にとるべき立場としてコンテクスト的普遍主義をベックが提唱したことを示した。このコンテクスト的普遍主義では、啓蒙思想のような普遍主義が批判され、相手のみならず自身の行動や思想内容も変容することが不可欠であるとされる。そうであるなら、異質な他者との邂逅に直面しての、コンテクスト的普遍主義による価値変容に際して、啓蒙主義や民主主義の中核をなす諸理念も変容する可能性がある。ところが、それらは彼の再帰的近代化論の根幹をなす原理、すなわち彼の理論において近代の連続性を担保するとされる諸原理である。とするなら、再帰的近代化論の根幹をなす原理が変容した場合に、再帰的近代化論は依然存立可能なのかという疑問がわいてくる。

実は、ベックは変容の可能性を想定し、再帰的近代化論の一部改訂も試みていた（Beck, Bonß und Lau 2001: 25-6; Beck and Grande 2010a: 416, 424）。惜しむらくは、これら根本原理のうちの何がいかに変容していくのか、その場合彼の再帰的近代化論はどうなるのか、その詳細を示す前に彼が急逝したことである。

おわりに――近代西欧普遍主義への挑戦

本章で展開した自由の問題は、近代社会を構成する基本原理の内容について、国民内における合意でもって解決済みとされた時代――第一の近代――から、当該国民にとっての部外者（その一部は時の流れとともに部内者となる）とすり合わせが求められる時代――第二の近代――へ変化しつつあることを示す一例である。

啓蒙主義をはじめとする近代西欧の諸思想は、キリスト教との対決・格闘のなかから生まれたものであるが、そうであるがゆえにキリスト教の基本思想や思考の型、枠組みなどから影響を受け、それを部分的に継承している（橋爪・大澤 二〇一一）。この意味においてそれは、キリスト教由来の普遍主義である。そしてこの普遍主義を受け入れることがドイツにおける移住者には期待されている。ところが、移住者のなかにはこの普遍主義を受け入れようとしない者もいる。例えば、ムスリムのように別の思考の型をもつ普遍主義を堅持したままの者もいる（内藤 二〇〇四）。それぞれが地理的に隔たった場所で暮らしていた時代には、それぞれの普遍主義が自らの正統性をそれぞれに主張しても現代ほどには問題にならなかったであろう。しかし、移動が増大した現代社会では、ローカルな場面で異質な他者との共生をはかろうとした場合に、先に指摘したような問題が生じる。

ベックはコスモポリタニズムを標榜し自らの普遍主義も変容することを厭わないが、彼の理論の根本にはやはり啓蒙、自由、人権といった近代西欧の普遍主義がある。新しいタイプの普遍主義の構築に際して、自らの理論的土台のなかの何がどの程度変容すべきなのかという問いがベックには投げかけられていた。この問いは、彼の理論のみならず、近代西欧の普遍主義に根差す現代社会思想一般に投げかけられた挑戦でもあろう。挑戦を受けているのは思想だけではない。移動の増大によって生じる普遍主義と普遍主義の衝突は、ある特定の思想のうえに設計された社会制度にかかわる問題でもある。社会制度も今のままでは機能不全を起こしかねない。社会制度は、既存の複数の普遍主義を包含しうるような新しい普遍主義に立脚したものに変化しうるのか。

日本社会がこれから経験することは、ドイツのそれとは性質が異なるかもしれない。しかし、異文化との邂逅において何らかの問題を日本社会も経験することは確かであろう。変化は、分断や排外主義といった深刻な事態を招くかもしれない。しかし、それは多様な人びとが共に暮らすことができる社会へと変化する契機となるかもしれない。日本が多様な人びとに開かれた社会へと仕組みを変えていくにあたり、ドイツの経験は参考になろう。

【引用・参考文献】

Beck, U., 1996, "Das Zeitalter der Nebenfolgen und die Politisierung der Moderne," Beck, U., A. Giddens und S. Lash, *Reflexive Modernisierung: Eine Kontroverse*, Frankfurt am Main: Suhrkamp, 19-112.

――――, 1997, *Was ist Globalisierung?: Irrtümer des Globalismus — Antworten auf Globalisierung*, Frankfurt am Main: Suhrkamp.（木前利秋・中村健吾監訳『グローバル化の社会学――グローバリズムの誤謬―グローバル化への応答』国文社、二〇〇五年）

――――, 2002, *Macht und Gegenmacht im globalen Zeitalter: Neue weltpolitische Ökonomie*, Frankfurt am Main: Suhrkamp.（島村賢一訳『ナショナリズムの超克――グローバル時代の世界政治経済学』ＮＴＴ出版、二〇〇八年）

———, 2004, *Der kosmopolitische Blick oder: Krieg ist Frieden*, Frankfurt am Main: Suhrkamp.

———, 2008, *Der eigene Gott: Von der Friedensfähigkeit und dem Gewaltpotential der Religionen*, Frankfurt am Main: Verlag der Weltreligionen.（鈴木直訳『私だけの神——平和と暴力のはざまにある宗教』岩波書店、二〇一一年）

———, 2016, *The Metamorphosis of the World*, Cambridge: Polity Press.（枝廣淳子・中小路佳代子訳『変態する世界』岩波書店、二〇一七年）

Beck, U., W. Bonß und C. Lau, 2001, "Theorie reflexiver Modernisierung," Ulrich Beck und Wolfgang Bonß Hg., *Die Modernisierung der Moderne*, Frankfurt am Main: Suhrkamp, 11-59.

Beck, U. and E. Grande, 2010a, "Varieties of Second Modernity: The Cosmopolitan Turn in Social and Political Theory and Research," *The British Journal of Sociology*, 61(3): 409-43.

Beck, U. und E. Grande, 2010b, "Jenseits des Methodologischen Nationalismus: Außereuropäische und europäische Variationen der Zweiten Moderne," *Soziale Welt*, 61: 187-216.

Beck, U. und E. Beck-Gernsheim, 2011, *Fernliebe: Lebensformen im globalen Zeitalter*, Berlin: Suhrkamp.（伊藤美登里訳『愛は遠く離れて——グローバル時代の「家族」のかたち』岩波書店、二〇一四年）

橋爪大三郎・大澤真幸、二〇一一『ふしぎなキリスト教』講談社。

伊藤美登里、二〇一七『ウルリッヒ・ベックの社会理論——リスク社会を生きるということ』勁草書房。

金田耕一、二〇一二「現代の自由論」川崎修・杉田敦編『現代政治理論〔新版〕』有斐閣。

森井裕一、二〇一六「ドイツ——人の移動と社会変容」岡部みどり編『人の国際移動とＥＵ——地域統合は「国境」をどのように変えるのか？』法律文化社。

内藤正典、二〇〇四『ヨーロッパとイスラーム』岩波書店。

大屋雄裕、二〇〇七『自由とは何か——監視社会と「個人」の消滅』筑摩書房。

齋藤純一、二〇一七『不平等を考える——政治理論入門』筑摩書房。

盛山和夫、二〇〇六『リベラリズムとは何か——ロールズと正義の理論』勁草書房。

昔農英明、二〇一四『「移民国家ドイツ」の難民庇護政策』慶應義塾大学出版会。

【用語解説】

普遍主義　個別のもの、あるいは、個別性や特殊性よりも、すべて（または多く）に共通する事柄や普遍性を尊重する立場をさす。

個人化　集団（共同体、家族、職域など）から個人が解き放たれることをいう。

相対主義　ここでは、「文化相対主義」に近い意味で用いられている。文化相対主義とは、すべての文化は優劣で比べるものではなく対等であるという思想であり、そこにおいては、ある社会の文化の洗練さは外部の価値観によって測ることはできないとされる。

多文化主義　ここでは、エスニック・マイノリティの文化的多様性を尊重・承認する立場をさす。

再帰的近代化論　現代社会は、ある目的をかかげそれを実現すべく行動することで目標が達成される形で変化するよりはむしろ、ある目的達成のために行ったことの副次的帰結（例えば、工場生産による環境破壊）として変化する時代となったとする、社会変動を説明する理論のこと。

ポストモダン　近代主義に行き詰まりを見出し、そこから脱却しようとする思想運動の結果到来する、近代の後（ポスト）の時代のこと。

第一の近代　国民国家（福祉国家）、相対的に安定的な男性雇用および家族関係、性別役割分業などを特徴とする近代社会のこと。

第二の近代　グローバル化が進展し、福祉国家や安定的な男性雇用および家族関係が困難になることで個人化が進展し、さまざまなリスクに個人が直面せざるをえなくなった近代社会のこと。

*聞き取り調査にあたり、平成二六年度大妻女子大学戦略的個人研究費の助成を受けた。

移動と監視の時代を生きる——身体は何を経験するのか

高野麻子

はじめに——移動と監視の時代とは

　私たちは、移動《モビリティーズ》の時代に生きている。移動の時代とは、輸送手段の発達にともなうヒトやモノの物理的な移動の拡大だけでなく、膨大なデータの移動も含むリアルとバーチャルが錯綜する世界である。移動とは、とどまることのない変化のプロセスであり、その変化を把握し管理するには、絶え間ない監視が必要となる。ここでの監視とは、人間の目や耳を用いて特定の誰かを見張る行為ではなく、パソコン、スマートフォン、監視カメラ、生体認証、インターネット、人工衛星といった技術を介して収集される膨大なデータを通じて行われるものである。つまり、移動が複雑化する世界において、秩序形成のインフラとして監視技術が必要とされている。監視という行為自体は新しいものではないし、秩序形成は近代以降つねに重要な課題であり続けたが、移動の増大とともに監視の手法や秩序形成のあり方は大きく変容している。

　そして同時に、高速かつ膨大な移動を生み出すインフラは、監視のインフラにもなっている。飛行機、鉄道、船舶、自動車といった移動手段をはじめ、それを可能にする空港、高速道路、線路の整備、さらにこれらを利用する乗客を含むすべての動きを随時管理・調整する技術がなければ高度な移動を作り出すことはできないが、この一連のシステムに依存する生活がなければ、膨大なデータを収集することもできないのだ。それゆえ、監視が拡大する側面に注目すれば、現代を監視の時代として捉えることも可能である。つまり、移動と監視は相互補完的な関係性にあり、現代社会を分析するための重要な視点を提供してくれる。

日常生活を思い浮かべると、街中の監視カメラ、クレジットカードや交通系ICカード、スマートフォンのGPS機能、車に装着するダッシュカム、パソコンの閲覧履歴、ソーシャルメディアへの投稿、通話やメールなど、個人のあらゆる情報が国境を越えて収集・分析・利用されていることに気がつく。自宅のソファーでくつろいでいようと、通勤・通学の電車の中であろうと関係なく、個人の活動はリアルタイムで追跡され、収集された膨大な情報のフローから導き出された意味や価値が、再び個人の具体的な経験として帰着する。実際に移動をしているかどうかにかかわらず、個々人を変化し続ける存在として捉える社会的要請のもとで、私たちの日常生活はつねに移動のただなかにあるのだ。このことは、監視の実践もまた、流動的であることを意味する。

ジョン・アーリは「身体が常に動いていることに伴い、次第に個人のスケジュールをコントロール、管理するための世界が組織されるようになっている」(Urry 2007 = 2015: 300) と指摘する。この新たに組織された移動と監視の世界とは、どのような特徴をもつのだろうか。そして、この世界はどのような課題を抱え、それはなぜ既存の社会科学の枠組みでは捉えきれないのだろうか。本章では、高度なテクノロジーにもとづく監視の実践に着目しながら、これらの問いを考えていきたい。

新しい顕微鏡で見る「未来」

そもそも「監視」とはどのような意味だろうか。デイヴィッド・ライアンは、監視を「操作または管理するために情報を収集すること」、より具体的には、「一定の目的のために特定のものであるか全体のものであるかを問わず個人の詳細に対して体系的また日常的に注意を向けること」(Lyon 2015 = 2016: 3) と定義している。監視という行為自体は新しいものではなく、近代において国家は国民の情報（氏名、生年月日、性別、民族、住所、家族構成など）を収集し、徴税、徴兵、福祉のために利用してきたし、ミシェル・フーコーの規律訓練によって、社会規範にもとづく行動や振る舞いを個々人が内面化することで主体形成がなされてきた。さらに、近年注目を集めている生体認証技術（身体的・行動的特徴を利用して個人を識別する技術）でさえ、すでに一九世紀末には誕生し、指紋を用いた個人識別がヨーロッパ諸国とその植民地で、移民労働者、外国人、犯罪者の管理に利用されていた。

ところが、現代の監視が過去のそれと大きく異なるのは、監視カメラ、スキャナ、パソコン、スマートフォン、インターネットなどのデジタル技術を介して収集されたデータに依拠している点である。それは、紙の書類が手作業によって収集・管理されていた時代とは比べものにならない規模と速度で行われている。今日、世界中で日々収集される膨大なデータは「ビッグデータ」と呼ばれ、これが新たな知を産出する資源となっている。では、ビッグデータによる新たな監視は、どのような特徴を持つのだろうか。

二〇二〇年までに全世界のデジタルデータ量が、四〇ゼタバイトを超えると予測されている。専門家たちは、この四〇ゼタバイトという馴染みのない数字を、世界中の砂浜の砂の数の五七倍と表現したり、これらすべてのデータをブルーレイディスクに保存すると、ディスクの総重量はニミッツ級の航空母艦の四二四隻分になるなど、さまざまな例えを使って説明する。しかしそのどれを聞いても、人間の想像力をはるかに超える内容に茫然とし、四〇ゼタバイトがいかに巨大で、無限に近い数字であるのかを思い知らされる。

この果てしない量のビッグデータは、いったい何を生み出そうとしているのだろうか。ドキュメンタリー映画『The Human Face of Big Data』(2014)のなかで、起業家のジェイ・ウォーカーは、ビッグデータを強力なアルゴリズム(数学的な計算の方法)を使用した「顕微鏡」に例えている。一七世紀に実用化が進んだ顕微鏡は、これまで人間の肉眼では見ることのできなかった細胞や細菌など、ミクロの世界を可視化した。二〇世紀にはいると、電子顕微鏡の開発により、光ではなく電子線を用いることで、ウィルスや原子といったさらなる微細な領域にまで到達した。そして今、私たちがビッグデータという新たな顕微鏡で見ようとしているもの、それは現在進行中の「いま」と、これから訪れるであろう「未来」である。

誰もが一度は、未来を予測できる力を手に入れたいと思ったことがあるだろう。次の流行をいち早く知ることができれば、ビジネスで大成功を収められるだろうとか、大災害や事故の発生をあらかじめ知っていれば、大切な家族を守れるだろうといったように。未来は不確実なものであるがゆえに、つねに不安の源泉となってきたし、この不安を取り除くために、未来を確実なものとして手中に収めることは、人類の長年の夢でもあった。ビッグデータは、まさにこの領域に足を踏み入れたのである。

ビッグデータは現在、多様な用途での使用が開始されている。「商品Aを購入した客は商品Bも購入する確率が高いから、商品Aの近くに商品Bを配置しよう」といった企業による顧客情報の解析とマーケティングへの活用はもちろん、感染症の拡大経路やスピード予測、交通渋滞の予測、テロや犯罪の予防などさまざまだ。また、近年注目を集めている病気のリスクと予防については、女優のアンジェリーナ・ジョリーの決断が大きな話題となった。遺伝子検査で乳がんと卵巣がんの発症率が高いことを知った彼女は、健康な乳房・卵巣・卵管の切除手術を決断したのだ。

ビッグデータはあくまでもデータの集積であり、そこから導き出された結果が、確実に現実のものになるとは限らないが、それでも人びとはこれまで知ることができなかった未来を見つけ出そうとしている。そして、未来を模索する力は、社会的、経済的、政治的なるものの変容を引き起こしている。

二一世紀のもっともセクシーな職業⁉

電子顕微鏡が電子線を用いなければナノの世界を可視化できないのと同様に、ビッグデータという新たな顕微鏡は、必ずそこにアルゴリズムを介さなければ何も見ることができない。無尽蔵に収集されたデータそのものにあらかじめ意味や解釈が存在するのではなく、データの中からパターン、相関関係、類似性などを導き出し、そこに意味や解釈を加えることで知識が生み出されるのだ。

そしてこの一連のプロセスを担うのが、「データサイエンティスト」と呼ばれる専門技術者たちだ。かれらの業務は、まず課題解決や目標達成に向けた仮説を立て、その仮説の立証に必要となるデータを収集することに始まる。次に、収集されたデータから有用なデータを取り出すための準備として「〝雑音〟となるデータを取り除く作業」を行ったうえで、データを相互に組み合わせて解析をしていく。そして、解析から得られた結果にもとづいて、具体的な施策を提案していくのだ[1]。

データ解析のプロセスは「データマイニング」という名のごとく、膨大なデータを採掘して原石を見つけ出す作業である。アメリカのビジネス雑誌『ハーバード・ビジネス・レビュー』(二〇一二年一〇月号)に、「データサイエンティスト：二一世紀のもっともセクシーな職業」という記事が掲載されたことからもわかるように、この新しい職業は、無限とも思えるデータの洪水から価値を創出する担い手として注目を集めている。

無法地帯に根付く「監視資本主義」

データサイエンティストを生み出した資本主義の新たな形態とは、どのようなものだろうか。しばしば「ビッグ・ファイブ」と呼ばれるグローバル企業(アップル、グーグル、マイクロソフト、アマゾン、フェイスブック)は膨大な顧客情報を収集・利用し、監視を一つの産業として成立させることで成功を収めている。

ショシャナ・ズボフは「監視資本主義(surveillance capitalism)」という用語を通じて、資本主義の変容を批判的に考察している。ズボフは二〇一六年一月に世界でもっとも高く評価された企業としてグーグルがアップルを超えた事実に触れ、グーグルが「一方的な監視と人間の行動の修正から利益を引き出すまったく新しい資本主義の亜種の中心」であり、「これは、グーグルのデジタル世界における計り知れない高速な回路なしでは想像できない新しい監視資本主義である」と指摘した。ズボフは、いまや資本主義は経済の突然変異から生み出された監視によってハイジャックされ、監視資本主義は「無法地帯に根付き、そこで繁栄している先例のない市場形態」であると指摘する(Zuboff 2016)。

人びとの日常生活のあらゆる情報がインターネットを通じて自動的に吸い上げられ、その情報を資源とした経済活動が無法地帯、つまり既存の法の適用を逃れている場で行われ、巨大な富を生み出している。マルク・デュガンとクリストフ・ラベは、ビッグデータによる監視システムが目まぐるしい速さで進化を遂げているため、「どんな法体制や規制をもってしても抑えることができない事態になっている」こと、さらに「ビッグデータ企業が一見、法的措置に一歩譲ったとしても、テクノロジーの力ですぐに取り戻し、立法者側はついていけないでいる」こと（Dugain and Labbé 2016=2017: 216）を指摘する。新しい法律が制定された頃には、監視資本主義は次の段階へと進み、新たな無法地帯を生み出しているのである。

では、これらの企業の最終的な目的はいったい何なのか。ズボフは、非常に高い評価を得ているシリコンバレーのある企業のチーフ・データサイエンティストであり、生徒の学習を改善するアプリケーション（アプリ）の開発を務める人物へのインタビューを紹介している。

> 私たちが行っているすべての取り組みの目標は、人びとの実際の行動を大規模に変えることです。生徒たちが私たちのアプリを使用すると、私たちはかれらの行動をデータとしてコンピュータに取り込み、いい行動と悪い行動を判断することができ、さらにいい行動には褒美を与え、悪い行動を罰する方法を開発できるのです。わたしたちの指示が、かれらにとっていかに有効かつ私たちにとって有益であるかを検証できるのです。（Zuboff 2016 傍点引用者）

ビッグデータが目指していること、それは過去のデータから個人の嗜好や癖を分析し、近い未来の行動を予測するだけではなく、ある行動を選択する主体になるよう導くことなのだ。

今、あなたのスマートフォンにはいくつのアプリがダウンロードされているだろうか。それら一つひとつにどのような情報を提供しているだろうか。新たな資本主義の戦略のもとで作り変えられようとしている「未来」のなかに、「自分の未来」も含まれていると気づいたとき、私たちが考えていかなければならないことは何だろうか。そして、ここで判断される「望ましい行動」と「望ましくない行動」を決める権限を持つのは誰なのだろうか。

私を操っているのは誰か?

ビッグデータの解析と利用を通じて、私たちの実際の行動が大規模に変えられていくのだとしたら、私の考えや判断は誰かに操られているのだろうか。その強大な権力を握るのは誰なのだろうか。ここでは監視の歴史的変遷から、権力の所在を考えてみたい。

デイヴィッド・ライアンは著書『監視文化の誕生』(2018=2019)のなかで、「監視国家」から「監視社会」を経て、現在の監視が「監視文化」へと移行しているという。かつて監視をめぐる権力のイメージは、一九四九年に出版されたジョージ・オーウェルの小説『一九八四年』で描かれたビッグブラザーを頂点とした中央集権的な全体主義的監視国家がモデルとなっていた。政府は国民の思想や言論を統制するため、街中だけでなく各家庭に監視カメラと盗聴器の機能を備えたテレスクリーンを設置し、徹底的に国民の生活を監視した。

政府に背くものは直ちに犯罪者として逮捕され、拷問の対象となったため、人びとは国家権力に怯える生活を強いられた。この小説で描かれている監視は、抑圧や弾圧を意味するもの、すなわち恐怖そのものであった。

ところが、二〇世紀末にコンピュータ技術の発達にともない誕生した「監視社会」と呼ばれる社会形態は、国家による国民の監視という枠組みを大きく変容させるものだった。ライアンが、「監視社会ということが言われるのは、これまで国民国家や政府に限られてきた監視活動が、社会のあらゆる部門に浸透するに至ったという意味においてなのである」(Lyon 2001=2002: 55) と述べたように、監視は日常生活のなかに溢れ出し、それにともない監視の主体は激増した。安価な監視技術が商品として市場に出回ったことや、民間企業がマーケティングを目的に監視活動に参入したことで、監視は政府の活動に限定されなくなった。街の安全を守る名目で設置された防犯カメラや、商品の購入金額や購入履歴に合わせて発行される割引券や新商品の広告、自動車のナビ機能は、監視＝恐怖というイメージから、便利で最先端の近未来を予感させるものとなっていった。

そして、監視社会の到来によって、監視をめぐる権力構造にも大きな変化が生じた。監視主体が増大し、その目的が多様化するなかで、権力の中心は不鮮明になったのである。つまり、かつてのように、「打倒、ビッグブラザー！」と権力の中心を名指すことができなくなった。権力は分散化し、脱中心化したのである。

さらに近年では、スマートフォンの普及やソーシャルメディアの出現により、監視をめぐる権力構造は複雑さを増している。人びとはみずから進んでソーシャルメディアに自分の日常を写真や動画とともに公開し、これまで出会うことのなかった人びとと国境を越えた交流を楽しみ、さらにウェアラブル端末を身に着けて自分の健康状態を記録することが自己管理の有効な手段だと信じている。ライアンが「監視文化」と名付けたように、人びとが監視活動に積極的に参加し動員される新たな形態が登場し、もはや監視する側／監視される側を分けることができなくなった。これは、監視国家や監視社会を分析する際に注目されてきた監視の受動的な側面（人びとは国家や企業に監視される存在であるという視点）だけでは、近年の監視の現状を捉えきれないことを意味する。

国家権力の再編

監視が政府による国民への一方向的な権力の行使ではなく、権力の脱中心化と人びとの積極的な参加をともなう形態へと移行したからといって、監視権力そのものが弱まったという結論には至らない。たしかに新たな権力は、特定の人間が握っているものではないし、国家が領土内の住民に対して行使するものに限定されない。しかし、これが、従来の国家権力を解体するわけではないことも事実である。新たなテクノロジーによって生み出された膨大なデータと、データを宝石に変えるメカニズムは、既存の国家権力を巻き込みながら、これを再構築しているのだ。

二〇一三年のエドワード・スノーデンによる暴露は、世界に衝撃を与えた。当時、アメリカ国家安全保障局（ＮＳＡ）の職員であったスノーデンは、アメリカ政府が膨大な個人情報を監視している事実を公表した。これにより、アメリカ政府が監視の対象としていたのは、ブラックリストに載っている人物や国内の外国人だけではなく、限りなく全世界の一般の人びとであることが明らかになった。あらゆる人びととの通話、テキスト、eメール、ネットの検索履歴等の情報がNSAによって収集・解析されていたのである。その際、これらの作業はNSAが単独で担っていたのではなく、セキュリティ関連企業や通信・インターネット企業と、複数の政府機関との密接な関係のもとで実施されていたのだ。NSAは他国の提携機関（アメリカを含むオーストラリア、カナダ、ニュージーランド、イギリスの五ヵ国は「ファイブアイズ」と呼ばれている）と一部情報を共有している。もはや、監視を一国内の問題として語ることはできなくなった。

さらに、スノーデンの暴露は、ソーシャルメディアのように人びととの自由なつながりや新しい自己表現を可能にする道具が、意図せざる結果として安全保障を理由に強大な権力に吸い上げられ、当初の目的をはるかに超えた用途に利用されていることも明らかにした。その背景には、二〇〇一年のアメリカ同時多発テロを契機に、テロや犯罪は監視活動によってあらかじめ予測し予防されるべきだという言説が説得力を持ったことが大きく影響している。個人化の進展がもたらす漠然とした「不安」や、企業がマーケティング戦略のもとで煽る「不安」が、何か策を講じているという安心への衝動を掻き立てるなかで、テロの予防は人びとからの支持を得やすかった。

安全のためならプライバシーを犠牲にしても仕方がないという考え方が蔓延し、国境を越えたセキュリティ部門の監視が急速に拡大するなか、時を同じくして二〇〇四年にフェイスブックが誕生する。新しいコミュニケーションツールとして、世界中の人びとが自身の情報を自発的に投稿し、その情報を互いに共有して人的ネットワークを広げていった。これにより、個々人の趣味嗜好や交友関係にかんする情報が、インターネット上を駆け巡るようになった。

そしてこれらの膨大な個人情報は、国家の安全保障の名のもとに、「危険な人びと」を探し出す目的にも利用されていく。テロや犯罪を計画している人物はいないか、危険な思想を持つ人物はいないか、当局がマークしている組織とつながっている人物は誰なのか、これらの答えを求めて、分散化された権力はセキュリティ維持の名のもとに集結し、近代における国家権力とは異なる新種の巨大権力を作り出したのである。

ただし、ここで言う「危険な人びと」のなかには、テロリストだけでなく、環境保護活動家、反貧困支持者、平和デモ行進参加者、ジャーナリストといった人びとも含まれていることを見逃してはならない。かれらは誰にとって「危険」なのだろうか。もっと露骨な表現を使えば、誰にとって「邪魔」な存在なのだろうか。スノーデンは言論や信教の自由が脅かされている事態に警鐘を鳴らしている。実際に、膨大なデータを解析した結果、まったく身に覚えのない無実の人が拘束され、尋問されるケースが相次いでいる。「望むべき未来」、「目指すべき未来」とは、ある一部の人間にとっての未来であり、その実現のために、犠牲になる集団や個人が存在するのである。こうした不均衡の上に成り立つ「安心」や「安全」の危うさを理解する必要がある。

監視の流動化と身体感覚の喪失

これまで見てきたように、現在の監視活動は特定の地域や国家という一定の領土内で完結するものではなく、またフーコーが**パノプティコン**をモデルに分析したような閉じられた空間で行われる監視でもない。コンピュータを介することで、物理的な距離そのものが消失し、ある目的で収集されたデータは、当初の目的のためだけでなく、別のデータと結合されてまったく異なる目的へと使用されていく。捕まえてみようとしてもその手をすり抜け、次の瞬間には別のものへと変化し、縦横無尽に移動しながら生み出される新種の権力を分析することは非常に難しい。ジグムント・バウマンが固体的《ソリッド》な近代から**流動的な近代**《リキッド》への移行として現代社会を描き出したように（Bauman 2000=2001）、監視も流動化している。とどまることのないプロセスのただなかで、私たち自身もつねに変化し続ける存在になっている。では、この捉えどころのない世界で、私たちは何を経験し、どのような存在になっているのだろうか。

日々、膨大なデータが収集・解析され、監視の対象が限りなく全世界の一般の人びとへと向かうなかで、ますます「私」とは自分で語るものではなく、データによって語られる存在になっている。データによって作り出された「デジタル上の私（データ・ダブル）」は、データの帰着場所として「肉体をともなった私」を必要とし、データ上の責任をすべて後者の私に負わせる。「思い当たる節がない、それは私ではない」と主張しても、すぐさま「デジタル上のあなたはそう言っている、これがあなた自身だ」と反論されてしまうだろう。つまり、その人物が何者であるかを決定する権利が本人から奪われ、本人の言葉で自らを説明する機会が縮小している。私たちの身体は、意味づけられる存在になっている。

さらに高度なコンピュータ技術に依拠することで、近年の監視は自動化され、この変化に気づく契機が失われていることも事実である。例えば、監視カメラに搭載された顔認証では、カメラの前に立ち止まる必要もレンズに目線を合わせる必要もない。カメラの前を通り過ぎれば、自動的に認証が行われるのである。いつ、どこで自分が認証されたのかを知ることはできない。コンピュータがない時代には、誰かに見張られている気配や、ある空間に隔離される閉塞感、指紋採取に用いられる黒いインクのぬるっとした感触など、監視の実践には具体的な身体感覚がともなっていた。だからこそ、この不快感や屈辱が何を意味し、なぜ社会のある一部の人間だけが監視の対象となるのかが問われてきた。まさに、この身体感覚が差別や暴力の象徴として、反対運動が展開される契機となっていた。

しかし、監視が限りなくすべての人を対象とし、さらにこの身体感覚が失われていくなかで、監視が孕む暴力に気づくことが難しくなっている。ある日突然、空港の入国審査で入国を拒否されたとき、はじめて自分が監視の対象であったことや、自分の言葉で語ることの無力さに気づくのかもしれない。そのうえ、自分が拘束の対象になった理由に思い当たる節がないならば、何に対して誰とともに異議申し立てをすればいいのかすらわからないだろう。そこで次節では、監視のプロセスに内在する差別や暴力の問題について考えていきたい。

差別の不可視化

本章で議論したいことは、監視に賛成か反対かということではないし、いい監視と悪い監視の境界線を決めることでもない。さらに近年の高度化するテクノロジーそのものを批判したいわけでもない。「監視文化」という言葉が言い表すように、人びとは積極的に監視に参加し、利便性や喜びを享受している。監視は現代社会を構成するインフラとして日常生活に深く浸透しているのだ。しかし一方で、複雑化する監視の諸実践が生み出す強大な権力を野放しにすることはできない。

ライアンは監視について「本質としては善でも悪でもないが、かといって中立では決してない」(Lyon 2018=2019: 26) と述べている。監視を考えるうえでもっとも重要なのは、監視は抑圧や差別と同義語ではないが、平等な監視というものもまた存在しないことだ。監視はつねに不均衡と暴力の契機を孕んでいる。そのため、収集されたデータを加工し、個人に具体的な判断が下されるそのプロセスを疑う必要があるのだ。未来は不確実なものであり、誰にもわからないにもかかわらず、一部の人間の「望むべき未来」のために、世界中の人びとの人権が脅かされる事態を、深刻に受け止めなければならない。そして、自分が思いがけない不利益を被ったとき、民主主義、人権、法制度といった既存の概念や道具がもはや自分を守ってくれなくなる恐怖を想像してみなければならないし、自分が理不尽な状況に置かれたときに、異議申し立てをする権利を皆が持たなければならない。

これまでも人種、宗教、性別、病気、障害を理由に、不当な差別を経験した人びとや集団は、繰り返し反対運動を展開し、権利を勝ち取る実践を積み重ねてきた。しかし、近年、差別の構造が不可視化している。自分の情報がどのように収集され、利用されているかを知っている人はほとんどいないだろう。そしてそれらの情報がどのようなアルゴリズムで解析されているのかを知ることも難しい。出身国、人種、宗教、思想、犯罪、病気といった近代が生み出したカテゴリーは、買い物歴、渡航歴、ソーシャルメディアでの友人関係、メールや通話の内容などの膨大なデータの一部となった。そのため、自分の行動が制限されたり、不当な拘束や尋問にあった時、何が原因だったのかを突き止めることは難しい。近い将来リスクを作り出すであろう「問題のある個人」として意味づけられ、社会がその判断をリスクマネージメントのためなら仕方ないと容認したとき、どのような異議申し立てが可能なのかを考えなければならない。

おわりに――いま、私たちがすべきことについて

リアルとバーチャル、オンラインとオフラインが混ざり合った複雑な世界で生じている新たな事態について、私たちがすべきことは何だろうか。最後にこの点について考えておきたい。

まずは、テクノロジーを絶対的なものとして過信しないこと、そしてデータが客観的で中立なものだという思い込みを疑うことだ。データ解析のプロセスには必ず、誰かの意図や価値観が影響している。利便性と効率性、さらに安心と安全を掲げる今日の監視の実践は、今までに見たことのない新しい景色として目に映るだろう。しかし、新たな技術が誕生したからといって、従来とはまったく異なる理念のもとで、新しい世界を作り出せるわけではない。なぜなら技術は、それを生み出した人びとと使用する人びとの意識や感覚に大きく影響されるからである。そしていまだ私たちの思考は、近代が生み出した人種、宗教、性別などにもとづく偏見や差別の意識に深く支配されている。それゆえ、監視の実践もまた、こうした思想にもとづくカテゴリー化から自由ではいられない。

ある技術がどのような「問題」を解決するために生み出されたのか、その「問題」とは誰にとってのどのような問題なのか、その技術が広く社会に普及した際に、どのような場面で誰を対象に使用されるのかを、丹念に整理してみる必要がある。さらに、過去に類似した技術が存在した場合は、当時の状況と比較してみることで、現代に共通する課題を見つけ出せるだろう。その意味で、監視研究は歴史的な事例分析も求められ

ている。実際に、現在にも通じる監視技術の多くは、戦争や植民地統治を通じて生み出されてきた。

そして、最後にもう一つ指摘しておきたいのは、直接相手の顔を見ながら行うコミュニケーションの大切さを再認識することである。アイデンティフィケーションとは他者が自分を意味づけ、認証する行為であり、アイデンティティとは異なる。一人ひとりが、データ上の私（統計上の私）を本当の私として引き受けてしまえば、監視の実践が孕む問題に気づくことは難しい。センサーやカメラで解析された人間の感情や思考を信じるのではなく、もっと本人の言葉で語られる切実さと対面し、相手の目を見て、その声に耳を傾けることを大切にしなければならない。そのうえで、不当な立場に置かれた人の異議申し立てに対して、ともに戦う道具と手段を整えていく必要がある。そしてこの局面にこそ、世界中の人びとが国境を越えてリアルタイムでつながり、情報を発信・共有できることの素晴らしさを活かしていくべきなのである。

【注】

1　データサイエンティストの一連の業務については、下記を参照のこと。
「アクセンチュアHP：データサイエンティストの仕事の流れを知ろう」
https://www.accenture.com/jp-ja/data-scientist-training-for-women-part3（二〇一九年六月二日閲覧）

【引用・参考文献】

Bauman, Z., 2000, *Liquid Modernity*, Cambridge: Polity.（森田典正訳『リキッド・モダニティ——液状化する社会』大月書店、二〇〇一年）
Dugain, M. and C. Labbé, 2016, *L'homme nu: La dictature invisible du numérique*, Paris: Plon and Robert Laffont.（鳥取絹子訳

『ビッグデータという独裁者——「便利」とひきかえに「自由」を奪う』筑摩書房、二〇一七年）

Lyon, D., 2001, *Surveillance Society: Monitoring Everyday Life*, Buckingham: Open University Press.（河村一郎訳『監視社会』青土社、二〇〇二年）

——, 2015, *Surveillance after Snowden*, Cambridge: Polity.（田島泰彦・大塚一美・新津久美子訳『スノーデン・ショック——民主主義にひそむ監視の脅威』岩波書店、二〇一六年）

——, 2018, *The Culture of Surveillance: Watching as a Way of Life*, Cambridge: Polity Press.（田畑暁生訳『監視文化の誕生——社会に監視される時代から、ひとびとが進んで監視する時代へ』青土社、二〇一九年）

Urry, J., 2007, *Mobilities*, Cambridge: Polity.（吉原直樹・伊藤嘉高訳『モビリティーズ——移動の社会学』作品社、二〇一五年）

Zuboff, S., 2015, "Big other: surveillance capitalism and the prospects of an information civilization," *Journal of Information Technology* 30: 75-89.

——, 2016, "The Secrets of Surveillance Capitalism," *Frankfurter Allgemeine*, https://www.faz.net/aktuell/feuilleton/debatten/the-digital-debate/shoshana-zuboff-secrets-of-surveillance-capitalism-14103616.html.（二〇一九年六月二日閲覧）

【用語解説】

パノプティコン　ジェレミー・ベンサムが考案した「一望監視施設」と呼ばれる監獄。中央に監視塔があり、これを取り囲むように独房が配置されているため、監視塔からは囚人が見えるが囚人からは看守が見えない構造になっている。囚人は看守の視線を内面化し、規律正しい行動をとるようになる。

流動的《リキッド》な近代（リキッド・モダニティ）　ジグムント・バウマンによる用語。固体的《ソリッド》な近代に対して、不安定で移ろいやすく、不確実性にあふれた現代社会を示す言葉である。

問題提起⑵　国家と〈他者〉はどのように共存するか——開かれた国民国家は可能か

伊豫谷登士翁

近代の人の移動は国民国家の形成と結びついてきましたが、二〇世紀末以降の大規模な人の移動は、国民国家の揺らぎを表しています。移民や難民を受け入れることが、国家主権を脅かすと考えられ、ナショナリズムが喚起されます。そして、第二次世界大戦の悲惨な経験から生まれた人権という理念、人種差別への批判が、いまその輝きを急速に失いつつあります。

難民や移民とよばれる人たちの大規模な移動が、欧米諸国だけでなく多くの国の政治を揺るがし、これまで曲がりなりにも支持されてきた移民の権利や難民の受け入れが批判されるようになってきました。ここでの問いは、グローバリゼーションといわれる時代に、移民や難民と呼ばれる人々が国民と対立して捉えられ、そして他者としての外国人が国民国家のなかに取り込まれるあり方がどのように変化しているのか、という点にあります。

重要なことは、ここで問題にするのが、たんに近年の移民や難民の激増に対する新たな政策の転換ではない、という点にあります。戦後の豊かな時代を享受してきた人々の意識、そして社会が、大きく変化しています。格差が広がるなかで、移民や難民の流入を危機と煽り、近代世界が創り上げてきた民主主義や人権という普遍的な理念や規範の根幹が批判に晒されています。問われているのは、西欧近代の基本的な国家理念であり、第二次世界大戦後の世界秩序です。

二一世紀になって、これまで移民労働者を受け入れてきた国々では、国境を越える人の移動に対する管理を強めてきました。多文化主義を掲げ、人権を標榜していた欧米諸国においても、これまでの境界の管理能力が時代遅れになり、有効な移民政策や難民政策を見いだすことが難しくなりつつある、と認識されるようになってきています。他方、日本では、ナショナリズムが高まりながらも、少子高齢化に対して外国人労働者の受け入れが喫緊の課題となりつつあります。日本政府はこれまで、公式には頑なに外国人労働者の受け入れを否定してきたのですが、二〇一九年の四月に新たな法律が施行され、外国人労働者の受け入れへと舵を切りました。これは、政府は認めませんが、実質的な移民の受け入れへの政策転換です。今後さまざまな摩擦を経験しながら、日本は、他者としての外国人と共存するための基盤を創りだし、そのことが日本社会に変化をもたらすかもしれません。

移民や難民と呼ばれる人々の存在は、国民を映し出す鏡です。他者と国民との関係は、しばしばシティズンシップの問題として取り上げられてきましたが、シティズンシップが何を意味するのかは、国家や国民の形成のされ方を反映し、そして時代によって大きく変化してきました。日本では、シティズンシップは、しばしば市民権と訳されてきたのですが、権利と結びつけた訳語が誤解を生んできました。しかしいま、多くの外国人が長期に滞在するようになり、あらためてシティズンシップが何を意味するのか、問題にされるでしょう。

現在、西洋近代の理念が生み出した国民国家という枠組み自体を根本的に問い直す必要があるのではないでしょうか。国家の政策によって移民や難民の問題に対処するという方向性だけではなく、国家という枠組みに縛られないより柔軟な方法で人間的な関係性を再生させることはできないのか。そうした課題をこそ、グローバルな文脈において考えてみる必要があります。

【引用・参考文献】

Joppke, C., 2010, *Citizenship and Immigration*, Cambridge: Polity.（遠藤乾ほか訳『軽いシティズンシップ――市民、外国人、リベラリズムのゆくえ』岩波書店、二〇一三年）

Krastev, I., 2017, *After Europe*, Penn University Press.（庄司克宏訳『アフター・ヨーロッパ――ポピュリズムという妖怪にどう向きあうか』岩波書店、二〇一八年）

難民の居場所を問い直す

山岡健次郎

移民や難民といった存在が国境の外側からやって来る。彼ら・彼女らは、観光目的でやって来たわけではない。自らの出身国を離れて生活をはじめようとしている。事情はそれぞれ。仕事の転勤かもしれないし、留学が目的かもしれない。あるいは自国での生活が行き詰まった結果、仕方なく移動してきたのかもしれない。いずれにせよ、人間は（今のところ）地球上のいずれかの場所で生きていくよりほかない。そして、できることならより快適でより安全な暮らしを求めるのが人情だろう。

細かな事情は時代や場所によって異なるだろうが、人々がそのようにして生活の拠点を変えるために移動を重ねてきたことは、今も昔も変わりない。私たちの祖先も、かつてはどこか別の場所からやって来たのかもしれないし、私たち自身もいつの日か別のどこかに移り住むのかもしれない。移動する人々と定住する人々とは、同じ歴史を生きている。

「難民」と「私たち」

ところが、いつの日からだろうか。移動する「彼ら・彼女ら」と定住する「私たち」との関係はぎこちないものとなった。立場が、運命が、分かれてしまった。

本章では、難民移動について考えていく。難民である「彼ら・彼女ら」は保護されるべき脆弱な人々であって、国民社会の中で安定的に定住する「私たち」はその難民たちを保護すべき立場にあるとされる。そうした両者の立場と運命の分岐について考えていく。

難民移動が発生する理由はさまざまだ。出身国における何らかの迫害から逃れることもあるだろうし、紛争の激化によって住む場所を追われることもあるだろうし、飢饉や貧困などの経済的な事情から生計が成り立たなくなって移動する場合もあるだろう。終わりの見えない苦難から抜け出すためには、リスクを覚悟で住む場所を変えるしかない。

ところが、現代世界においては、そうした再出発が容易でない。難民たちはすでにその出身国において十分すぎるほどの苦難を経験している。にもかかわらず、まるでそうした苦しみだけでは不十分であるかのように、逃亡先で新たな困難が待ち構えている。彼ら・彼女らには、生活再建のための居場所がなかなか与えられない。そのためのハードルは、日々高くなるばかりである。

国民国家の成り立ち

原理的に言って、何が難民の再出発を妨げているのであろうか。国民国家という政治的共同体の仕組みこそが、それを妨げている。以下、そのことを論じていく。

国民国家という仕組みが歴史的に成立したのは、それほど古い話ではない。ヨーロッパ世界全体でその仕組みが確立したのは、第一次世界大戦以後のことであってせいぜい一世紀余りの歴史でしかない。しかもそれが世界規模に拡大してからは、まだ半世紀程度の時間しか経過していない。その意味では、人類の長い歴史においてきわめて一時的な現象であると言えるし、後で論じることだが、誕生から間もないにもかかわらず、すでにその仕組みは危機的状況にある。

国民国家は、ヨーロッパ発祥の政治的共同体の仕組みである。

近代ヨーロッパにおいて前近代的で封建的な領主と農奴との関係性が断ち切られ、人間は土地の縛りから解放された。すなわち移動の自由を獲得することで、人間は自己の労働力を市場において自由に売買できるようになっていく。そのようにしてヨーロッパにおけるブルジョワ革命は、近代的な労働者を生み出していった。

それと同時に、土地に根ざした生活様式は急速に失われていき、労働者たちの生活は賃金に依存したものとなり不安定化する。資本主義化した近代国家にとっては、浮遊する労働者たちを国家へとつなぎ止める支柱が必要となる。富国強兵のためには、徴税と徴兵は不可欠であろう。土地との結びつきを失い流動化した労働者たちを国家に結びつけることで安住させる。そのようにして、資本主義システムにおける労働者たちを「国民」にするための仕組みを、国民国家と呼ぶ。

同じ事態を政治的な用語としても説明できるであろう。近代革命の結果、政治への参加資格が拡大されることになる。それまでの身分制のように特権的な生まれの者たちによって独占されていた政治の舞台はいまや、より多くの人々へと開かれた。そのようにして政治への参加資格を得た人々こそが、「国民」となっていった。

つまり、近代ヨーロッパ国家にとっての大きな課題の一つは、いかに自国民を創出するかであったと言える。そのために動員できる要素は、言語であれ文化であれ宗教であれ人種であれ、すべて利用された。そのような国民創出運動を、ナショナリズムと呼ぶ。

ヨーロッパ近代の歩みは他方で、ヨーロッパ外においては、全く別の歴史プロセスを展開させていった。富国強兵を目指す西洋各国は、ヨーロッパ外部へと植民地獲得に乗り出していく。原材料の生産地と生産物の輸出市場を自国外により豊富に獲得できた国家こそが、帝国主義列強となることができた。ヨーロッパにおいては近代化のプロセスは自発的な動きとして現れたと言えるかもしれないが、西洋列強によって植民地化されたアジア・アフリカにおいては、近代化は強いられたかたちとなった。

侵略と支配によって旧来の生活様式を破壊された人々は、やはり労働力として流動化し、帝国主義の搾取の対象とされていった。それに対する抵抗の動きこそが、アジア・アフリカにおけるナショナリズム運動であった。強いられた近代化を自己自身の手に取り戻すための闘いが、二〇世紀に世界規模で展開した。アジア・アフリカにとって国民国家とは、西洋から勝ち取られるべき規範となっていった。

難民移動の発生

ともかくも、こうして国民国家という仕組みは、地球規模の政治原理となったと言える。しかし国家と国民とを一対一対応で密接に結びつける仕組みは、必然的に国民以外の存在との間に差異を作り出す。しかも、いずれの国家の国民にもなれなかった、あるいは自前の国家を保持できなかった人々は、国民国家で色分けされた世界地図の中に居場所を見いだすことができない。

そのことが露骨に明るみに出たのが、第一次世界大戦であった。東・中央ヨーロッパに温存されていた巨大帝国という政治的枠組みが第一次世界大戦のプロセスで崩壊し、新たに誕生した国民国家によってその領土は分割されていった。そのとき、新生国家という分け前に与れなかった少数派の人々が行き場を失い無国籍者となってしまう。

無国籍者たちは、どこの国に行ったとしても、よそ者でしかない。どの国民国家も、無国籍者たちの面倒を見ようとはしない。国家と国民との間に蜜月の関係性を作り出す国民国家の仕組みにとって、無国籍者という存在ほど厄介なものはなかった。外国人であれば、都合が悪くなれば出身国へと送り返すことができるかもしれないが、無国籍者は外国人でさえない。国民国家の規範からすれば、存在してはならないはずの存在であった。それゆえ、難民化した。

現代的な意味での難民は、このとき誕生したと言える。それ以前の難民と第一次世界大戦以後に現れた難民との決定的な違いとはなにか。それ以前であれば、ある場所で生活を継続することが困難となり難民化した人々は、別の場所へと生活の拠点を移せばそれでよかった。ところが第一次世界大戦が発生させた難民の場合は、ある場所で生きていけなくなった人々は、もはや地球上のどこであろうと生きていけない、すなわち生活を再建するための新たな居場所が見つからない。それは、人類がこれまで経験したことのなかったまったく新しい種類の困難であった。

その後の第二次世界大戦では、国民総動員の戦争体制が確立されることで、いよいよ国民以外の存在が生存できる余地は狭まっていった。ヨーロッパ世界の中で自前の国家を持たないユダヤ民族という存在は格好の標的となり、絶滅収容所以外の行き場を失ってしまった。

東西冷戦期に確立した難民保護の仕組み

第二次世界大戦後、ヨーロッパ世界では、国民国家間の境界線上で右往左往する難民という存在に対処すべく、人権保障の仕組みを導入した。つまり、難民という存在を発生させてしまう国民国家という仕組みを解体するのではなくて、あくまでも国民国家システムは維持しつつ、それを補完するかたちで難民保護の仕組みを導入しようとしたのであった。

このアイデアは、戦後のヨーロッパ世界ではある程度上手く機能したと言える。自国で政治的な迫害を受けた者が他国に自由を求めて逃れてくるとき、その者は「難民」という法的地位を与えられて避難先の国家によって保護されることになる。すなわち、避難先の国家には、そうした「難民」を保護する法的な義務が発生することになる。一九五一年に成立した「難民の地位に関する条約」（以下、難民条約）がそれを保障している。

しかし、そうした難民保護の仕組みが機能するためには、別の外的条件が整っていなければならない。戦後の国際社会を規定した東西冷戦体制という条件である。東側の共産主義体制と西側の自由主義体制とが政治・経済・イデオロギーをめぐって激しく対立する構図が前提とされてはじめて、難民条約が想定するような難民保護は可能となる。すなわち、東側の共産主義体制に不満を持つ者が西側の自由主義国家に庇護を求めて移動してくるかぎりにおいて、西側各国はそうした「難民」を積極的に受け入れ保護することができる。

「難民」を保護することで、西側の政治経済体制の正しさが、その度ごとに証明されることになる。

しかし、言うまでもないことだが、難民移動がそのような東側から西側への移動だけに限定されることなどありえない。一九七〇年代頃から顕著になってきたのは、第二次世界大戦後に西洋の植民地支配から独立したアジア・アフリカの新興国家設立にともなう難民移動であった。植民地主義の傷跡のようにして残された人工的な国境線と民族を分断する支配の構造は、新興国家の船出を多難なものとした。数々の紛争が発生し、そこから逃れる人の波が難民化したのであった。

そのようにして発展途上世界で発生した新たな難民移動は、戦後ヨーロッパの状況を想定して作り出された難民条約における「難民」という法的カテゴリーからは明らかにはみ出していた。以後ふたたび難民は、受け入れ困難な存在として顕在化してくることになった。

くわえて、一九九〇年代に入ると東西の冷戦体制が崩壊し、冷戦イデオロギーを前提とした難民保護の実践はいよいよ現実離れしたものとなっていく。現在、私たちが目撃している「移民・難民問題」は、その延長としてある。

もちろん国際社会も、そうした事態の進展に対して手をこまねいて傍観していたばかりではない。難民条約における「難民」の定義があまりに限定的であるとして、発展途上世界における実際の難民保護の現場では、「難民」カテゴリーを拡張し保護を充実させていったし、地域レベルの国際条約においてもより幅広い「難民」の定義が採用されていった[1]。さらに近年では、「難民」に限らず「**強制移動民**」というかたちで居場所を失った人々を包括的に保護する実践も発展してきた。

しかしそれも、結局は、難民移動が南側の発展途上世界に閉じ込められているかぎりであった。その移動が北側の先進世界にまで及んだとき、国際社会はまったく余裕を失い防衛的になっていった。その現状については、次章に詳しい。

これまでにも、そして現在も、難民の大部分は南側の発展途上世界において保護されてきた。その意味では、「難民問題」は現在盛んに北側先進世界で取り上げられているが、南側の発展途上世界から見ればそうした問題はつねに発生し続けていたし、今になって殊更騒ぎ立てるほどのことでもなかろう。

結局のところ、国際社会にとっては、難民移動がヨーロッパや北米、あるいは日本にまでやって来ることが「問題」なのである。南側世界の難民キャンプにとどまっていて、北側世界が遠くから支援活動を提供するという、そうした遠距離の関係性が維持されているかぎりは、「難民問題」は人道問題ではあっても政治問題とは認識されない。しかし、南側の発展途上世界にとっては、つねに「難民問題」は鋭い政治問題であり続けてきたし、難民という存在が突きつけてくる根源的な矛盾から逃れることはできなかった。現在の「難民問題」が南側世界から学ぶべき事柄はあまりにも多いはずである。

そのように量的に見れば発展途上世界の難民の数とは比べものにならないにもかかわらず、現在の北側先進各国では難民を受け入れ保護することに対する警戒心が強まってきている[2]。

難民保護というハードル

なぜ北側先進各国では難民受け入れが困難となるのか。その原理的な原因は、先にも述べたように、国民国家という仕組みにある。北側先進各国では、国家による国民の保護が法制度上かなりの程度整備されており、国民の人権も司法プロセスにおいて保障されている。第二次世界大戦後に北側先進各国は、高度経済成長に支えられるかたちで福祉国家化が進展した。それによって国民の福祉は向上し、人権意識も高まっていった。先述したように、そのようにして福祉国家化した西側自由主義諸国に東側共産圏からの難民がやって来た場合には、手厚い保護が提供された。

しかし一九七〇年代以降、高度経済成長の時代は終わりを告げ低成長時代に入ると、先進各国は恒常的な財政難に悩まされるようになっていった。緊縮財政と規制緩和を進める新自由主義的な政策によって、国民生活は疲弊していく。経済のグローバル化は国内製造業を空洞化させる一方で、戦後復興のプロセスで導入した労働力移民が定住化し、国民にとっては自分たちの雇用が脅かされ賃金レベルが引き下げられ社会保障制度が浸食されていくように実感される。こうして国民社会の内部において、国家から見捨てられていると感じる社会階層が増大していく。

そのタイミングで、南側の発展途上世界から難民たちが押し寄せた。国際法上、難民には恒久的な保護が与えられなければならないが、北側先進各国では、自国民でさえもまともに保護されていないと感じられているところに、外からやって来た難民に手厚い保護が与えられることは到底受け入れがたいものに思われてくる。

各国政府は、そうした国民世論を無視できない。恒久的な保護を与えるべき国際法上の「難民」の範囲を限定し、その他の多くの庇護申請者に対しては、「一時的な保護」でお茶を濁そうとする。すなわち、出身国での状況が改善したと見なすことができれば、あるいは他に送還することのできる第三国が見つかりさえすれば、すぐにも送り出すことができるようにと収容施設などに収監しておくことになる。

ここでは、因果関係を見逃さないように注意しなくてはならない。難民が自分たちとは言語や文化や宗教において異なる他者であるから受け入れが難しくなっている、というのでは必ずしもない。そうした差異ばかりがクローズアップされるのは、すでに国民社会の内部において国家と国民との結びつきが綻びはじめていることの反映であろう。

二〇世紀の前半、二つの世界大戦期においては、国家と国民とがあまりに強固に結びついたがために、国民となれなかった難民は無国籍者として居場所を失った。それとは対照的に現代世界では、そうした結びつきのイメージだけは依然として残存し続けているが、実態としてはすでに両者の結びつきは様々なレベルで浸食されている。そのようなイメージと実態とのギャップは社会全体に苛立ちを醸成し、それが敵意となって外部からやって来た移民や難民へと向けられていく。模範的な国民国家であろうとすればするほど、北側先進各国は「移民・難民問題」に過剰に反応してしまうことになる。

国家をめぐる三角関係

すなわち、移民や難民が北側先進世界へとやって来る以前の段階で、そうした先進各国の国民国家としての政治的共同性が衰退しはじめていたことが、「移民・難民問題」の根本にはある。いまや先進各国の国民は、自分たちと国家とのつながりが日々希薄になってきていることを思い知らさる。

二〇世紀の前半、両世界大戦期には、国家によって戦争へと全生活が動員されることで、いやが上にも国民と国家とは一蓮托生の運命にあることが実感されていたし、戦後の冷戦期において福祉国家体制が充実するプロセスにおいても、「**ゆりかごから墓場まで**」国家によって手厚く保護されることで国民は国家から恩恵を受け、そのお返しとして国民の側も高度経済成長を支える労働力として国家へと貢献していった。

しかしそうした国家と国民との切っても切り離せなかったはずの蜜月の関係性も、高度経済成長が終わりを告げさらには東西冷戦構造という枠組みが崩壊したことで、維持することが困難なものとなっていった。そのような国家と国民との乖離現象もまた、グローバル化の顕著な一側面であると言える。

こうした情勢に対抗すべく、現在北側先進各国では、国家と国民との結びつきを再生させる政治的あるいは文化的な試みが様々なレベルで行われている（日本社会においては例えば、東北の「復興」と東京オリンピック・パラリンピックとが無造作に結び付けられている状況や、昨今の「改元」騒動を思い起こしたい）。しかしここでの重要なポイントは、そうした国民国家という政治的共同体の再興を図るあらゆる試みは、失敗を宿命づけられているという点にある。

そしてその失敗の原因を移民・難民に求めるとき、「移民・難民問題」が発生する。移民や難民といった「他者」が、国家と国民との相思相愛の関係に割り込んできていることが、国家と国民とが疎遠になってしまった原因であると主張される。

しかし、実態としては、移民や難民が入ってきたことが原因というのではなく、それ以前にすでに国家と国民との関係は冷え切っていた。かつての熱い結びつきが忘れがたい国民は、関係の終焉を認めたくないいばかりに、移民や難民に諸悪の原因を求め、彼奴らさえやって来なければ国家との良好な結びつきは永続したはずと思い込む。

すなわち、「移民・難民問題」の正体とは、「国家―国民問題」であると言える。

「始まり」と「終わり」の狭間で

以上見てきたように、国民国家という仕組みは、その「始まり」（第一次世界大戦～第二次世界大戦）においても、その「終わり」（一九八〇年代以降）においても、難民を受け入れがたい存在とする。「始まり」においては、国家と国民とが強く結びつきすぎたがゆえに、どこの国の国民でもない難民を受け入れる余地が無くなってしまった。また「終わり」においては、国家と国民との関係がすでに疎遠になってきているにもかかわらず、両者の結びつきこそが民主主義と発展の基盤をなすという神話だけが生き残っていて、それゆえ、難民はそうした神話を脅かす存在として受け入れがたいものとなっている。

そして、「始まり」と「終わり」の中間において、すなわち東西冷戦体制と福祉国家化とが両立していたごく限られた歴史的一時期に、難民保護は可能であったにすぎない。そのときに確立された保護の形式がいまだに規範とされているところに、国際的な難民保護レジームの限界があると言える。

とはいえ、上記のような国民国家の誕生と死の物語は、北側先進世界における話の展開にすぎない。最大の難民受け入れ地域であると同時に難民発生地域でもある南側の発展途上世界にとって、国民国家という仕組みと難民とはどのような関係性にあるだろうか。

発展途上世界における国民国家形成

南側の発展途上世界にとっての国民国家化のプロセスが本格化するのは、第二次世界大戦以後のことである。西洋列強（日本も含む）による帝国主義支配からの解放を目指す独立運動は、西洋発のナショナリズム原理を逆用するかたちで活性化していった。この被植民者ナショナリズムは、西洋におけるナショナリズムとは異なり、言語・文化・宗教などの共通性を必ずしも前提とはできなかった。帝国主義的支配に苦しむ同胞という政治的立場の連帯として、アジア・アフリカのナショナリズムは台頭した。同じナショナリズムといっても、その成り立ちも形態も西洋とは大きく異なっていた。

第二次世界大戦後に次々と独立していったアジア・アフリカ諸国も国民国家という仕組みを採用したのには違いないが、「国民」という単位は多くの場合、独立以後にあらためて創造される必要があった。しかも植民地主義の負の遺産を抱えたままに出発した新興国家は、十分に自国民を保護する力を持ち得なかった。そのため、国家と国民との結びつきは、西洋諸国家のように強固なものとはならない。結果として、国内的に紛争などが発生すると、国家による保護を失った人々が生活を追われるようにして難民化することになった。

第一次世界大戦後のヨーロッパの場合だと、各国が強固な国民国家原理によって統治されているために難民は無国籍者として居場所を失ってしまっていたが、南側の発展途上世界では事態は違った展開を見せる。

難民が流入した隣国もまた、国家と国民との結びつきはそれほど強固なものではないために、受け入れ国政府は難民と国民とを厳密に線引きする意欲も能力も持たない場合が多い。それゆえ、情勢は非常に流動的なものとなる。それは国際社会から見れば、不安定で危険な状況と認識される。そこで、そうした流動状況を押さえ込むために、各地に難民キャンプが設置されていく。「難民」と「国民」との区分を国際社会が線引きすることになる。「難民」は人道支援の対象となるが、「国民」は対象外となる。

北側先進世界あるいは国際社会から見たとき、南側の発展途上世界の多くの国々は、国民国家建設に「失敗」したように見えるであろうし、あるいは国家運営が「破綻」しているとも捉えられるであろう。しかし、そうした見方が成り立つのは、あくまでも西洋型の国民国家化を目指すべきゴールとして設定した場合にかぎられる。

先にも論じたように、被植民者にとってのナショナリズムと植民者のナショナリズムとは、その成り立ちも内容も大きく異なっていた。西洋型のナショナリズムの場合、言語や文化や宗教といった実体化されやすい要素に基づいて「国民」という単位が作り出されるため、どうしても「他者」との差異が強調されやすい。それは一方において、国家との間に強い結びつきを生み出す可能性をもつが、他方で、国民以外の存在を受け入れる余地が非常に限定的となってしまう。その法的な地位をつねに問い質さずにはおれない。

それとは対照的に、被植民者たちが独立運動のプロセスにおいて練り上げたナショナリズムの場合、実体的な要素での結びつきはそもそも望めない。原初の段階から多様で複雑な要素を抱え込んだままにネイション形成が進行する。そのため、自他の区別は、西洋のそれと比べるならば、相対的に弱いものとなる。

南側世界での難民移動

そのような場において難民は、どのように存在するだろうか。国際社会は、難民移動を停止させるために難民キャンプを設置し、そこに難民を収容し人道支援を行おうとするが、キャンプでの生活が長期化するにつれてキャンプを中心とした移動のネットワークが形成されてくる。難民たちの中には、キャンプで手に入れた支援物資を近隣の都市部に出て行き売りさばくことで現金収入を得る者もいる。それを元手にインフォーマルな商売をはじめる。あるいは、出身国を離れてキャンプで生活しているが、農繁期などは国境線を越えて出身地へ一時帰国する者たちもいる。さらには、キャンプでは国際組織によって学校などが設置されている場合もあり、子どもの教育機会を求めてあえてキャンプに移動してくる者たちもいる。国際社会の思惑を超えたところで、人々は移動しながら生計を営んでいる。

国民と国家との結びつきがその始まりから非常に緩やかである南側の発展途上世界では、難民が主体的に行為するための余地が相当程度に拡がっているものと考えられる。北側先進世界から見るとそうした状況は、無秩序で不穏に思われるかもしれないが、難民と国民とが地続きの存在として溶け合うところには相互扶助の働きが自然発生してくる。

北側の先進世界では難民と国民との間には、保護される「彼ら・彼女ら」と保護する「私たち」という非対称的な関係性が必然的に設定されることになるが、南側世界では彼我はそれほど遠く隔たっていない。難民と国民とは似通っている。今日はわたしが国民であなたが難民かもしれないが、明日はわたしが難民であなたが国民かもしれない。そうした世界観を生きている。

現在、世界各地で発生している難民移動は、長距離の移動となる場合が少なくない。空港を通じた飛行機での移動は北側先進各国の取り締まりが厳格化されており、さらには民間の航空会社も政府に協力するかたちで特定国の出身者に対する搭乗拒否を実施したりする。そうすると難民たちは、陸路および海路を通じての危険な旅路を強いられることになる。密航業が繁盛する。難民移動においては、出発地点と到着地点とがダイレクトにつながることはほとんどなく、多くの場合、各地を中継しながらの長期間の移動生活となる。最終的な目的地は北側の豊かな先進世界かもしれないが、そこにたどり着くまでの間に各所で短期的な就労を繰り返しながら徐々に移動していく。

このとき難民たちが通過しているのは、南側の発展途上世界である。北側先進世界から見れば、そうした国々が国境を厳密に管理しないために移動が促進されているように見えるかもしれないが、難民たちからすれば、そうした流動状況が発生しているからこそ生き続けることができるし、希望を失わずに移動し続けることができる。

そこでは、国際的な難民保護の仕組みからは明らかに逸脱した保護の実践が日々展開されている。法制度の適用なしに、難民は受け入れられている。北側の先進世界において確立された法制度的な難民保護のあり方を規範とするかぎり、こうした南側発展途上世界での日常的な難民保護、難民受け入れのあり方を把握する概念も言葉もわれわれは持たないだろう。

流動へと住まう

先にも論じたように、すでに国民国家という仕組みは終焉を迎えつつある。国家と国民とを強固に結びつけていたネイションという単位それ自体が越境化し、国家主権の範囲には収まりきらなくなってきているし、グローバルな資本の論理は国民の間に分断と格差を生み出し続けている。つまりは、北側先進世界も流動化しつつある。にもかかわらず、定住化し安定化した国民国家イメージだけが亡霊のように生き続けている。その幻想を捨てきれないからこそ、移民や難民は解決困難な「問題」として何度でも浮かび上がってくる。

近代以降の人間存在が土地との結びつきから切り離されたことによって、たしかに個々人は自由を手にしたが、それと同時に伝統の絆からも切り離された。伝統は一方で人間を旧弊な枠組みに縛り付けるが、他方で実感可能な生きる意味を人生に付与してくれていた。伝統を見失った人間はそれゆえ、個人として独力で生きる意味を見いだし作り出して行かなくてはならなくなった。そうした自由の重荷に耐えきれなくなった個々人は、集団的・共同的なるものに惹きつけられていく。

そして歴史上、ナショナリズムは健全な伝統を紡ぎ出すことに失敗した。一時期、ネイションとの結びつきは個々人の生に重要な意義を与えるかに思われたが、結局のところそれは、国家による国民動員の方便にすぎないことが全体戦争のプロセスで露見した。それでもなおナショナリズムにしがみつくとするならば、それはもはや反動でしかない。革命的鋭気はすっかり失われてしまった。

自らの生に忠実であろうとするならば、個的生へと投げ込まれた実存を引き受けるより仕方がない。集団的な熱病の中に個を埋没させることは、一時しのぎの対処療法にすぎない。かといって、リベラリズムが謳い上げるような個人の尊厳だけでは、人間存在の暗い衝動は汲み尽くせない。

グローバル化が進展する現在、国民社会に安定的に定住しているかのように見える者たちも、実際には集団性・共同性の根を引き抜かれてしまっている。人間存在は根源的な不安を抱えたままだ。その不安感を移動する者たちへと投射し、立場を分断化する。定住と移動という対照は、その意味で虚構されたものにすぎない。定住する者たちも移動する者たちも、両者が流動的な状況を生きている。「流動へと住まう」というまったく新しい生の技法が、切実に求められている。

そのための手がかりを、現代の難民移動に見いだすことはできないだろうか。難民移動とは、緊急に解決すべき人道問題、あるいは受け入れ社会に摩擦や対立を持ち込む政治問題であるばかりでなく、新しい生の技法が実践されている現場として考えることはできないだろうか。

二〇一八年十一月、中米のホンジュラスからグアテマラ、メキシコを通過して北米を目指す六千人超の「移民キャラバン」がメキシコ国境の街ティファナに到着し、国際社会からの注目を集めた。彼ら・彼女ら自身は、米国において難民申請をするつもりでいることからも、そうした人々の動きを「移民」キャラバンとあえて名付けて呼ぶことの政治的意図は明らかであろう。しかし、彼ら・彼女らを「移民」と呼ぶか「難民」と呼ぶかは、ここでは問題ではない。

重要な点は、その移動が「キャラバン」として集団規模で発生していることだろう。個々バラバラに北米を目指すならば各人は密航などの手段を選ばざるをえないだろうし、その場合には女性や子どもや高齢者といった社会的弱者にとっては危険すぎる旅程となるであろう。しかし「キャラバン」を形成することで、従来移動できなかったはずの人々にまで移動のチャンスが開かれることになった。この「キャラバン」が通過する中米の各地において、さまざまな人々や団体が移動の手助けを買って出ている。それによって、驚くほどに秩序だった安全な移動となっている。

たしかにそれは一時的な事象にすぎないし、アメリカ国境に辿り着いた者たちはそこで足止めされ先に進めなくなっている。にもかかわらず、この「キャラバン」のあり方は、われわれに「流動へと住まう」一つの技法を実践して見せてくれているのではないか。すくなくともそれは、思考にとっての有効な媒介となりうる。難民移動は、現代のわれわれが国民国家以降の政治的共同性を構想するための重要な思想資源ともなりうるはずである。

【注】

1　一九六九年のアフリカ統一機構ＯＡＵ条約や一九八四年の中米におけるカルタヘナ宣言では、従来の難民条約よりも拡張された「難民」の定義が採用されている。また、難民保護のために第二次世界大戦後に設立された国連難民高等弁務官事務所ＵＮＨＣＲも、受入国による難民認定とは別に、より広い基準で「マンデート難民」を認定し保護・支援の対象としている。さらにヨーロッパ連合ＥＵにおいても、加盟国共通の庇護制度として「資格指令」（二〇〇四年策定、現行版は二〇一一年）を規定しており、そこにおいて「補完的保護」という考え方に基づき条約難民よりも幅広い対象者に保護を提供している。

2　ＵＮＨＣＲの二〇一七年の統計によれば、ＵＮＨＣＲの支援対象となっている避難民のうち、八五％が発展途上世界で避難生活を送っている。とは言えもちろん、日本における難民保護の現状を顧みるならば、ヨーロッパ先進各国の難民受け入れ状況を非難することはためらわれるかもしれない。とりわけドイツなどは、シリア、アフガニスタン、イラクなどからの避難民を二〇一五年から二〇一六年にかけて一〇〇万人以上も受け入れている。それに引き換え、日本政府が二〇一八年に「難民」として認定したのは、わずか四二人にすぎない。

【引用・参考文献】

Arendt, H., [1951] 1973, *The Origins of Totalitarianism*, 5th ed., New York: A Harvest Books/ Harcourt Inc.（大島通義・大島かおり訳『全体主義の起源』［新版］みすず書房、二〇一七年）

Fiddian-Qasmiyeh, E., G. Loescher, K. Long and N. Sigona eds., 2014, *The Oxford Handbook of Refugee and Forced Migration Studies*, New York: Oxford University Press.

Said, E., 2001, *Reflections on Exile and Other Essays*, London: Granta Publications.（大橋洋一ほか訳『故国喪失についての省察』みすず書房、二〇〇九年）

【用語解説】

強制移動民 forced migrant　難民条約上の「難民 refugee」だけでなく、国境線を越えて避難することができずに自国内にとどまる「国内避難民 internal displaced person」や、庇護国において「難民」としての地位を申請し審査されている段階にある「庇護申請者 asylum seeker」も含めたカテゴリーとして用いられる。

ゆりかごから墓場まで　第二次世界大戦後のイギリス労働党政権による社会福祉政策のスローガン。

人の移動と国家安全保障——テロ対策の名のもとで何が起こっているのか

飯笹佐代子

今日、他国の永住権や、複数の国籍を持つ人びとの存在は決して珍しくない。それは、グローバルな人の移動に対して、国家が柔軟に応じるようになってきたことの帰結である。この半世紀の間に、移民が移住先の国籍を取得することは格段に容易になっている。いわゆる移民国家だけでなく欧州諸国においても、移民の国籍取得に対して寛容な政策が図られてきた。これにより、国境を越えた移動の自由を享受しながらキャリアアップを達成できる一部の特権的なエリート層が誕生している（たとえば日産の前会長カルロス・ゴーンは、レバノンとブラジルとフランスの三つの国籍保持者である）。

その一方で、身の安全やより良い生活を求めて祖国を何とか逃れたとしても、先進諸国への入国を容赦なく阻まれ、行き場を失う人々も増えている。多くの先進諸国では近年、非正規の越境者を排除するための政策がいっそう厳格化されているからである。特に九・一一同時多発テロ事件以降、正規の滞在資格を持たずに入国を試みる人たちは、「好ましくない」移民というのみならず、しばしば国家の主権や安全を脅かす「侵入者」として入国阻止の対象とされ、庇護希望者までがその対象に含まれることも少なくない。こうした状況は「**移民の安全保障化**」とも呼ばれている。そして、テロ対策という名のもと、平和で民主的な先進国の国境地帯において非正規の越境者を監視し、あるいは阻止、移送するために軍隊が動員されるという状況、すなわち「国境の軍事化」が日常化しつつある。

さらに、より新たな動向として注目すべきは、国家安全保障の論理が国境管理の領域だけでなく、国内に定住している移民や、「国民」に対してさえも及びつつあることである。これまで移民の国籍取得を奨励してきた国家においても、国籍取得要件の制限化や、国民から国籍剥奪を可能にする試みが進みつつある。人の移動と国家の関係に何が起きているのであろうか。

本章では、主に移民国家オーストラリアの事例に着目しながら、戦後以降、移民と国家との関係がどのように変化してきたのかを概観する。その上で、今日の新たな動向に焦点を当て、それがテロ対策という名を借りつつも、実はグローバリゼーションが進化する中で弱体化した国民国家としての主権回復を企図したものとして捉えられること、さらには、そうした時代錯誤的な試みが、自国の社会的分断のみならず、国際的な人権規範の後退という大きな代償を伴いかねないことを論じたい。

「軽いシティズンシップ」へ

世界規模の人の移動は新しい現象ではないが、移民と国家との関係が最も大きく変化したのは、戦後から今日に至る時代であるといえる。移民と国家の関係は、シティズンシップ政策に端的に現れる。ここでいう「シティズンシップ（citizenship）」とは、国家の成員資格を意味し、そこには、法的地位としての国籍から、国籍に伴う諸々の権利と義務、さらには、政治共同体としての一体性、すなわちナショナル・アイデンティティなどの意味も含まれる。シティズンシップ政策とは国民国家の根幹を支える制度に他ならない。なお、日本ではcitizenshipといえば「市民権」と訳されることが多く、先に述べたような多様な意味が伝わりにくいという問題がある。本章では明らかに国籍のみを示している場合は「国籍」とし、それ以外は「シティズンシップ」と記す。

戦後、国外からの移民の流入は、各国のシティズンシップ政策に大きな挑戦を突きつけてきた。移民の定住が進むにつれ、シティズンシップ政策の対象が移民にまで広がり、移民を「国民」の仲間として認めるべきか否か、認めるとすれば、どのような要件で「国籍」を付与すべきか、といった課題が新たに生じてきたからである。そして、国籍法の改正は、国籍の概念、すなわち国民とは誰なのかを再定義することであり、ナショナル・アイデンティティの変容を迫るものであるがゆえに、しばしば国民的論争を喚起してきた。今日に至るまで、移民を対象としたシティズンシップ政策のあり方は、常に国家の重要政策課題であり続けている。

北米や欧州などの西洋諸国では、戦後から二〇世紀後半にかけて移民労働者が増加する中、シティズンシップ政策は概してよりリベラルで非差別的なものへと変化していった。それは、移民はホスト社会の主流文化に同化すべきとする従来の考え方が問い直され、移民の文化を尊重する多文化主義という考え方が広まっていった時期とも重なる。その背景には、一九四八年に国連総会で採択された「世界人権宣言」を端緒とする人種的・民族的差別の撤廃や人権意識の向上を目指す国際社会の動きがあった。加えて、経済のグローバル化が進む中で出自にかかわらず国益に資する人材獲得の必要性があったことも無視しえない。

こうした変化は、オーストラリアやカナダ、アメリカなどの、いわゆる「古典的な移民国家」[1]のみならず、欧州諸国でも程度の差こそあれ見ることができる。移民の永住権や国籍の取得が容易となると同時に、とりわけ複数の国籍（重国籍）の保持を容認する国家が増えたことは注目に値する。かつて国家は国民に対して排他的な忠誠を求めることが当然とされ、司法においても一九五五年の国際司法裁判所によるノッテボーム判決以来、国籍とは一個人と一国家との「真性な結合」であるとの合意がなされてきた。これに反して各国で複数国籍の容認が進んだことは、ある意味で、移動の時代における国家の相対化を予感させるものでもあった。

西洋の主要国におけるシティズンシップ政策を比較研究したドイツ出身の社会学者ヨプケ（Joppke）は、きわめて楽観的に、将来、多くの国家では特定の文化、国家、ナショナリズムから独立した普遍的な「軽いシティズンシップ」が主流となっていくだろうと述べている（Joppke 2010=2013）。

国籍概念の変容――包摂の象徴へ

移民国家としてオーストラリアは、カナダやアメリカと同様に、国籍概念を大幅に変更し、少なくとも特定の文化に依拠しないという点で、ヨプケの言う「軽いシティズンシップ」を志向してきたといってよい。

かつて同国では、非白人系の移民は入国すら制限されていた。一九〇〇年にオーストラリア連邦を形成した際に、最初に連邦議会で可決した法律は移住制限法、すなわち白豪主義の合法化であった。当時の国家形成の理念は、あくまでイギリス系を中心とした白人による国民国家を目指すことであったからである。しかし戦後復興のために大量の移民が求められ、欧州だけでなく世界各地からの移民が増加するなかで、人種や民族、出身国による差別的な国籍取得要件を徐々に撤廃していった。欧州以外の出身の移民も一九五七年にオーストラリア国籍を申請する権利が認められるようになり、一九七三年には、オーストラリア国籍の取得において、それまでのイギリス及びアイルランド出身者の優遇が廃止され、人種や民族、出身国を問わない平等な国籍概念が初めて確立された。これにより、法的に白豪主義の終焉が確たるものとなり、単一のイギリス系文化に基づく同化主義から、多様性の尊重に基づく多文化主義への転換が図られていく。

国籍法はその後も改正が進み、一九八〇年代に入ると、永住権を持つ移民は犯罪歴がなく基礎的な英語力があれば最短二年間でオーストラリア国籍を申請することが可能となり、さらには出身国等の他の国籍を維持すること、すなわち複数国籍も容認された（イギリス出身者に対しては、それ以前もイギリス国籍との複数国籍が認められていた）。国籍取得の審査は当局との面談のみで、すでに当時、カナダやアメリカでは実施されていたシティズンシップ・テストと呼ばれる試験も存在しなかった。オーストラリア国籍は移民を統合する包摂の象徴として位置付けられ、政府はメディアを使って国籍取得を奨励するキャンペーンを積極的に行った。以降、後述するように二〇〇七年にシティズンシップ・テストが導入されるまで、同国は移民の国籍取得の手続きに関する限り、世界で最も寛容な国の一つであったといえる。

ただし、複数国籍の承認に関してはカナダとアメリカが先んじていたし、両国が現在まで維持している無条件の出生地主義については、オーストラリアではすでに八〇年代に見直されている。以降、出生時に両親の少なくとも一方が永住者または国籍保持者である場合に限って、その子どもはオーストラリア国籍を取得できるとされている（ただし、同国で生まれ一〇歳になる日まで同国に住んでいれば、元の国籍にかかわらずその日にオーストラリア国籍を取得できる）。

なお、日本は、複数国籍も出生地主義の導入も未だ容認していない、先進諸国の中では例外的ともいえる国家である。出生地主義をとる国で日本国籍を持つ親から生まれた場合は複数国籍となるが、その人が日本国籍を維持したい場合は、二二才になる前に他国の国籍を放棄する必要がある。また、他国の国籍取得などで複数国籍が二二才以降に発生した場合は、二年以内に他国の国籍を放棄しなければならない。

入国を阻まれる人びと

さて、移民にとって国籍取得のハードルが低くなったとはいえ、当然ながら誰でもがその恩恵に与れるわけではない。一般的に国籍取得の対象者となるのは「永住者」としての法的地位を持つ人びとであるが、その地位を得るためには種々の要件を満たさなければならない。ここでは詳しく立ち入らないが、その要件は近年、より厳しくなっている。すなわち、永住者はすでに望ましい国民の候補として選抜された人びとなのである。包摂の象徴としての国籍は、実は厳格な選抜によって支えられていることを確認しておきたい。

そして看過できないのが、移民の国籍取得が奨励されるオーストラリアに入国することも、さらには国境に近づくことさえも阻止される人びとの存在である。非合法移民の越境を阻止するための壁やフェンスが、アメリカとメキシコと国境のみならず、世界中に造られ、あるいは建設が講じられていることは、周知のとおりである。陸上のみならず、壁もフェンスもない海の上で移動を阻まれる人びとも大勢いる。その中には、オーストラリアの領海に侵入することを、容赦なく阻止されている人びとも含まれる。

オーストラリア政府が同国に庇護を求めて密航船で上陸を試みる人びと（いわゆるボートピープル）に対して、

「防御、阻止、収容（defend, deter, detain）」の政策、すなわち、国境を防御し、ボートピープルを阻止し、上陸した人々を強制的に収容する政策を開始したのは、一九九〇年前後からである。一九九二年の移住法改正により、オーストラリアへの非合法の入国者に対して強制収容措置（mandatory detention）が導入され、庇護希望者も例外なく収容の対象とされた。こうした厳格な対応の転換は、ポスト冷戦時代の幕開けとも重なる。

一九九〇年代後半になると、インドネシアとオーストラリアを結ぶ海域は、中央アジアや中東地域の動乱から逃れ、庇護申請を目的にオーストラリアを目指す人びとの密航ルートとなっていった。その多くは、マレーシアやインドネシアまで空路で移動し、インドネシアの海岸から密航業者の斡旋する粗末な古い漁船でクリスマス島などのオーストラリア領を目指した。地中海において欧州を目指す難民船の沈没事故が多発したように、インドネシアからオーストラリア領に向かう途上でも多くの犠牲者を伴う海難事故が起こってきた。今世紀に入ってからは、たとえ無事にオーストラリアの領海に辿り着いたとしても、しばしばオーストラリアの軍隊が動員され、強硬に上陸が阻止されている。

スケープゴートにされたボートピープル

人道的にも、また国際法の観点からも問題視されてきたのは、二〇〇一年の九・一一同時多発テロの直後に開始された「パシフィック戦略」と呼ばれる措置である。これは、庇護希望者をオーストラリア領土に上陸させることなく南太平洋のナウルもしくはパプア・ニューギニアのマヌス島に送り、そこで収容して難民審査を行うというものである。密航の抑止を目的とする見せしめ的なこの措置は、難民条約のノン・ルフールマン原則に反することに加えて、収容施設の劣悪な環境と収容が長期にわたることから懲罰的要素が強く、国内外の人権団体等から批判され続けている。労働党への政権交代を機に二〇〇八年になって一旦廃止されたが、ボートピープルが急増したために二〇一二年に再開され、以降、さらに厳しい措置へと舵が切られた。二〇一三年九月に「ストップ・ザ・ボート」を公約に掲げて連邦議会選挙に勝利した保守派のT・アボット政権は、パシフィック戦略を継続しつつ、新たに、軍主導の国境警備作戦として「主権国家の境界作戦(Operation Sovereign Borders)」を開始した。この作戦の特徴は、オーストラリアに向かう密航船を海上で拿捕してインドネシア側に「追い返す」ことを重視したことである。ボートピープルは、もはや難民条約で保障された庇護申請の権利さえ奪われ、非人間化され、諸権利の埒外におかれた存在となっている。人は祖国から逃れる自由と「逃走の権利」(Mezzadra 2006=2015)を持っているといわれる。しかし、現実には、私たちは他国に上陸する権利も、さらには庇護を申請する権利さえ保障されない世界に生きているのである。

ところで、公平を期すために付言するならば、オーストラリアは難民に冷たい国というわけでは決してない。難民受け入れと定住支援において、先進国の中では注目すべき実績を有する国の一つであり、二〇一六年度の新規難民数は国連難民高等弁務官事務所(UNHCR)を通じた第三国定住を含めて二万人を超えている(対して、同年度に日本の法務省が難民として認定した数はわずか二八人、海外の難民キャンプからの受け入れは一八人であった)。また、空港での庇護希望者(いわゆるエアーピープル)が、ナウルやマヌス島に送られたとは聞かない。なぜ、海を渡ってくる庇護希望者のみが、このような厳しい排除の対象となるのだろうか。

かつてイギリスの植民地として形成されたオーストラリアには、欧州から隔絶され、北部の人口過密なアジア諸国を控えた島大陸として、人口希薄で無防備な北部の海岸が侵略されることへの不安感が根強く存在し続けているといわれる。とはいえ、一九七〇年代にインドシナ動乱によってヴェトナムから約二、〇〇〇人のボートピープルが相次いでオーストラリア北岸に漂着した際には、人道的な対応がなされ、そのほとんどが条約上の難民として受け入れられている。当時は冷戦構造の最中であったことが受け入れに有利に働いたことは否めないだろう。冷戦下、共産圏から逃れてくる難民は西側の優越を象徴する存在であったからである。

ところが、冷戦が終結し、九・一一同時多発テロ事件が勃発して以降、海から密航してくる庇護希望者は、「われわれ」とは異質の価値観を持つ厄介な「不法侵入者」であり、隠れテロリストとして見なされるようになっていく。そうしたイメージは、地理的な不安感とテロへの懸念に乗じる形で、政府や一部のメディアによる意図的な操作の結果作られた面もある。ボートピープルの大半は、実際に難民条約上の「難民」である可能性が高いにもかかわらず、国家安全保障の論理のもと、軍隊をもって排除されるべきスケープゴートとされたのである。その理由については後述する。

シティズンシップ・テストの導入

さて、九・一一同時多発テロ事件に続いて欧州はじめ世界各地で起こったテロの影響は、非正規の越境者に対する国境管理のみならず、リベラルな方向へと変化してきたシティズンシップ政策にも波及することとなった。オーストラリア政府は二〇〇七年、移民の存在に対する社会不安、とりわけホーム・グロウン・テロリズムへの懸念が広がる中で、初めてシティズンシップ・テストを導入した。当時、欧州諸国で相次いでシティズンシップ・テストの見直しや新規導入が図られる中、特に二〇〇五年のイギリスによる同テストの開始がオーストラリアでの導入の直接的な契機となり、また、内容的にはオランダのテストが参考にされたという。

シティズンシップ・テストの目的は、国籍取得の要件として、英語力と「オーストラリアの価値」や生活様式、オーストラリア国民としての権利・義務などの基本的な知識を試すことである。テストの導入案が公表されると、保守派からは歓迎された一方で、「オーストラリアの価値」が掲げられたことに対して、そこに特定の文化を強要する愛国主義的な要素を感じ取り、多文化主義から一九五〇年代の単一文化主義への逆行として懸念する論者もいた。しかし、後に明らかにされた「オーストラリアの価値」の内容は、個人の自由の尊重、言論の自由、議会民主制と法の支配への支持、男女の平等など、少なくとも表現としてはオーストラリアに独自というよりも、リベラル・デモクラシーの理念に基づくきわめて普遍的な価値であった。興味深いのは、同国がモデルとしたオランダや、さらにはドイツのシティズンシップ・テストのテキストにおいて、それぞれの国家に独自の価値として挙げられている内容が、「オーストラリアの価値」と酷似していることである。

「軽いシティズンシップ」の提唱者ヨプケは、普遍的なリベラルな価値とグローバル市場が席巻するなかで、国籍概念をリベラルで普遍主義的なものへと進化させてきた国家は、たとえテロへの懸念が高まり、好ましくない移民を阻むために文化ナショナリスト的な制約を課したくても、もはや後戻りできなくなっていると述べている。そしてその状況を「普遍主義の逆説」と表現する（Joppke 2010=2013）。果たしてそうであろうか。

排除の論理としての普遍的価値

「オーストラリアの価値」は一見、リベラル・デモクラシーの理念に基づく普遍的かつ中立な価値に見える。しかしながら、当時の政府が作成したシティズンシップ・テストのテキストにおいて、「オーストラリアの価値」が「あらゆる自由主義諸国によってある程度共有されている」としつつ、「ユダヤ・キリストの倫理規範、イギリスの政治的遺産、ヨーロッパ啓蒙主義の精神を強く反映する」ものである（Australian Government 2007: 5）、と説明されているのを読むならば、それらが西洋、とりわけイギリスに由来する価値として強調されていることに気づく。

当時の保守政党のJ・ハワード首相は、多文化主義を社会の分裂を招くものとして批判する文脈において、しばしば「オーストラリアの価値」という表現に言及している。それは、二〇〇一年の九・一一同時多発テロ事件に続く二〇〇二年にバリ島で、二〇〇五年にロンドンでテロ事件が、さらには同年十二月にシドニー・クロヌラ海岸で人種差別に端を発した暴動[2]などが起こるなかで、自分たちとは異なる文化や価値であるイスラームに対峙する「われわれの価値」としてより強調されるようになっていった。愛国主義的な表現ではなく、あくまで「普遍的」とされるリベラル・デモクラシーの理念を表層に纏いつつも、「オーストラリアの価値」には、イギリス的な伝統主義の復権と、同時に非西洋、とりわけイスラームに対する排他的な含意が込められているといえる。同様に、欧州の極右政党がムスリム移民を非難する際にも、しばしば、彼（女）

らはデモクラシーを共有していない、という言い方をしていることに留意すべきであろう。デモクラシーやリベラルな普遍的な価値が、それらを共有していないとされる特定の人びとを排除するための論理として使われていること、これも先のヨプケとは異なる意味において「普遍主義の逆説」と呼ぶことができよう。

「オーストラリアの価値」という表現は、労働党政権に交代後の二〇〇九年にシティズンシップ・テストの内容から削除されたが、後で述べるように、国籍取得要件の厳格化が図られるなかで再び登場することになる。

テロ対策としてのシティズンシップ政策――国籍の剥奪

二〇一三年九月に「主権国家の境界作戦」を開始して国境管理の軍事化を強化した保守政権は、同時にシティズンシップ政策の抜本的な見直しを開始した。同政策は、国家安全保障の問題と結びつき、反テロ政策としての側面を帯びるようになっていく。

そのことを象徴するのが、二〇一五年末に成立した「Allegiance Act（国家忠誠法）」と呼ばれる国籍の剥奪に関する法改正[3]である。これは過激派組織などのテロ活動に関与した複数国籍者からオーストラリア国籍の剥奪を可能とするもので、テロ対策強化の一翼を担うものである。

国籍剥奪の対象となる複数国籍者は、旧法ではオーストラリアが交戦している際に敵国の軍隊に所属している場合などに限られていた。ところが新法は、テロに関与したとして有罪となった複数国籍者に対して、オーストラリア国籍を剥奪の上、別の国籍国に送還することを合法化したのである。同法が最初に適用されたのは、イスラーム国（IS）のテロ活動に関与したレバノンとの複数国籍者であった。驚くべきことに、当初の法案ではオーストラリア国籍しか持たない者も国籍剥奪の対象とされていた。しかし、無国籍者を作ることを禁止した国際条約（「無国籍者の地位に関する条約」）に抵触するとして与党内からも批判され、法案から外された経緯がある。

この「国家忠誠法」は、複数国籍者にのみ不利益を与え得るきわめて不公平な法であり、深刻な人権問題にもなり得る。オーストラリア人の中には、海外での出生や、親の持つ外国籍の自動的な継承により、自らの意志とは関係なく複数国籍を持つ人が相当数いるといわれる。なかには、複数国籍であることを当人が知らないばかりか、親でさえ自身の出身国の国籍が子に継承されていることに無自覚である場合も少なくない。複数国籍者にのみ不利益を及ぼす法律は、移民国家としての現実をまったく踏まえていないばかりか、シティズンシップ政策のリベラル化がもたらした複数国籍者という存在が、逆説的に一方的な国籍剥奪という、きわめて非リベラルな政策の対象となったことは皮肉である。

国籍取得要件の厳格化へ――復古的な「忠誠」への回帰？

続いて政府は、テロの脅威に直面する中で社会の一体性を強めることを目的に、オーストラリア国籍の取得要件の厳格化に着手した。二〇一七年四月にその具体的な提案書を発表し、それを踏まえて二ヵ月後に改正法案[4]を連邦議会に提出した。永住者としての居住要件が延長され、英語力が基礎レベルから「堪能」レベルへと大幅に引き上げられた。これらとともに大きな議論を呼んだのは、「オーストラリアの価値」が復活し、申請者がその価値に適った行動をとっていること、またオーストラリア社会に溶け込んでいる（integrated）ことが新たな取得要件として加わったことである。

「オーストラリアの価値」に対する以前の批判は、それらを共有しないとみなされている特定の文化圏の人びと、特にイスラーム系の人びとの排除を暗に意図するものであり、文化による差別を助長するというものであった。今回の政府の提案書では、「オーストラリアの価値」の内容は以前と同様にデモクラシーの理念を基調としつつ、テロを含むあらゆる暴力への懸念を色濃く反映したものとなっている。たとえば、価値の一つとして「人心や法律を変える手段としての暴力の拒否」などが新たに加わり、また、「結社の自由」については、「犯罪集団」にまで拡大するものではない」ことがわざわざ付記されている。そこに、あたかも暴力とテロとイスラームとを同一視するかのような含意を指摘し、「オーストラリアの価値」がいっそう排除の手段となり得ることを懸念する声もあがった。

しかも、法案では「オーストラリアの価値」の内容が大臣の決定事項とされており、この点において法学者の一人は「オーストラリアの価値」自体が抱える自己矛盾を鋭く指摘する。それが何たるかを議会ではなく大臣の裁量で決定されるならば、まさにそのことによって、「オーストラリアの価値」であるはずの「法の支配」の基本原則をないがしろにすることになるからである。

他方、社会に「溶け込んでいること（integration）」については、具体的な定義が明確にされておらず、誰がどのような基準で判断するのかがきわめて曖昧であり、したがって国籍付与の判断において恣意的な権力が行使される余地が少なくないとの懸念も示された。現行の制度でも「善良な性格（good character）」でないという理由で国籍の申請を却下する大臣権限がすでに存在しており、それとの関連も明らかにされていない。移民大臣の個人的権限については、国籍付与の却下や取り消しに関してさらに強化を図る条項が法案に盛り込まれており、これ自体も「オーストラリアの価値」である「法の支配」と矛盾する。

さらに注目すべきは、国籍授与式で行う宣誓の文言に、allegiance の語が復活していることである。この語は一九九〇年代に loyalty に変更された。loyalty も allegiance も日本語では「忠誠」と訳されるがニュアンスは大きく異なり、後者は唯一の権力や国家への絶対的な忠誠を含意する。「オーストラリアの価値」を問題視した先の法学者は法案審議の議会において、allegiance は現代のオーストラリアにおける国籍法には馴染まない時代遅れの排他的な概念であると証言している。しかも、シティズンシップ・テストを見直し、allegiance についての設問も新設されることになっているという。「国家忠誠法」も allegiance の語が使われており、復古主義的な「忠誠」に基づく国籍概念への回帰を危惧する声は多い。

シティズンシップ政策の安全保障化がもたらす影響

そもそも、今回の法改正には、国籍取得のハードルを一挙に上げるためのきわめて大きな変更を含んでいるにもかかわらず、テロへの懸念が強調されるのみで、変更の必要性についての説得的な根拠も、また予想される効果についても十分に提示されていない。

法案が実際に適用されることになれば、オーストラリア国籍の取得を希望しても申請できない人びとが続出し、公職にも就けず、政治参加も阻まれ、社会からの孤立感や疎外感を持つ住民が増え続けることは明らかであろう。英語力の違いによって、家族の中でも国籍取得に明暗が分かれる可能性も十分にある。それに対して、移民の国籍取得が奨励されていた一九八〇年代末に公表されたオーストラリア政府諮問委員会の報告書（いわゆる『フィッツジェラルド・レポート』）では、いかに移民の国籍取得率を上げるかということが喫緊の政策課題として提起されていた。当時と比べて、何という大きな違いだろうか。とりわけ懸念されるのは、安定した生活の確保が最も必要とされる難民や人道的配慮による移住者への影響である。オーストラリアも加盟する難民条約では、受け入れ国家に対して難民の速やかな国籍取得に配慮するよう求めている。改正案の堪能な英語力がこれまで教育の機会さえ十分に持てなかった難民にも求められるならば、そのハードルはあまりに高い。

結局のところ、この二〇一七年法案は会期中に成立を見ず、翌年に再度上程されたが、二〇一九年六月現在、審議過程にある。可決の見込みはうすいとされるが、もし成立すれば、それは戦後からこれまでに移民国家オーストラリアが築いてきたリベラルなシティズンシップ政策が後退するだけでなく、治安および国家安全保障と密接に結びついた新たな次元への大きな転換ともなる。

こうした転換について、テロ対策は公安関係機関の責務であり、それをシティズンシップ政策に依存するのは間違いであるとの意見は多い。現に、テロ対策においてはすでに種々の法律が存在している。たとえばテロに関与したオーストラリア人を入国させない措置に関しては、公安当局が外務大臣に当人のパスポートの失効を要請することができるとして、法学者たちは二〇一五年の「国家忠誠法」の必要性についても異議を唱える。

また、テロの懸念は否定できないが、国籍はあくまで包摂の装置であり、排除の装置として用いるのはむしろ逆効果であるとの主張もある。若者が過激思想に走る動機としてしばしば挙げられるのは、社会からの疎外感である。国籍取得の道が閉ざされるならば、疎外感を深める人びとがいっそう増えることになり、政府が主張する社会の一体性を図るための法改正とは結果的に正反対の結果がもたされるかもしれない。

国民の不安感を利用した「計算された手品師のトリック」

以上で述べてきたような移民の安全保障化、国境管理の軍事化、さらにはシティズンシップ政策の安全保障化という現象は、オーストラリアだけではなく、多くの先進諸国でも程度の差こそあれ共有されている。アメリカとメキシコの国境地帯をはじめ、移民・難民の流入を阻むために、世界の随所で壁やフェンスが造られ、陸上や海域の境界にしばしば軍隊までが動員される。時に、境界地帯は「対移民戦争」ともいうべき様相を呈している。しかし、平時の民主主義国家において、移民・難民を阻むための軍隊の存在はあまりに不釣り合いであり、それは、国内向けの大仕掛けな政治パフォーマンスとしての観が強い。では、何のためのパフォーマンスなのか。

「主権の力は軍事化された境界においてもっとも明示的に表出される」(Weber and Pickering 2014 (2011): 12) という。そこにおいて、国家主権の確かな存在を国民に向けて効果的に示し、国家リーダーとしての力を発揮することができるからである。テロへの不安に乗じて、格差社会、経済的窮状に対する人々の不満の矛先を巧みに移民・難民の存在へと誘導し、国民の生活を脅かす侵入者から国境を守る強い国家リーダーを演じること、それが国民を安堵させ、支持を得るための各地で見慣れた手段となりつつある。社会学者のバウマン（Bauman）は、政府が、国民の不安を重要だが対処不能な問題からテロとの戦いへと巧みにシフトさせることを、「計算された手品師のトリック」と称している。それは、統治者の無能を隠し、権力の正当性を高め、また長期にわたって集票効果を高めるという（Bauman 2016=2017: 34）。オーストラリアのボートピープルは、まさにそうした手品師のトリックによってスケープゴートにされたといえる。

最近の例では、二〇一八年一〇月、アメリカのトランプ大統領が中米諸国からの「移民キャラバン」を阻止するために、メキシコとの南部国境に最大一万四、〇〇〇人の部隊を派遣すると発表したのが、同国の中間選挙を目前に控えたタイミングであったことは記憶に新しい。実際に州兵と合わせて七、〇〇〇人以上が派遣され、その数はイスラーム国（ＩＳ）掃討作戦でイラクとシリアに投入された米軍兵士の数に匹敵するという（『ニューズウィーク日本版』（ウェブ版）二〇一八年一〇月三〇日）。

主権回復を狙う国民国家の窮状

では、テロ対策の名のもとに、すでに国民の候補として選別されている永住者に対して国籍取得のハードルを上げ、さらには、自国民から国籍を剥奪することを容易にする試みについては、どのように捉えるべきであろうか。ここで想起されるのは、ユダヤ難民として祖国を追われた哲学者アーレント（Arenndt）（一九〇六～一九七五年）が引用した、当時の国際法学者による次の言葉である。

国家主権は「「移民、帰化、国籍、そして国外追放」といった事柄においてこそ最も絶対的となる」

(Arendt 1951=1981; Joppke 2010=2013: 67)。

この言葉を踏まえるならば、国境管理の軍事化、シティズンシップ政策の安全保障化といった一連の動きには、テロ対策の名を借りつつも、国家主権に執着する政府の姿が見て取れるだろう。同時に、グローバリゼーションが経済をはじめ様々な領域で国家主権の弱体化をもたらしているといわれる現在、人の移動の管理とシティズンシップ政策こそが、国家主権を発動し得る、残された数少ない領域であるということにも気付かされる。

留意すべきは、アーレントの生きた時代と現在では、グローバリゼーションの進化によっていくつかの点で変化が生じていることである。オーストラリアの国境管理に関していえば、同国に上陸を試みた庇護希望者が送り込まれたナウルやマヌス島の収容施設の運営は、多国籍企業の警備会社に委託されている。国境管理という国家の主権行為の領域が、実は部分的ではあれ、すでにグローバル市場に開放されているという現実を指摘しておく必要がある。あえて乱暴な言い方をするならば、国家によって排除されたボートピープルの存在が、国境警備に関わるグローバル市場に商機をもたらしている、ということになる。国家の主権を守るという行為じたいが、グローバル経済ないしはネオリベラリズムと手を携えているのである。

もう一つの変化は、今日、国内の多民族化、多文化化が後戻りできない規模で進んでしまっているという点である。出身国であれ、文化的、民族的出自であれ、それらに基づく特定の集団を排除することは、多文化織りのタピストリー（多文化社会の比喩表現）を引き裂くことに等しく、国民国家としての一体性の回復ではなく、その逆の結果をもたらす可能性の方がはるかに高い。現にオーストラリアでは、イスラーム圏出身のボートピープルに対する政府の非人道的な扱いが、国内のイスラーム・コミュニティの住人に対する中傷や差別を助長し、一部に社会的緊張が生じている。その上に、国籍取得要件の制限によって「国民」になれない人びとが多く生み出され、彼(女)らが社会から疎外されるようなことになれば、分断はいっそう深刻化しかねない。

多様な民族や文化を擁する国家において、特定の人びとを選別的に排除する国境管理も、国籍取得のハードルを上げることも、人びとの間に緊張や分断を生みこそすれ、国家としての安定をもたらすことはできないだろう。少なくとも人の移動の管理を通じて国家主権を取り戻そうとする企ては、代償の多い時代錯誤の幻想に過ぎないといえる。代償を支払わされるのは国民だけではない。移民と国家の関係において、これまで築き上げてきたリベラルな価値や制度、国際的な人権規範をたやすく反故にすることは、人類全体にとっての危機でもある。

平和的な抗議の可能性

以上のように、権力を正当化するために移動する人々をスケープゴートにする排外主義的な政治が台頭しつつある現在、そうした流れにいかに対抗することができるのだろうか。

主権に執着する国家リーダーを支持する人々がいる一方で、抵抗運動も多様な形で広がりつつある。中でも耳目を集め、反響を呼んだのが、偉大なアメリカを取り戻すことに執心する大統領の決定に対して、知恵と工夫による平和的方法で抗議を示した、ある美術館の試みである。

二〇一七年一月末、トランプ大統領が外国人テロリストの入国を阻止するという理由で、シリアやイラク、イランを含む中東・アフリカ七ヵ国出身者の入国を禁じる大統領令を発した。これに対して、ニューヨーク近代美術館（MoMA）は、即座に常設展示室にあるピカソやマチスなどの作品を一時的に撤去し、代わりに同美術館が所蔵する入国制限の対象国出身である芸術家の作品を並べて展示したのである。これらの芸術家は全員が越境体験を持ち、出身国以外の地で多くの時間を過ごした人びとである。館内には、「歓迎と自由という究極の価値が、この美術館と米国にとって不可欠である」というメッセージも添えられた。

この出来事は、すでに世界のあらゆる領域に人の移動が組み込まれていることをあらためて印象付けるとともに、時代錯誤的な人の移動の管理に対する異議申し立ての新たな可能性を示唆している。

【注】

1　古典的な移民国家とは、一般にアメリカ、カナダ、オーストラリア、ニュージーランド、アルゼンチンといった、大規模移民の歴史によって生まれた国家を指す。

2　地元の白人系の若者によるレバノン系の若者に対する差別的発言をきっかけに起こった暴動であるが、レバノン系移民にはキリスト教徒も多い。

3　Australian Citizenship Amendment (Allegiance to Australia) Act 2015.

4　Australian Citizenship Legislation Amendment (Strengthening the Requirements for Australian Citizenship and Other Measures) Bill 2017.

【引用・参考文献】

Arendt, H., 1979 (1951), *The Origins of Totalitarianism*, New York: Harvest.（大久保和郎・大島通義・大島かおり訳『全体主義の起源』みすず書房、一九八一年）

Australian Government, 2007, *Becoming an Australian Citizen: Citizenship Your Commitment to Australia*, Canberra: Commonwealth of Australia.

Bauman, Z., 2016, *Strangers at Our Door*, Cambridge: Polity.（伊藤茂訳『自分とは違った人たちとどう向き合うか――難民問題から考える』青土社、二〇一七年）

飯笹佐代子、二〇一六「希望を求めて海を渡る――『ボートピープル』になった人々」村井吉敬・内海愛子・飯笹佐代子編『海境を越える人々――真珠とナマコとアラフラ海』コモンズ。

Joppke, C., 2010, *Citizenship and Immigration*, Cambridge: Polity.（遠藤乾・佐藤崇子・井口保宏・宮井健志訳『軽いシティズンシップ――市民、外国人、リベラリズムのゆくえ』岩波書店、二〇一三年）

――, 2013, "Through the European looking glass: citizenship tests in the USA, Australia, and Canada", *Citizenship Studies*, 17(1).

Mezzadra, S., 2006, *Diritto di fuga: migrazioni, cittadinanza, globalizzazione, edizione nuova*, Verona: ombre corte.（北川眞也訳『逃走の権利――移民、シティズンシップ、グローバル化』人文書院、二〇一五年）

Weber, L. and Pickering, S., 2014 (2011), *Globalization and Borders: Death at the Global Frontier*, Hampshire: Palgrave Macmillan.

【用語解説】

移民の安全保障化　移民を国家の安全や社会秩序を脅かす存在と捉える考え方で、特に難民ないしは庇護希望者を人道的配慮の対象として見なさなくなっている傾向が世界的に広まり問題化している。

シティズンシップ　ここでは国家のシティズンシップについて取り上げたが、「EU（欧州連合）シティズンシップ」のように複数の国家に共有されるシティズンシップや、都市や自治体レベルのシティズンシップのように、必ずしも国家に基づかない多様な形がある。

問題提起⑶　移動を通してみる〈グローバル〉と〈ローカル〉の交差の内実は

吉原直樹

ここでは、上記のテーマ設定にたいして、ジョン・アーリのいう「グローカル・アトラクタ」という議論を標準的なものとして取り上げよう。アーリは、それを以下のように説明しています（Urry 2002=2014）。

この言葉は、グローバル化がローカル化を進め、ローカル化がグローバル化を進めるといった、並行的で不可逆的で相互依存的なプロセスを指している。グローバルなものとローカルなものは、動的な関係を通じて分かちがたく不可逆的につながっており、両者のあいだを数えきれぬほどの資源フローが行き来している。グローバルなものもローカルなものも、他方がなければ並立しない。グローバル―ローカルなものは一連の、共生的で、不安定で、不可逆のなかで発展し、そのなかでは、それぞれが、時間の経過とともに動的に進展する世界規模での無数の反復を通じて変容を遂げている。

しかしこうした「グローカル・アトラクタ」は、ヒト、モノ、コト、カネの移動＝フローがより多次元的、多層的にすすみ、さらにネオリベラリズムとポピュリズムが跳梁するなかでより複雑な様相を呈しています。少なくとも、グローバリゼーションとローカリゼーションは単純に「並行的で不可逆的で相互依存的なプロセス」とはいえなくなっています。両者を隔てる分岐（デバイド）がより深まり、アトラクタの形骸化がすすんでいます。グローバリゼーションはヒトの境界を越えた政治的共同体への参加、あるいは参加意思をますます制限するようになっており、他方、ローカリゼーションはメンバーシップそのものにたいする関心をより内向きのものにしています。そうしたなかで、ローカル、ナショナル、リージョナル、グローバルといった異なるレベルでの階層性と異なる国家における並列性がこれまでほどには簡単に指摘できなくなっています。

いずれにせよ、境界横断的とか外に開かれた包摂などといったタームが絵空事と思われるほどに「グローカル・アトラクタ」の変質はすすんでいます。たしかに国民国家が維持してきた閉鎖的な体制は確実に緩和されていますが、政治的共同体が複数あり、あらゆる人びとが決定に参加するという理念は見事に風化してしまっているようにみえます。かつてロバート・ダールは集合的自己決定としてのデモクラシーを高らかに謳いあげましたが、それが境界を越えて「最大化」する可能性は、少なくともいまのところは零に近いといえます。なぜこうなってしまったのでしょうか。

以下の論稿では、この問いに向き合いながら、一方では観光（ツーリズム）、他方ではミュージアムを通して「グローカル・アトラクタ」の「いま」を透かしてみることが重要な課題となっています。両者とも、ヒト、モノ、コト、カネの多次元的、多層的な移動＝フロー、さらにネオリベラリズムのインパクトに直接さらされている領域／場です。それらがローカリティの真正性（オーセンティシティ）を維持しながら、どのようにしてあらたな社会組成的原理をはぐくみつつあるのかを、経験的かつ具体的にあきらかにすることが期待されます。

【参考文献】

齋藤純一、二〇〇八『政治と複数性——民主的な公共性にむけて』岩波書店。
Urry, J., 2002, *Global Comlexity*, Cambridge: Polity.（吉原直樹監訳『グローバルな複雑性』法政大学出版局、二〇一四年）

移動で捉え直すミュージアムの思想

笹島秀晃

ミュージアムという場を問い直す

グローバル化の社会変動のなかでミュージアム[1]は様々な変化を遂げた。とくに二〇〇〇年代にはいると保存・教育・研究といったミュージアムのもつ基本的な機能を軽視するような、市場のなかでの役割のみを重視する傾向が強まっている。こうした状況はある意味では現代社会におけるミュージアム機能の多元化を示しているが、同時にミュージアムという場そのものが本来有している中心的な価値が拡散し不透明になることも意味している。

本章で試みるのは、ミュージアムという場がもつ社会的な意味の問い直しである。現代のミュージアムを批判的に検討するための議論の足場を、ミュージアムが持つそもそもの役割や価値、もしくはその存在が本質的に抱える問題を問い直すことで再構築する。すなわち、「ミュージアムとはいかなる場であるのか」、もしくは「ミュージアムとはいかなる場であるべきなのか」といった問いの検討である。

具体的には二つのトピックを扱う。第一に、これまで美術館学、文化人類学、社会学といった分野で蓄積されてきたミュージアムの基礎的な知見を概観しつつ、ミュージアムという場のもつ政治性（国民国家の統治の装置としての機能）について確認する。第二に、そうした議論とは異なるミュージアム像を提示する、富裕層の移動に着目した近年のミュージアム研究を紹介する。

ミュージアムの研究は、これまで国民国家という領域のなかでのみ位置づけられることが多かった。しかし、「モビリティーズ・ターン」（移動論的転回）と位置づけることも十分可能な人々の移動に注目した近年のミュージアム研究は、国民国家という社会の範域を所与のものとせずに社会と文化の関係性を問い直そうとしている。この試みは、モビリティーズ・スタディーズの領域とその適用範囲の可能性を吟味するという意味でも注目に値するものだろう。

本章で試みるミュージアムの系譜の素描が、ミュージアムの市場化という現実の問題を相対化するには、あまりに無関係な試みと思われる読者もいるかもしれない。しかし、歴史を問い直し、さらにはある社会において文化的な事象が制度化されてきた過程を描きなおすことは、現在の状況、さらには将来の構想を試みる際に確かな議論の基盤をもたらすだろう。

グローバル化のなかでゆらぐミュージアム

ミュージアムが、低迷する都市経済を再生させる起爆剤として注目されて久しい。都市再生のために活用されるミュージアムの事例は、都市研究のなかでは一九七〇年代以降の欧米主要都市をおそった脱工業化とよばれる産業の再編過程と軌を一にして流行した。製造業を中心とした旧来の都市経済の基盤が衰退し、情報産業などを中心とする新たな都市経済の編成のなかで、観光客やホワイトカラーの余暇をささえる機会として文化産業に関心が集まったのである。

たとえば、その代表的な例としてよく取り沙汰されるのが、一九九七年にスペイン・ビルバオで建設されたグッゲンハイム美術館である。ビルバオは鉄鋼業や造船業など、重工業でさかえた都市であったが脱工業化のプロセスのなかで産業が衰退し一九八〇年代には都市全体が大きく衰退していた。そこでビルバオでは、ニューヨークに拠点をもつグッゲンハイム美術館の分館を誘致し衰退した港湾部を開発し、その結果、都市が新たな方向性にむく大きな転換点となった。

ビルバオ・グッゲンハイム美術館の存在は、ミュージアムがもたらす都市再生の効果としてモデル化され、世界中に影響をもたらすことになった。この点について南條史生は、「建築のスペクタクルが集客の成功をもたらし、世界のなかで話題になる美術館が一種の観光資源であり都市セールスの最高の道具であることの一つであることを証明した」(南條 二〇〇八：三)、と述べている。

つまり、グローバル化とよばれる国をこえた政治的・経済的・文化的交流が高まるなかで、ミュージアムという存在が都市に経済的な利益をもたらす重要な存在になったのである。たとえば日本においても、二〇〇〇年以降、山口情報芸術センター、金沢21世紀美術館、青森県立美術館など、著名な建築家を起用した施設が建設された。観客動員数の点でも好調でありミュージアムが都市開発に活用されている事例として紹介される(暮沢 二〇〇七：一六八‐八九)。

なお、ミュージアムのもつ経済的効果に着目する動向は都市開発にとどまらない。近年では国家による文化政策のなかで、ミュージアム自体がアート市場にもたらす効果に焦点が向けられている。ここでは一つの例として、二〇一八年初頭に、文化庁が提示したリーディング・ミュージアム構想をめぐるエピソードを紹介しよう[2]。

「リーディング・ミュージアム」は、政府の未来投資会議構造改革徹底推進会合「地域経済・インフラ」会合のなかで、文化庁が四月一七日付で提出した資料で言及されていたもので、二〇一九年五月初旬に新聞等のメディアで報道され話題となったものである。

リーディング・ミュージアム構想では、おおむね海外のミュージアムに比べて、日本のミュージアムが、さまざまな点で立ち後れていることが指摘され、その巻き返しのためにより市場と結びついたプランが提示された。たとえば、日本のミュージアムの問題については、以下のようにまとめられている。「収集予算が少なく購入力が極めて弱い／優遇税制が弱く寄贈も少ない／学芸員の絶対数が少なく、組織体制が脆弱／市場との関係性も希薄」と述べられ、海外のミュージアムに比べて立ち後れた日本の状況が指摘されている。

構想では上述の問題を解決するために、ミュージアムがよりグローバルな市場と結びつくことによって、経済的（貨幣的）価値の面での付加価値を高めるべく活躍することの必要性が描かれている。具体的には、「優れた美術品がミュージアムに集まる仕組みを構築し、美術品の二次流通の促進、アートコレクター数の増、日本美術の国際的な価値向上を図るとともに、国内に残すべき作品についての方策を検討し、アート市場活性化と文化財防衛を両立させ、インバウンドの益々の増に繋げる」ということである。

こうしたミュージアムをめぐる議論のなかで、ここで何よりも問題としたいのは、ミュージアム機能を経済的効果の面でとらえる視点のみが重視されている点である。公共的な財産であるはずのミュージアムやそのコレクションが、市場の論理のなかに組み込まれ、経済的な利益が何よりも重視されているのは明らかである。ミュージアムの市場化は、現代の社会の需要に応えるという意味では一つの進化の形であるかもしれない。しかし、ミュージアムが本来もつべきモノの保存・教育・研究といった公共的な役割が軽視されていることは確かである。

ミュージアムという制度の系譜：権力による統治と支配の文化装置

そもそもミュージアムとはいかなる存在であるのだろうか。高橋雄造が紹介している米国博物館協会American Association of Museumsの定義を参照するならば、ミュージアムは、「組織化された永続する非営利施設で、主として教育または審美に役立つことを目的とし、専門の職業スタッフがいて、人間が検知できるようなモノを持っていて、これらモノの手入れをして公衆にいつも展示している施設」とされる（高橋二〇〇八：一三）。

この定義のなかで注目すべき点は、「①教育が主目的として挙げられていること、②単に記念物等が存在するだけではなく、博物館として組織化されていること、③非営利施設であること、④専門の訓練を受けた資格のある専任のスタッフがいること、⑤モノを三次元の実物とは限定していないこと、⑥モノを持っている必要があるが、これらを保存するとはかぎらないこと、⑦公開の展示をしていること」である（高橋二〇〇八：一三）。この定義によるならば、博物館や美術館だけでなく、植物園や動物園、図書館や文書館、自然公園やプラネタリウムなど、広範な施設が含まれることになる。

ただし、このように定義されるミュージアムは、近代ヨーロッパにおいて初めて登場した。ミュージアムの歴史的系譜をたどるとき、蒐集行為やコレクションの形成という意味ではその歴史は近代以前にはじまる。また、一六世紀・一七世紀のヨーロッパには、「クンストカンマー（人工物蒐集室）」と「ヴァンダーカマー（驚異物蒐集室）」という形で時の権力者が自身の所有物を意味付け、コレクションを制度化するという近代ミュージアムの前史となるような事態が進展した。しかし、そこにおいては国民への公開を第一義とする思想はまだ生まれていない[3]。現代のミュージアムの原型が形成されたのはあくまで一九世紀という近代の一時期である。具体的には、大英博物館の設立やフランス革命を契機に設立されたルーヴル美術館が、近代におけるミュージアムの思想を体現していた。

ミュージアムの基本的な機能は、モノの①収集・保存、②展示・教育、③研究である。大英博物館やルーヴルにはじまる近代ミュージアムは、なによりも広く市民にむけて公開される公共的な存在である。ミュージアムの機能は市民の教育や啓蒙であった。

ただし、ミュージアム研究がしめしてきたのは、近代ミュージアムが第一義としてきた国民の教育や啓蒙は、それは別の観点からすると「統制」にほかならないというパラドキシカルな知見である。つまり、ミュージアムは「文化における支配階級のヘゲモニーを明示しつつ支配階級の文化を被支配階級に刷り込んで受け入れさせ、善良な国民としての規範やふるまいを民衆にしつける社会統制（social control）のツール」でもあるのだ（高橋 二〇〇八：一八）。

この意味でミュージアムは単なる教育や余暇の空間であるだけでない。国家における支配者の権力を体現する機構という意味できわめて政治的な場である。国家における統制という文脈で支配と被支配という非対称な関係性が内包されている。

さらにミュージアムは西洋と非西洋という、国家間の文脈においても非対称な関係性を内包している。この点について松宮は「攻撃性」と「暴力性」という言葉をもちいて、次のように述べている。

ミュージアムという思想が「攻撃性」と「暴力性」をもつものであるということは、ミュージアムを成立させている科学、技術、文明、歴史、文化、芸術という西欧近代の創出した諸価値そのものが、それぞれに西欧中心の価値体系として世界の一元的整序を最終目標としているということである。そしてそのミュージアムの基本となっている「コレクション」という公的価値を賦与し、コレクションという行為を単なる「ものを蒐める」という私的領域に閉じ込めずに、ものを蒐めることによって世界を所有するという政治的行為に転換させてきたこと自体も、ミュージアムという思想が攻撃性と暴力性と不可分に結びついたものであることを意味する。（松宮 二〇〇八：一三）

ここで述べられている攻撃性や暴力性とは、所蔵品のコレクション形成過程における帝国主義的な暴力それ自体を指しているわけではない。つまり、大英博物館やルーヴル美術館の所蔵品のなかには、非西欧世界の古代遺物など戦争や侵略、略奪の経緯で入手されたコレクションが存在するが、ここではそうした直接的な暴力性にのみ注目しているわけではないのだ。

むしろここでは、近代西欧において生み出されたミュージアムという制度や、それを支える思想それ自体に注目している。「世界の一元的整序」と述べているように、西欧の近代が新たに発見した「芸術」「文化」「歴史」「科学」といった価値観念によって、非西欧社会もふくむあらゆるモノを整序し、本物と偽物の価値付けをおこない、保存すべきモノのみを保存し公開していく。すなわち、新しい「聖性」を創出し、その聖性のもとで新しい「タブー領域を確定していく」という営みである（松宮 二〇〇八：一四）。

こうしたミュージアムのもつ文化的攻撃性や暴力性に関する議論は、一九七〇年代以降、ポストコロニアリズム批評という形で文学をはじめとして、さまざまな領域で展開されてきた。たとえば、文化人類学者のジェイムズ・クリフォードの『文化の窮状』の指摘は重要である。

クリフォードは、ニューヨークの美術館で開催された近代美術とアフリカの作品を併置させた展覧会を批評するなかで、近代西洋におけるオリエンタリズムや、またミュージアムという思想が必然的におびる西洋的な問題について以下のように述べている。

ピカソやドランやレジェを興奮させた非西洋のモノは、公式の西洋芸術に外から侵入してきた。それらは瞬く間に統合され、傑作と認知され、人類学的＝審美的モノ・システムの内部に居場所を与えられてきた。いまではこの過程が存分に賛美されているのである。私たちが必要としているのは、芸術と芸術界の境界に問いを突きつけられてゆく展示であり、真に消化不能な「外部の」器物の流入である。人類の一部が他者の純粋な生産物を選別し、価値づけ、収集するための手段となっている権力関係が批

判されなければならず、変革されねばならないのである。(Clifford 1988=2003: 270-1)

ピカソがアフリカの工芸品から自身の絵画のインスピレーションを得たように、西洋が非西洋的なものを自身の価値のなかで暴力的に序列化する過程が批判されている。

近代ヨーロッパにおいて誕生したミュージアムの思想は、広く国民を啓蒙するという意味ではすぐれて公共的かつ文化的な場である。しかし同時に、ミュージアムという場は支配・被支配という関係性を再生産する装置でもある。さらに、支配・被支配の関係性の再生産という機能は、一つの国民国家内の権力者と従属者という関係の構図にとどまらず、西洋と非西洋という、国家間の非対称な関係性の再生産にも行き着く。ミュージアムをめぐる多くの研究が明らかにしてきたことは、ミュージアムという場は、公共的な文化の進歩という意味では紛れもなく重要な近代の遺産であるが、同時に常にそこには統制という政治的な権力性を内包したネガティブな側面をもつというその両義性であった。

ミュージアムを移動から問い直す：富裕層の文化間移転

近年、英語圏の歴史学のなかで、移動の観点から一九世紀におけるミュージアム創設の経緯を再検討しようとする動向が現れている。中心的なものは、Thomas Adam らによる文化施設をめぐる「文化間移転 Intercultural transfer」(Adam 2009; Adam et al. 2004) の研究である。Adam らは、一九世紀における西欧（ドイツ・フランス・イギリスなど）と北米（アメリカ・カナダ）の事例を参照しつつ、富裕層（「**有閑階級** affluent leisure class」）たちの国家を超えた相互交流と情報共有に注目し、社会住宅・図書館・ミュージアムなど多様な社会的インフラに関する知識が相互に移転した過程を明らかにしている。

なお、ここでAdamらが論じたミュージアムは、政府によって運営されるものではなく民間非営利のミュージアムであることは注意が必要だろう。日本においては行政によって運営されるミュージアムが多いため注目をあびることは少ないが、たとえばアメリカのメトロポリタン美術館やニューヨーク近代美術館のように民間非営利のミュージアムは重要な存在である。

たとえば、一九世紀、ニューヨークにおけるメトロポリタン美術館の例が取り上げられている。当時の富裕層のあいだでは教養をたかめるためにヨーロッパを周遊することが慣例であった。メトロポリタンの創設者となった富裕層は、現在のドイツのライプツィヒなどヨーロッパの様々な都市を訪れ、現地にあったミュージアムに感銘をうけ自身の故郷であるニューヨークでも同様の施設を建設することを志す。その後、こうした人々は自身の目でモデルとなるミュージアムの運営を学び、実際にミュージアムを母国で創設しただけでなく、手記や雑誌記事などの形でその情報を多方面に発信した。

メトロポリタン美術館の建設は、アメリカのみならずアメリカ国外のさまざまな人々にも影響を与えるところとなった。興味深いことに、後年、ニューヨークの富裕層が学んだドイツのミュージアム関係者がメトロポリタン美術館を訪れミュージアムの運営手法を学ぶなど、後発であるアメリカのミュージアムがヨーロッパのミュージアムに影響を与えるという事態も進行した。すなわち、ミュージアムの運営をめぐる知識の輸入と逆輸入（Adamらのいう文化間移転）が生じたのだった。

Adamらの研究で注目すべきなのは、こうした富裕層たちが文化間移転のなかで建設した社会的・文化的なインフラは、「フィランソロピー」の一環として建設されたという知見である。フィランソロピーとは、一般に、「民間非営利の自発的な弱者救済行為」(岡村 二〇一〇：四) と定義される。たとえばイギリスにおけるチャリティの活動のように、富裕層たちは貧者に対する住宅や教育など、多様な慈善活動を行った。ミュージアムの建設の場合も、持てる者から持たざる者への支援の一環として行われていたというのである。ただし、Adamらは当時の富裕層がおこなった慈善活動を、篤信といった完全な善意に基づいた行為として理解していない。むしろ、富裕層の慈善活動をヴェヴレンのいうところの「**誇示的消費**」の観点から位置づけている点が重要である。すなわち、他の富裕層に対する優位性を誇示し、自身の社会的正統性を証明する手段として慈善活動や寄付活動が用いられていたと分析するのだ。

そうであるがゆえにAdamらは、誇示的消費の文脈となる富裕層同士の対立を重視する。すなわち、ひとつの都市のなかにおける古くからの富裕層 (旧富裕層) と新興の富裕層 (新富裕層) の文化的な対立である。たとえば先述したメトロポリタン美術館と、こちらもまたニューヨークにおいて富裕層によって設立されたアメリカ自然史博物館のあいだの関係はその典型とされる。当時のニューヨークにおいては、旧富裕層は入植期からのオランダ系・イギリス系の名門家系 (不動産業、金融業、医師や弁護士などの専門職) からなっていた。その一方で、新富裕層は南北戦争前後のアメリカ社会の産業化のなかで財をなした実業家であった。メトロポリタン美術館は、入植期からの名門家系からなる旧富裕層によって創設され、アメリカ自然史博物館は、一九世紀末ごろに台頭した新富裕層を中心に建設された。二つのミュージアムでは会員資格のあり方など

表１　日本の実業家がつくったミュージアム一覧

美術館名	創設年	創設者	創設者業種	所在地
三溪園	1906	原富太郎	生糸商	神奈川県横浜市中区本牧三之谷 58-1
大倉集古館	1917	大倉喜八郎	貿易商	東京都港区虎ノ門 2-10-3
大原美術館	1930	大原孫三郎	紡績業	岡山県倉敷市中央 1-1-15
根津美術館	1941	根津嘉一郎（２代目）	東武鉄道	東京都港区青山 6-5-1

ミュージアムの運営をめぐって相互に意識し合うなど、ライバル関係とでも形容可能な新旧の対立の構図がみられた。すなわち、それぞれの勢力の文化的正当性をめぐる象徴的な対立が、ミュージアムという制度設立の背景に存在したのである。

明治・大正期の日本における実業家たちのミュージアム建設

それでは日本の場合はどうであったろうか。Adam らの研究では日本への言及はなされていないため、ここでは二次文献を参考にしつつある程度の比較を試みてみよう。富裕層によって建設された日本の民間非営利のミュージアムについては表1を参照していただきたい。最初期にミュージアム建設に取り組んだ人物として、原富太郎（三溪園）、大倉喜八郎（大倉集古館）、大原孫三郎（大原美術館）、根津嘉一郎（根津美術館）はとくに著名である。

こうした富裕層たちは、どのような人々であったのか。宮本又郎は明治期以降に活躍した実業家（政商）を、以下の三つの類型に整理している（宮本 一九九九：一四三 - 四）。第一の型は、旧幕時代からの特権商人で維新後も発展した三井・住友・鴻池。第二の型は、出身は概して低いが徒手空拳で動乱に乗じた岩崎弥太郎・藤田伝三郎・大倉喜八郎・古川市兵衛・安田善次郎・浅野総一郎。第三の型は、明治政府の官僚から転じ政商の世話役を演じた渋沢栄一・五代友厚である。本章でとりあげるミュージアムの創設者となった原・大倉・大原・根津といったミュージアム建設者たちは、宮本の整理に従うならばおおむね第二の型に含まれるだろう。すなわち新興の富裕層である。

こうした明治期に活躍した実業家は、なぜミュージアムの創設を行ったのか。たとえば大倉喜八郎の場合を検討してみよう。一九三二年に作成された大倉集古館の要覧には、大倉が美術品を収集し一般に公開しはじめた動機の一端が次のように記述されてる。

本館列品ノ多クハ明治維新後制度文物變革ノ爲メ我邦古美術品ノ海外ニ輸出セラル、モノ多キヲ嘆キ男ノ購入セラレタルモノ若クハ清朝末年ニ北清團匪ノ亂アリ支那貴重品ノ遠ク歐米ニ散佚セントスルヲ憂ヒテ之レヲ蒐集セラレタル。（大倉集古館 一九三二：二四）

ここではまず、明治維新後の改革によって古美術品が日本国外に流出する事態に直面していたことが述べられている。明治政府によって行われた廃仏毀釈の影響で、仏教関連の建築物や仏像が破壊されたり持ち去られ、価値あるものが欧米に流出していく状況が問題視されているのだ。さらに、「北清團匪ノ亂」とあるように義和団事件についても言及されている。大倉は政商として活躍するなかで、台湾・中国を訪れる機会が多かった。そのなかで、欧米列強の植民地政策によって社会が混乱し文化的な遺物が流出する中国の現状を目の当たりにしていた。ここで参照した文章からは、美術品の海外流出という危機意識のなかで、コレクションの形成とミュージアム建設が行われたことが確認できる。

また、根津嘉一郎は、大倉とは異なる点ではあるものの、自身の洋行の経験からミュージアムを構想した。この点について、西田宏子は次のように述べている。

初代嘉一朗の蒐集に関わる基本的な考え方に、影響を与えた貴重な体験があった。明治四二年に渡米実業団の一員としてアメリカ各地を訪問し、大学や図書館、美術館などを見学したのがそれである。根津は、後に「アメリカ人は斯かる公共的な事業に対しては巨額の金を吝まないのである」と感想を述べ、さらに「アメリカ人の郷土を愛する心、愛郷心に非常に感服した」と述べている。公共の利益のために惜しみなく行われる寄付行為が、アメリカ社会のなかで人々に受け入れられている様子を見聞したことで、「貴重な我が国の美術品は、海外へ搬出されるよりも国内に留めて置く方が、国家のために有益であろう」と考えるに至ったようである。（西田 二〇一五：九）

根津の場合は、アメリカ旅行をきっかけにフィランソロピーを学び、その実践をまねたという意味でAdamらが述べた文化間移転のモデルにより適合的である。ただし、根津においても海外への美術品の流出が危惧されていたことが確認できる。

このように明治期の日本においても移動という契機が、実業家によるミュージアム建設を考えるときに重要であることがわかるだろう。大倉喜八郎は政商としての活動のなかで中国における欧米植民地主義の実情を目の当たりにすることによって、また、根津嘉一郎のように欧米への洋行を契機としてフィランソロピーの活動に駆り立てられたのであった。

ただし、日本の場合には、欧米と異なる文脈があったことも確かである。江戸時代による閉鎖的な国際関係や産業の後発性に起因し、一九世紀における日本の富裕層の異文化間交流は当然ながら相対的に制限されるものであった。アメリカでは、西欧との地理的近接性や、ヨーロッパへの個人での周遊を可能とする文化的・経済的条件により、より頻繁な相互交流が実現していた。

また、富裕層のあいだでの誇示的消費をめぐる文脈も当然異なっていた。さきに日本の民間非営利のミュージアムを創設した富裕層たちが、新興の富裕層にあたる可能性を指摘した。こうした新興の富裕層の威信をめぐる文化戦略について、永谷護は次のように述べている。

明治期をつうじて、彼ら［成功した新興の実業家たち※引用者注記］の傑出した社会的・経済的地位と彼らへの過激な批判や揶揄とのあいだには、いわば和解し難い齟齬が横たわっていた。そうした状況にあった彼らが文化の領域で一貫しておこなってきたことは、彼らの階層的なアイデンティティを考えるうえで重要である。彼らは、みずからの地位上昇にふさわしいと目される文化を探り、それを摂取し構築しようとする試みを、明治前期から続けていた。彼らの文化的な営みは、金銭的な成功や門閥の構築によっては実感できない自己の階層的なアイデンティティを模索する試みとして捉えることができる。維新後の彼らの動向からは、文化的な威信の源泉となりうる〝ハイカルチャー〟を探し、それを積極的に身に纏おうとする姿が数多く見いだせる（永谷 二〇〇七：一四二－三）。

一九〇八年に出版された山路愛山の『現代金権史』や一九一〇年の横山源之助による『明治富豪史』に代表されるように、明治期をつうじて財をなした実業家たちは激しい批判をうけた。そのなかで実業家たちは、自身の金銭的な成功では達成できない威信を獲得するために伝統文化といったハイカルチャーに傾倒していく。華族らの作法を垣間見つつ、多くの実業家たちが茶道や能楽をハイソサエティとの関わりを示す文化的指標として認識していたのである。この点では、欧米社会における旧富裕層と新富裕層という対立の構図のなかでは、美術作品、とくに古典絵画や近代絵画が重要な威信の源泉となっていた点とは興味深い対照を示している。

さらに、明治期の日本においては実業家たちによる誇示的消費の側面だけではなく、廃仏毀釈という日本特有の近代化の弊害のなかで、フィランソロピーの実践が後押しされたという事実も重要である。西欧・北米と比べて日本の富裕層が建設したミュージアムが、茶道具や典籍など古美術をコレクションの中心としている点には、茶道が当時の実業家たちの交流の機会となっていた点に加えて、明治期の宗教をめぐる混乱と植民地主義の外圧という東アジア特有の状況の要因があらわれていることにも注目したい。

ミュージアムという公共的な文化を構想するために

本章ではミュージアムの系譜を、大きく二つの点に関して、すなわち一つは国家による統制の装置という点、もう一つは富裕層による移動を契機としたフィランソロピーと誇示的消費の実践の点から記述してきた。

旧来のミュージアム研究では、人類の歴史における文化上の進歩を評価しつつも、むしろ国民国家を単位として、国内、および国家間の支配と従属の関係性を再生産させる政治性を明らかにしてきた。それに対し、近年展開されてきた移動に注目したミュージアム研究は、国民国家というよりも富裕層それぞれの移動のネットワークを関係性の範域として注目してきた。そのなかで、フィランソロピーという慈善活動の文脈にいちづくミュージアムの制度化を論じつつ、富裕層が自身の階級的な戦略のなかでたくみにミュージアムという場を利用していたことを明らかにした。

ミュージアムの系譜をたどるならば、ミュージアムとは無害な文化的余暇施設といった存在ではなく、多分に矛盾をはらんだ政治的な場であることが明らかだろう。したがって、本章冒頭で取り上げたようなミュージアムの市場化という現代社会における状況を批判的に捉えるとしても、ミュージアムが本来もつ公共的なあり方に立ち返れ、と唱えることは素朴な発想だろう。

現代社会において支配と被支配、マジョリティとマイノリティの関係性は、より一層複雑になりうる。グローバル化は市場的な現象のみにとどまるわけではない。人やイメージのグローバル化は、移民などそれ以前とは異なるマイノリティの存在を浮き彫りにする。また、SNSを通して発進される個人レベルでの情報は、社会におけるマジョリティとマイノリティの構図をより複雑に表現する。この意味で、これからの時代においてミュージアムそれ自体が本質的に内包する政治性には、より一層注意深くなる必要があるだろう。市場化するミュージアムを批判し、あらたなあり方を構想していく場合にも、支配と被支配、マジョリティとマイノリティをめぐって、ミュージアムにおける活動がどのような姿勢を提示しているか。ミュージアムの有する政治性に注目することから、ミュージアムという場において展開される公共的な文化のあり方が、今後より一層追求されるべきだろう。

【注】

1 「ミュージアム」を論じるにあたって、博物館でも美術館でもなく、「ミュージアム」というカタカナ語を用いる。松宮秀治が述べているように、近代西洋において著しく発展したミュージアムという概念は、本来、広範な意味を有しており、「博物館」や「美術館」という日本語の単語では必ずしもそうした本来の意味を十分に伝えることができないためである。

2 ここで紹介する「リーディング・ミュージアム」に関する事実認識は、美術手帖編集部（二〇一八）によっている。

3 「クンストカンマー」について松宮は次のように述べている。「それは皇帝王侯たちのコレクションの祖型を意味する『宝物室』、つまり王冠、王笏、宝珠といった権力と権威を象徴する帝（王）権標、聖遺物、贈答品、歴代の家宝などの収蔵室を中核とした収蔵施設であり、一五世紀以後はさらに意識的にまた意欲的に開始された写本や古代遺物蒐集品などを加えてくる収蔵施設全体を総称するモノである」（松宮 二〇〇八：二〇）。

【引用・参考文献】

Adam, T., 2009, *Buying Respectability: Philanthropy and Urban Society in Transnational Perspective, 1840s to 1930s*, Bloomington & Indianapolis: Indiana University Press.

Adam, T. ed., 2004, *Philanthropy, Patronage, and Civil Society: Experiences from Germany, Great Britain, and North America*, Bloomington: Indiana University Press.

美術手帖編集部、二〇一八「政府案の『リーディング・ミュージアム（先進美術館）とは何か？文化庁『確定事項は何もなく検討中』」 https://bijutsutecho.com/magazine/news/headline/15569（二〇一九年六月三日閲覧）

Clifford, J., 1988, *The Predicament of Culture: Twentieth-Century Ethnography, Literature, and Art*, Cambridge: Harvard University Press.（太田好信・慶田勝彦・清水展・浜本満・古谷嘉章・星埜守之訳『文化の窮状——二〇世紀の民族誌、文学、芸術』人文書院、二〇〇三年）

暮沢剛巳、二〇〇七『美術館の政治学』青弓社。

松宮秀治、二〇〇三『ミュージアムの思想』白水社。

宮本又郎、一九九九『日本の近代11　起業家たちの挑戦』中央公論社。

永谷健、二〇〇七『富豪の時代——実業エリートと近代日本』新曜社。

南條史生、二〇〇八「美術館の未来と可能性」森美術館編『大型美術館はどこへ向かうのか？——サバイバルへの新たな戦略』慶應義塾大学出版会。

西田宏子、二〇一五「根津青山　コレクターそして茶人」根津美術館学芸部編『根津青山の至宝』根津美術館、九-一九。

岡村東洋光、二〇一〇「序論　フィランスロピー研究の現代的意義と用語の整理」『大原社会問題研究所雑誌』六二六、一-一〇。

大倉集古館、一九三二『大倉集古館』大倉集古館。

志村和次郎、二〇一一『富豪への道と美術コレクション——維新後の事業家・文化人の軌跡』ゆまに書房。

高橋雄造、二〇〇八『博物館の歴史』法政大学出版局。

【用語解説】
有閑階級　ソースティン・ヴェヴレンが『有閑階級の理論』のなかで提示した概念。勤労を忌避し、財力を誇示すべく金銭的な見栄をはって浪費にふけり、政治・戦争・宗教・儀式・スポーツなどに時間を費やす上流階級を指している。
誇示的消費　ソースティン・ヴェヴレンの提示した言葉で、有閑階級の人々が、自身が上流の社会的地位に属していることを示すために財やサービスを大量に消費することを意味している。

変容するローカル・ノレッジ——サービス貿易としての観光

高橋雅也

はじめに

いまやだれもが観光を楽しむようになった。一口に観光といっても、多くのお金と時間を費やす海外旅行もあれば、手頃な日帰りの小旅行もある。いずれにせよ、どこかへ移動して、よその土地の「光を観る」ことが観光にはちがいない。「光」とは五感を楽しませる優れたものをさす。ありていにいえば、素晴らしい景色や歴史情緒の豊かな文化、美味しい食べ物などがこれにあたり、人びとはそれを目当てに出かけていく。

それではなぜ、これほど観光が普及したのだろうか。むろん、その原因はいくつもあるが、複数の「移動手段」を確保できるようになったことが大きい。より速く、より遠くまで到達するために、鉄道（新幹線）や自動車（高速道路）、飛行機などの移動手段が発展してきた。その一方で、それらのさらなる高速化やLCCのような低価格化とはちがった、移動自体を楽しむための選択肢も同時に増えてきた。わが国でも、新たに人力車を走らせたり、自転車の貸し出しをしたり、といった取り組みが各地で行われているとおりである。

また、（目的地にもよるが）「道中の安全・安心」が約束されるようになったことも一因だろう。グローバル化がすすむなかで、たとえどこにいても個人の権利は尊重されるべきで、多様な文化的価値が守られるべきであるというシチズンシップの考え方が徐々に浸透してきている。いいかえれば、観光客は以前より、自分が現地で怪しげなストレンジャーとして見られることを覚悟して出かける必要はなくなったのである。

さらに、高度に情報化した社会において、世界各地の「光」がカタログ化され、わざわざ訪れるに値する場所はどこなのかを人びとが総覧し、比べられるようになったことも影響しているだろう。それは人びとの目により魅力的に映るように、しのぎを削って観光資源に磨きをかける地域間の競争をみちびく。観光客からすれば、よりどりみどりというわけだ。

このとき重要なのは、これらの観光を促進する要素が、サービスとして提供されているということである。第一に移動手段の豊富な選択肢、その組み合わせによる多様な移動経験、第二にグローバルなシチズンシップ理解にもとづく受け入れ姿勢やホスピタリティ、その前提としてのセキュリティ、第三に観光客の満足を最大化するために洗練された観光資源は、いずれも商品価値のある良質なサービスといえるだろう。

本章では、そのようなサービスに観光地の人びとの地域固有の知＝ローカル・ノレッジが活かされているのではないか、という問いを明らかにしようと思う。

統計でみる国際観光

まず、観光という移動がどれほど盛んになっているのかについて、観光統計で確認しよう。国際観光が際立って伸びており、量だけでなく、質の面でも様変わりしているのである。

国連世界観光機関（ＵＮＷＴＯ）の統計によれば、宿泊をともなう訪問客を数え上げた国際観光客到着数は、一九五〇年には二、五〇〇〇万人程度であったものが一九八〇年には二億七、八〇〇〇万人、二〇〇〇年には六億七、四〇〇〇万人と半世紀で約二七倍も増加している。これが二〇一七年に至っては一三億二、二〇〇〇万人、成長率七%という具合に過去七年間で最高の驚異的な伸びを見せ、昨年には一四億人を突破した。むろんこの間、観光を阻害する出来事がなかったわけではない。ITやインターネット関連企業への熱狂的な投資が展開されたドットコム・バブルの崩壊、空港セキュリティを含めた運輸保安体制の見直しを迫られることになった同時多発テロ、観光に限らない消費全般の深刻な冷え込みをもたらした世界金融危機などである。このような不測の事態に左右されながらも、おおむね国際観光が成長しつづけてきたことは注目すべき事実である。

つぎに、日本政府観光局（JNTO）の統計でわが国の動向をみると、一九七七年にようやく一〇〇万人を超えた訪日外国人旅行者数（インバウンド）は、一九九〇年には約三二四万人、二〇〇〇年には約四七六万人、二〇一〇年には約八六一万人に上り、三〇年余りで八倍ほども増加している。ここでも二〇〇九年には世界金融危機にともなう円高、新型インフルエンザの世界的流行、二〇一一年には東日本大震災にともなう福島第一原子力発電所事故など、観光にとってはマイナスの事柄が生じた。しかし、二〇一二年以降は飛躍的な成長をみせ、二〇一五年には航空路線の拡大や運賃低下、ビザの大幅緩和などを主な要因として前年度比四七%増という記録的な伸びを叩き出した。二〇一八年にはじつに三、一一九万人の訪日外国人旅行者を受け入れており、行き交う多くの訪日客を目にする経験は日常生活でグローバル化を実感する一コマにもなっている。

他方、日本人海外旅行者数（アウトバウンド）は一九六四年に視察、業務、留学など以外の観光目的による海外渡航が自由化されて以降、一九九七年まではおよそ堅調に増加してきた。その後は先述のように二〇〇一年には同時多発テロ、二〇〇三年には新型コロナウィルスに起因したＳＡＲＳ、イラク戦争などによる影響は免れず大幅な減少も経験している。しかし、韓国や台湾を含めた東アジアへの旅行の伸びも手伝って、二〇一二年には一、八四九万人と当時の過去最高数に達した。さらに二〇一七年にはここ数年来の停滞を経て一、七八九万人、昨年には一、八九五万人に上っている。訪問先としては米国、中国、韓国、台湾、タイなどが海外旅行者に選ばれており、これらの国々に旅行消費による大きな経済効果をもたらしている。

こうしたインバウンドとアウトバウンドの増大は、「道中の安全」を脅かす出来事は容易に回避できないものの、それを上回る新たな魅力ある「光」が観光のモノ消費からコト消費への質的な転換とともに現れてきたことを示している。とくにインバウンドでは、自然景観や歴史的建造物を体験的に楽しむなかで、わが国の歴史や文化を理解することへの訪日客のニーズが膨らんでおり、客数の増減を為替レートだけでは説明しきれない状況にあって、まさに国際観光という移動の動機と目的の変化をみることができる。

サービス貿易としての国際観光

つづいて、国際観光における収入と支出、および生産・分配・消費の過程をサービス貿易として位置づけ、国際貿易に占める観光サービスの重要性が高まっている点についてみていこう。これらに移動手段やホスピタリティ、観光商品などの提供と消費がふかく関係していることはいうまでもない。

世界貿易機関（WTO）の「サービスの貿易に関する一般協定（GATS）」にしたがえば、サービス貿易は以下の四つに分類することができる。サービスを提供する側から整理すると、自国のサービス事業者が海外に出向くことなしに現地の人びとにサービスを提供する「越境取引（第1モード）」、自国のサービス事業者が観光などで来訪した外国人に対してサービスを提供する「国外消費（第2モード）」、自国のサービス事業者が海外に拠点を構えて現地の人びとにサービスを提供する「拠点の設置（第3モード）」、自国のサービス事業者が海外に赴いて現地の人びとにサービスを提供する「自然人の移動（第4モード）」が挙げられる。いずれも国境を越える商品の移動が見えづらいサービスである。

たとえばわが国ならば、外国人観光客がJALやANAなどの航空会社の輸送サービスを利用して日本を訪れて、外貨両替などの金融サービス、宿泊や飲食に関するサービス、歌舞伎などを鑑賞するさいの興行サービス、電話・FAXなどの通信サービスを利用した場合、それらはすべてサービスの輸出になる。とりわけ国際観光の文脈では、訪日観光客に「国外消費」を楽しんでもらうことが先決である。

このようなサービス群は、必ずしも外国人観光客ばかりを対象としているわけではなく、先進国の国民総生産のうちサービス産業がじつに六割以上を占めているとおり、自国民の日常的な需要や雇用においても重要である。サービス貿易が増大すれば端的に雇用が生まれるし、外国人観光客のニーズに応えるべく試行錯誤する過程で、日本人客のためにもなるサービスの質的な向上が期待できる。たとえば、外国人観光客が希望する日本的な「おもてなし」は、地方のひなびた老舗旅館でこそ得られそうであるが、いわゆる部屋食スタイルは外国人に好まれないという。こうした多様なニーズに応えようとする企業努力は、そのまま国内旅行を楽しむ人びとにとっての選択肢にもつながる。大量に購入したお土産品などの宿泊先への配送など、かゆいところに手が届くサービスは数え上げればきりがない。それらは従来的なサービスの付加価値であり、ホスピタリティの一部を構成しており、経済のサービス化を特徴づけるものである。

現代人の多くはサービス化した日常生活を送っており、観光という非日常でもサービスへの依存体質は変わらない。その点を心得たサービスが競争で優位に立てるのである。

観光サービスの諸相①

日本を代表する温泉観光地である大分県の由布院では、七年ほど前から外国人観光客が増加しており、熊本地震の影響で伸び悩んだ二〇一六年以降V字回復をみせ、翌年には前年比の二倍以上にのぼる三五万六千人の外国人観光客を受け入れている。いまや大半が外国人客という状況である。筆者は以前、由布院の地域振興にたずさわる関係者から、外国人観光客の増加自体は喜ばしいことだが、人によっては地元が誇る定番の観光資源に興味を示さず、よく分からないものを面白がって写真を撮っている例などもあり、いささか戸惑っているといった声を聞く機会があった。そして、地元の人間からお薦めしたいスポットやめぐり方をどう伝えればいいのか、そもそも伝えるべきかが目下の課題ということであった。

とはいえ、観光サービスの提供者は困惑しているばかりでも、浮足立っているわけでもないようである。にわかに答えがでないそうした課題にも、九〇年代に先進的な「潤いのある町づくり条例」を制定し、大規模開発から癒しの里を守り抜いてきた由布院のローカル・ノレッジで応答しようとしている。このほど観光基本計画を改定し、かつてそうしたように外部資本の流入を抑制しながら、由布院が継承してきた理念やイメージに惹かれて訪れる（ゆえにそれらを尊重してくれる）人びとの再訪を、日本人／外国人を問わず促進していく方針で旅館経営者らがまとまった。

振り返れば名物の辻馬車も、一九七五年の大分県中部地震で「壊滅的」と報じられた由布院の健在を、馬の歩く速さでみて確かめてもらおうと始まった試みであり、かつて観光バスが流行ったマス・ツーリズムの時代にも、由布岳のふもとの田園地帯を悠然と往く異質な移動経験は好評を博した。これが由布院観光のイメージを形成したともいわれる。この辻馬車がインバウンドの外国人観光客に大人気なのは、象徴的なことではなかろうか。〈ブームにはのらず、地域の魅力とは何かについて、観光サービスの提供者の間で繰り返し共有する〉。それによって多様な観光ニーズに応え、難局を乗り切ってきた経験と自負が由布院のローカル・ノレッジであり、いまやそうした〈挑戦の物語〉自体が観光商品になっている。

観光サービス貿易の特性

つぎに増大するインバウンド観光と、人間の経済的側面での幸福や福祉を指す経済厚生の関係について考えてみよう。また、国際観光が不完全競争の市場であること、そこに生じてくる外部不経済と求められる政策的な対応など、観光サービス貿易がもつ特性や固有の問題群について整理しておこう（柳瀬 二〇一七）。

インバウンド観光における消費では、貿易対象になりにくい非貿易財であっても、観光地に住んでいない「非居住者」の外国人観光客が消費することで輸出財となる。通常ならば非貿易財の価格は自国民の需要によって決まるのだが、インバウンド観光による消費を考え合わせると、非貿易財の消費者には外国人観光客も含まれる。したがって、需要が拡大すると輸出材の価格が上がり、交易条件が改善されることになる。それが国民の経済厚生につながる場合もあれば、たとえば外国人観光客の観光ニーズに大きな地域格差がある場合などには、経済厚生を悪化させることもある。

さらに、インバウンド観光で外国人観光客が財やサービスを消費するさいの選択や評価の基準、選好はじつに多様であり、訪問先の選択にも多様な選好や期待が反映されている。そうした意味では、国際観光では売買される財やサービスの異質性が高く、選好による商品の差別化がなされている「不完全競争の市場」ということになる。わが国であれば、日本を好んで訪れる外国人観光客の嗜好を的確に捉え、いわゆる「日本的」なものを商品化した財やサービスを提供すると、差別化財としての性格が強まることになる。

ただし、ここで課題となるのが、環境汚染などの「外部不経済」を政策的にコントロールすることである。一般に持続可能な観光を志向する観光客は、徹底した環境政策を推進している国や地域を好んで訪れる傾向がある。そのような観光客が行く先々で支出に見合った効用を得ようとすれば、気持ちよく過ごせるクリーンな環境の地域を選択し、反対に汚染が進んだ地域への訪問やそこでの支出を控えようと考えるのは当然である。その点において、日本や国内の個別地域がそうした忌避の対象になってしまうことのないよう、環境汚染という外部不経済の解消に向けた政策的な関与のほか、観光事業の従事者や地域住民の日常的な意識づけや取り組みが不可欠になることはいうまでもない。

しかし、そこにはジレンマが横たわっている。「環境」を自然環境と歴史的環境にわけて考えてみよう。まず、自然環境が観光開発によって改変されると、観光資源としての自然環境の価値が損なわれるわけであるが、そのような観光インフラの整備は地域住民の利便性を高める場合がある。他方、地域史を刻印した生業空間というべき歴史的環境や景観を保全することは、現代生活のニーズにあった新規開発から場所と機会を奪うことにもなりうる。悩ましいのは、外国人観光客が押し寄せることによって環境汚染が進む可能性もあるため、これらのジレンマを乗り越えて、持続可能な観光を志向する「観光倫理」をもった観光客に選ばれるための工夫が必要になる。

観光サービスの労働市場

以上のように、外国人観光客の国境を越えた移動と消費にともなう観光サービス貿易は、自国民の経済厚生の改善や悪化の可能性を内包しながらも、消費者の選好を反映した商品の差別化がなされている不完全競争の市場において、個別の国/地域に固有の価値を付与した財やサービスを提供するように産業者に求めている。そこには複数のジレンマが存在しているが、国および自治体の政策的な対応や、地域レベルの日常的な実践をとおして克服することで、倫理的な外国人観光客の来訪誘因を形成する必要があることをみてきた。

それでは、このような課題と日々向き合っている、観光産業に従事する労働者はどのような人びとなのであろうか。その労働市場はいかなる現状にあるのだろうか。

これには、都市のリストラクチュアリングのなかでも、労働のあり方をめぐるリストラクチュアリングが影響を及ぼしており、国際観光の拡大とともに観光サービスへと労働力が吸収されていく一方で、そこにおける弾力的な労働の拡がりにともなう問題や、**感情労働**をめぐる問題が存在している。

観光関連サービスを特徴づけるものとして、労働力の弾力的な使用が挙げられる。ここでいう労働力の「弾力的使用」とは、生産水準に合わせて臨時雇いの労働者を増減させたり、さまざまなサービスに従事させることで多様な職能を形成させたり、そうした状況に柔軟に対応できた者に賃金を傾斜配分したりすることをさす（Atkinson 1984）。これらがいずれも、雇用を中心的な労働者と周辺的な労働者に分断し、リストラクチュアリングを容易にする方向に作用することは指摘しておかねばならないだろう。

あわせて、観光産業の従事者には、観光客が充実した非日常経験を得られるように、サービスをとおしたホスピタリティの提供が期待されており、際限のない企業努力にともなう「感情労働」が求められている。最高のサービスのために、感情規則にそって感情をコントロールする「感情の商品化」に対価が支払われる職業領域ともいえるだろう。こうした弾力的労働の拡がりが、グローバル化にともなう多次元でのリストラクチュアリングと軌を一にするものであったことも、国際観光が盛んになった素地と考えられる。

観光サービス労働と地域文化

述べてきたように、観光サービス労働が、労働力の弾力的使用に特徴づけられるリストラクチュアリングの影響を色濃く受けており、結果的に従業者が感情労働の担い手になっていることがこんにち可視化されつつある。観光サービスには接客の現場で生産されて、提供されるなり消費されるものが含まれる。その点では、双方の良質な相互作用こそが、観光客の購入する生産物ということになる。

しかし、これらのことはサービス全般に当てはまる議論であることを考えてみれば、観光サービス労働の固有性とは何なのだろうか。それは提供する「商品」と「感情労働」の質が、他のサービスとは異なるということである。すなわち、個別の観光地において取り扱われるのは商品化された地域文化であり、場所に紐づけられたサービスを必然性のある方法で提供しなければ、観光客のニーズには応えられないのである。そこに求められる感情労働は、単なる「おもてなし」や「癒し」とは別物であり、当然ながら異質なものである。

観光庁の訪日外国人消費動向調査によれば、滞在中に少なくとも一泊は民泊を利用した観光客は七人に一人にも上るなど、インバウンド観光の消費動向は東京や京都に限定されない地方の歴史や生活文化などのローカルな価値志向をみせている。そうした来訪ニーズに応えるべく、地方都市の観光サービス労働に従事するのは、地域住民としての生活経験をもった地元の人びとである。それゆえ、観光産業の従事者はあらかじめ各人各様の地域像や地域文化を序列化する一定の選好をもっているわけだが、好むと好まざるとにかかわらず、特定の文化商品を売り込むことが仕事の中心となる。また、現地のめぐり方や楽しみ方に関して、想定外の観光体験を求める外国人観光客のニーズにも、ホスピタリティをもって応えなければならない。

個人的な選好を相対化して、現地で支配的なシンボルや表象、それらを反映した文化商品にコミットしながら、他方では国内観光客とは異なった外国人観光客の文化観もくみとるといったことが、サービス従事者には求められるのである。

観光サービスの諸相②

先述のように、観光サービスには、わざわざ訪れてみるに値するものとして観光資源を磨き上げて、観光客に提供することも含まれる。インバウンドの外国人観光客であれば、それがさまざまな国外消費（第2モード）につながるからである。

秋田県の鹿角花輪地区で行われている夏祭りに、「鹿角花輪ばやし」がある。これはもとより国の重要無形民俗文化財であったものが、二〇一六年に「山・鉾・屋台行事」の一つとしてユネスコ無形文化遺産に登録されたことによって、大型クルーズ船の寄港が増加したり、海外定期航空路線が増便されたりなどして、インバウンドの外国人観光客がにわかに増えている文化遺産観光の典型例といえるだろう。

花輪ばやしには数ある見せ場の一つとして「駅前行事」がある。これは参加一〇町内からそれぞれ曳き出される屋台がJR鹿角花輪駅の駅前に集結し、各屋台が花輪ばやしを奏で、その演奏力と威勢の良さを競い合う行事であるが、歴史的に早々と街区が形成された主要三町の外には屋台が出ていかなかった時期があり、長らく駅前行事というものはなかった。しかし、年々増える観光客に「屋台文化の粋」の一端でも楽しんでもらいたいという思いと、新興町内の花輪ばやしへの貢献を評価する意味を込めて、巡行経路が変更される形で屋台が駅前広場まで曳き歩かれることになり、昭和中期から駅前行事が始まった。

現在、祭り当日は数多くのシャトルバスが発着するなど、短い時間だけでも花輪ばやしを楽しみたいという観光ニーズに応えている駅前行事には、この場所のローカル・ノレッジが活かされているように思う。それは祭りの歴史的中心性をもつ主要三町と、次第に経済面やマンパワーの面で祭りを担う力をつけてきた新興町内との力の均衡をはかるものであり、八〇〇年以上も継承されてきたとされる伝統のいたずらな改変ではなく、集客を意識した安易な観光化の動きとして否定的に評価すべきものではないだろう。そこには、花輪ばやしが夏の終わりを告げると途端に肌寒くなるこの雪深い町で、厳しい自然／経済環境を生き抜く「共生の作法」としてのローカル・ノレッジがみえてくる。

また、花輪ばやしには御神体にお囃子を奉納する「枡形行事」という神聖かつ真正なハイライトがあり、躍動的な屋台巡行や駅前行事とは趣を異にする、この静謐な神事をゆるがせにしたとき、花輪ばやしは終わってしまうと担い手は口々に語る。反対にいえば、枡形行事さえしっかりしておけば、いかに観光化したようにみえても問題はないということである。このような価値基準が明確に共有されている祭りは貴重である。

観光客に何をどのようにみせ、他方で何を守らねばならないのかを十分に心得たうえで提供される観光サービスは、訪問地に及ぼす「観光公害」を心配することなく、訪日外国人客が安心して享受することができるものである。

「場所に関わるわざ」とローカル・ノレッジ

このようにみてくると、国境を越えた地域から地域への移動経験としての国際観光において、観光サービスの従事者と観光客の双方にとって重要な〈他者志向で関係的な社会技術〉とは、ローカル・ノレッジに根をもつものではないかと筆者は考える。

人類学者のクリフォード・ギアーツは、ローカル・ノレッジについて「法および民族誌は、帆走や庭造りと同じく、また政治や詩作がそうであるように、いずれも場所に関わるわざ crafts of place である。それらは、地方固有の知識 local knowledge の導きによってうまく作動する」(Geertz 1983=2014: 290) と述べている。そして、ローカルな法について考えるさい、重要なのは「規則」「統制」「命令」といった概念ではなく、現地の人びとが〈リアル〉だと考える事柄の「正しさ」と、〈妥当〉だと考える事柄がもつ「適切さ」の結びつきであるという。

あわせて、民族誌を作成する上で人類学者に必要なものとみなされてきた「住民の視点」を獲得するには、べつに特別な感受性もじっさいに住民になることも必要なく、大切なのは彼らの「表現様式」や「象徴体系」を読み取る力であって、「心を交えることよりは、諺を解したり、ほのめかしに気付いたり、冗談が分かったりすることに近い」(同前：一二三) という。それらは「局地的な事実のなかに広く普遍的な原理をみつけ出す」(同前：二九〇) 営みであり、都市を理解することは路地を知ることであると心得たり、「知識は蟻塚に発する」(同前：二九〇) といった諺の含意を心得たりすることだとされる。そのさい動員される力は、「文化の集合的な資源に根ざす力、つまり想像力に富み、構築的かつ解釈的な力」(同前：三六〇) にほかならない。

いわば、観光サービスの従事者は、自らのコミュニティが共有する「表現形式」と「象徴体系」を読み取った上で、それらを反映した財やサービスを提供する。外国人観光客はこれにたいして思いおもいに反応したり、評価したりする。さらにサービスの従事者は、観光客の「表現形式」と「象徴体系」をも同時に読み取って、コミュニティと観光客を橋渡しする〈人類学者〉のような存在なのである。そうした意味でサービス従事者の多くは、地域住民ではあっても地域住民 - 提供者 - 観光客といったいずれの立場にも過剰にコミットせず、ローカルな文化がもつ普遍的な意味合いについて想像し、解釈し、伝達する力が求められる現場にいるのである。そのことはローカル・ノレッジがあればこそ可能になる。

そして、こうした能力は外国人観光客においても役立つ。訪問先のコミュニティの人びとが生きているリアリティを肌身に感じて、その「表現形式」や「象徴体系」を読み取ることは、フォトジェニックな定番スポットをみてまわる記号的消費よりもよほど体験的であり、固有の移動経験をもたらしてくれるだろう。

おわりに――共同体主義を超えて

こんにちのローカル・ノレッジの土台をなす「生活の共同」とは、共同体主義にみられる内閉とは異なるものである。グローバル化とともに国際観光の荒波が押し寄せている地域社会において、これに対峙しながらも、たんに適応したり、飼い慣らされたりしていくのとは異なる形で、自分たちの生活環境を保ち、地域文化を守りはぐくむことである。それは逆説的なことに、地域という固定された領域を前提とした防衛的な態度だけでは叶わない。

そこで不可欠なのは、一方で資本の論理に与しつつ、他方では抗しながら、ローカルなものがもつ普遍的な意味を解釈し、発信していく力と、そのような実践を相互に参照し合う〈実践コミュニティ〉に他ならない。そこには移動していく観光客が乗り入れており、ローカルであることによって普遍性を志向する実践は、観光という営みを貫くグローバルなシチズンシップにおいてこそ正当化されるからである。それらはローカル・ノレッジを（によって）、作りだす（作られる）ものであるといえるだろう。

コラム：なぜ観光サービスが増大したのか

デヴィッド・ハーヴェイ（一九九九）によれば、一九七三年に起きた第一次石油ショックの打撃による景気後退で、賃金が上昇しないにもかかわらず物価が高騰するスタグフレーションにみまわれて資本主義社会は大きく動揺した。消費者に商品を安価で提供し、社員には高い賃金を支払うことで大量消費を喚起するフォーディズム型の生産様式は、生産が停滞したこの時期に行き詰まりをみせた。それが引き金となって、一九七〇年代および八〇年代の社会経済的なリストラクチュアリングが進んだ。これは地域開発の度合いがものをいう不均等の古い構図をぬりかえ、新たな生産と消費の様式、労働市場とマーケットを出現させた。それを可能にする技術、組織面のイノベーションも相俟って、「フレキシブルな蓄積」が顕在化した。それらはサービス部門と雇用を増大させた。

そのさい、多品種・少量生産に特徴づけられるポスト・フォーディズムに呼応したのは、周囲がもっているものを欲しがる欠乏動機ではなく、周囲がもっていないものを欲しがる差異動機であり、その意味では、場所の個性やイメージの差異を売り物にしていく観光開発と通底する部分が大きかったのである。観光サービス関連の労働者もそこに吸収され、フレキシブルに使用できる労働力となっていった。

ドリーン・マッシィ（Massey 1995=2000）は、人びとの労働観や働き方、階級・人種・ジェンダーをめぐる問題を再生産してしまう政治のあり方を「社会的なもの」と定義し、それが「空間的なもの」に反映される過程、つまり国家間や地域間で、より細分化すれば同じ地域内の産業間、社内の工程間で、生産拠点や労働力が割り振られる〈空間的分業〉が進んでいるという。

それによって、複数の中心――周縁関係が幾重にも生み出されており、たとえば〈観光立国〉の〈観光地〉に観光サービスの生産拠点や労働力が集積するなかで、観光サービスが増えていったというわけである。

【引用・参考文献】

Atkinson, J., 1984, 'Manpower strategies for flexible organisations', *Personnel Management*, August: 28-31.
Geertz, C., 1983, *Local Knowledge*, Blackwell Publishing.（梶原景昭・小泉潤二・山下晋司・山下淑美訳『ローカル・ノレッジ――解釈人類学論集』岩波書店、一九九一年）
Harvey, D., 1990, *The Condition of Postmodernity*, Oxford: Blackwell Publishing.（吉原直樹監訳『ポストモダニティの条件』青木書店、一九九九年）
Massey, D., 1995, *Spatial Divisions of Labour: Social Structures and the Geography of Production*, Basingstoke: Macmillan Press.（富樫幸一・松橋公治監訳『空間的分業――イギリス経済社会のリストラクチャリング』古今書院、二〇〇〇年）
Urry, J., 1990, *The Tourist Gaze: Leisure and Travel in Contemporary Societies*, London: Sage Publications.（加太宏邦訳『観光のまなざし』法政大学出版局、一九九五年）
柳瀬明彦、二〇一七「サービス貿易としての国際観光に関する理論研究：展望」『経済科学』六四（四）：一三‐二二。

【用語解説】

感情労働　顧客満足につながる適切な感情を呈示するために、賃金と引き換えに感情の維持や管理が求められる労働のこと。

問題提起⑷　ポスト三・一一から立ち上がるコミュニティ・イシューとは

吉原直樹

三・一一によって移動を余儀なくされた住民が大規模に生み出され、「空間なき市町村」、「バーチャル自治体」、「空間を越えた自治体」などが常態化するなかで、自治体と土地と住民を一体化してとらえるこれまでの自治体像が大きくゆらいでいます。またそれとともに、定住を前提とするコミュニティ概念のリアリティが問われるようになっています。しかし原発事故被災地の被災自治体、たとえば相双地区の十二市町村をみますと、「大文字の復興」（大沢真理）とともに復興施策の中心に据えられているのは、相変わらず定住をベースとする旧行政区コミュニティの再編です。実際、この間、上記被災自治体において避難指示区域指定の見直し・解除がなされ、避難者の早期帰還がすすめられてきましたが、それを誘導し支えたのは、旧行政区コミュニティの再編を中心とするコミュニティ施策です。

しかしそうした定住をベースとするコミュニティ施策、早期帰還政策の上からの推進にもかかわらず、多くの被災自治体では避難者の帰還はごく緩やかなものにとどまっています。むしろ早期に帰還する避難者と帰還しない／帰還をとどまる避難者との分岐がいっそう大きくなり、それとともに避難者の境遇や生活上のニーズが多様化し、復興施策の影響が不均等にあらわれるようになっています。当然のことながら、帰還する避難者に照準を定めるコミュニティ施策のあり方が議論されることになっています。

住民自治の原則に立ち返って分岐する避難者に「住民」の地位を保障するには、避難元自治体にも避難先自治体にも足をおろす避難者を分断するのではなくて包摂するような復興政策（吉原が「小文字の復興」と呼ぶもの）とコミュニティ施策を打ち立てる必要があります。そのためには何よりもまず、「コミュニティ・オン・ザ・ムーブ」に則ったコミュニティ施策の可能性を追求することがもとめられます。ここで想起されるのは、デランティのいう「対話的（コミュニカティヴ）なコミュニティ」です。すなわち特定の「制度的な構造、空間、……象徴的な意味などではなく、対話的なプロセスの中で構築される」コミュニティです（Delanty 2003=2006）。ポスト三・一一の原発事故被災地において、ア・プリオリにではなく、「討議の複数性」にもとづいて想定される「あらたな帰属としてのコミュニティ」が微かに芽吹きはじめています。もちろん、そうしたコミュニティは旧来の行政区コミュニティ（→町内会・自治会）に根ざしている場合もあるし、ネットワーク型コミュニティとして再帰的に立ち上がったものもあります。

だから、そうした「あらたな帰属としてのコミュニティ」も、どのような資源、どのような社会的布置状況に焦点を据えるかによって、また被災地の「内」からみるか「外」からみるかによって、議論の立て方が異なってくることもまた明らかです。ここではそうした議論の多様性とか複数性といったものを否定するものではありません。以下にみられるように、同じ状況がまったく正反対の議論にさらされるということもあり得るわけです。重要なことは、帰還する避難者が少数派にとどまり、当面「作業員の町」として将来展望するしかない原発事故被災地では、定住を前提とするコミュニティよりはむしろ、新たに形成された「住まうこと」や重層的なメディア・ネットワークに目を向ける方がリアリティがあるということです。

【引用・参考文献】

Delanty, G., 2003, *Community*, London: Routledge.（山之内靖・伊藤茂訳『コミュニティ——グローバル化と社会理論の変容』ＮＴＴ出版、二〇〇六年）
伊藤洋典、二〇一三『〈共同体〉をめぐる政治学』ナカニシヤ出版。

震災復興における地域コミュニティの問い直し

望月美希

はじめに――東日本大震災と地域コミュニティ再建

本章では、二〇一一年三月十一日に発生した東日本大震災後の津波被災地の考察から、人々の移動性が高まり、国家が築き上げてきた既存のコミュニティ・モデルが限界にあるなかで、「地域コミュニティ」とはどのようなものであるのかの問い直しを試みる。なお、本章では、東日本大震災からの復興に着目するが、ここでの問題は「東北」や「被災地」だけが抱える問題ではなく、紛争やグローバルな経済変動による移民・難民問題や、自治体や既存の地域コミュニティの生活圏の再編が求められる人口減少社会など、さまざまな形で現れている移動社会に関わる問題であるだろう。

東日本大震災から八年が経過した現在、復興庁が被災者支援の課題として挙げているのが、被災者の孤立防止とコミュニティ再建である。津波被災地では、住宅被害を受けた多くの被災者が、移転により新たな住まいへと移っている。こうした地域社会の変動期には、さまざまな生活問題の噴出が予想されるが、発災から年月が経過する中で外部支援者の撤退が相次いでおり、「誰が、どのようにして、被災者の生（life）を支えていくのか」という問いが喫緊の課題として迫っている。

これまでの復興政策では、地域コミュニティを支え合いの基盤とする構想を描き、その具体的なモデルとして、一定の地理的空間への帰属を前提とする**町内会**や**自治会**が置かれてきた。例えば、応急仮設住宅、災害公営住宅や集団移転地では、行政による町内会立ち上げ支援として、復興支援員の配置がなされてきた。復興下で地域コミュニティ形成が促されるのは、住民の高齢化に伴う介護や福祉、見守り等への対応が懸念されるためである。例えば、高齢者になり移動の不自由が生じれば生じる程、ある一定の範囲で生活が完結され、そこで発生する生活上の問題に対しては、ローカルな範囲での対処が求められる。我々が身体を持って空間に住まう限り、身の回りのローカルな生活圏の問題は必ず発生するだろう。

これまで地域コミュニティの結成は一定の効果を収めてきたが、被災から二〇年以上が経過した阪神淡路大震災の災害公営住宅を見てみると、役員の高齢化による自治会の解散や見守り活動の中止など、住民同士の支え合いに陰りが見られている。これらは、ある一定の地理的空間に「住まう」人々が、一斉に高齢化を迎えたことによる地域社会の脆弱性によるものである。東日本大震災の被災地に関しては、震災前から地域社会の高齢化も著しく進んでいることから、既にこうした問題が懸念されている。以下では震災復興の具体的な問題に接近するが、まず、東日本大震災の住宅復興の特徴である「複線型の住宅復興」について説明したい。

複線型の住宅復興

東日本大震災後の住宅復興の特徴として、阪神淡路大震災と大きく異なるのが「複線型の住宅復興」という点である。従来の住宅復興は、「避難所→応急仮設住宅→災害公営住宅」という単線的なモデルが想定され、それらの段階に応じた住まいの供給が公的援助の役割として考えられてきた。しかし、こうしたモデルと、実際の被災者の避難状況は必ずしも一致するものではない。住宅政策の研究者である平山洋介は、東日本大震災後の被災者の状況について、「正式の避難所以外の場所に寝泊まりする人たちがいた。行政の仮設住宅だけではなく、民間の賃貸住宅、親戚の家などを応急の場とする被災者がいた。公営住宅に入居できない低所得の被災者は、恒久住宅の確保に苦労した。被災者の動き方は、実際には、分岐し、多様さをみせた。必要なのは、生活再建の軌道の多彩さに沿い、住宅確保の複数のパターンを用意する施策であった」(平山二〇一五：九)と指摘する。つまり、行政が想定するパターンに当てはまらない避難行動も多く見られ、多様な避難生活が存在している。

さらに、こうした選択可能性を支える制度面に関して、東日本大震災ではこれまでの大規模災害とは異なる動きがある。それが「見なし仮設住宅」の広がりである。見なし仮設住宅とは、民間賃貸住宅を都道府県が借り上げ、被災者に供給するものである。既存住宅を活用するため、入居者から居住中の不満が挙がりやすいプレハブ仮設住宅とは異なり、住宅としての品質がおおむね保障されている。例として、宮城県の状況を見ると民間賃貸借上住宅入居者数は六万四五〇人と、プレハブ仮設住宅入居者数の五万一、六九六人を上回っており(宮城県発表、重複契約を抜く集計値の初発表時である二〇一二年八月時点)、見なし仮設住宅の普及率の高さが窺える。

このように、被災者の「住まい」の選択の自由が保障されるようになったが、一方でコミュニティ形成はより複雑なものとなった。震災復興におけるコミュニティ形成が問われる背景には、災害公営住宅という新たに形成された居住地における社会的孤立の防止があり、各自治体では社会福祉協議会と連携した復興支援員や生活支援員（LSA）の配置、住民の交流機会の創出等、さまざまな行政支援がなされてきた。しかし、災害公営住宅の「外」で避難・復興生活を送る被災者の現状や課題は、十分に把握されてこなかった。居住地の選択の自由が広がり、集団移転地・災害公営住宅以外への個別移転や、元の居住地へ戻った被災者も少なくないが、彼らは、「見えない被災者」として公的支援の手が行き届きにくい状況に置かれている。こうした分散した避難生活の状況から、各々の地域において近隣の住民同士が支え合う地域コミュニティの構築が重要であるとされている。

既存のコミュニティ像の限界――現代社会と高齢化・個人化

これまで行政が想定してきた地域コミュニティの形成とは、ある一定の地理的空間に「住まうこと」をメンバーシップとする関係性の構築であった。しかし、高齢化・個人化・移動が進む現代社会においては、東日本大震災以前から既存の地域コミュニティ像そのものが揺らいでいる。

具体的な指摘の一つに、福島第一原発事故後の避難者の行動に着目した際の「あるけどなかったコミュニティ」（吉原 二〇一六）がある。原発事故後の地域社会について調査を行った吉原直樹は、原発事故後の住民の避難行動を見ていくと、町内会ごとの避難が計画され避難訓練も実施されていたにも関わらず、事故時にそれらが十分機能せず、個別に避難していた状況があると指摘する。吉原は、これまで日本社会においてコミュニティを考える際の基軸であった自治会や町内会が、存在するものの機能不全に陥りつつある状況を懸念している。

また自治会組織に対する住民の複雑な想いを表すものとして、住民が考える自治会組織の必要性と実際の参加意欲の乖離もある。一つ例を挙げると、岩手県釜石市の災害公営住宅で行われた調査では、自治会の必要性についての問いについて「必要である」と答えた住民が全体の五八・三％である一方で、参加意欲について見てみると、「会員になりたくない」と答える者が四二・一％であるという結果が明らかとなっている[1]。こうした状況は入居者の多くが高齢者であり、実質的な活動負担への懸念があることも関係するだろう。このように、復興施策が構想する自治会を主軸とした地域コミュニティは、結成状況からすると順調であると言えるが、実態としてはさまざまな問題が懸念されている。

また、地域コミュニティの崩壊の背景には、被災地に限らず現代社会で進行する生活の「個人化」もある。生活の個人化とは、人々を結び付ける諸組織が所与のものではなく、個人による選択の対象となったことを意味する。生活の個人化は、高度経済成長期の農村から都市部への人口移動と都市生活の発展と共に進行し、生活課題の解決が住民同士の共同ではなく、行政機関や商業機関という専門処理機関に託されるようになった。こうした個人化には、封建制からの解放や「個」の権利獲得というポジティブな側面もあるが、「生活の共同」への動機や関心が薄れ、個々が抱える問題について「自己責任」という見方が強まるという側面もある。地域コミュニティの活動停滞にも、近代以降に確立されたこうしたライフスタイルや意識が影響している。

以上のように、復興政策のコミュニティ・モデルと被災者の生活実態には大きな隙間が存在する。社会全体が高齢化する右肩下がりの時代において、ある一定の地理的空間に「住まうこと」をメンバーシップとする町内会型組織に期待することは、さらに難しくなるだろう。今後は、地域の実情を捉え直した上で、地域コミュニティのあり方を考えなくてはならない。

現代的コミュニティ論の展開

では、震災復興下の地域コミュニティとは、どのようなものとして成立しうるのだろうか。この問いへの答えは事例から考察するとして、まずは現代的コミュニティ論の展開から整理したい。

社会学におけるコミュニティとは、「共同性」と「地域性」の二つの性質を内包する概念として捉えられてきた。「コミュニティ」という言葉そのものは、日常用語としてもしばしば使用されているが、おおむね社会学的な概念としてのそれと重なる部分は大きい。しかし、ここでの「共同性」「地域性」がそれぞれ何を意味するのか、そして両者がどのように関連しているのかは、時代ごとに変化し、その内容には多種多様なものが含まれる。現代社会において、この点はより複雑である。それは、交通手段の発達や情報化社会によって、地理的な場所や空間への帰属を前提としない人々の関係性が結ばれるようになったためである。

具体的な例を挙げると、一つは、人間の身体が高度な移動性（mobility）を持つようになったことでもたらされる関係性である。モビリティーズ・スタディーズの第一人者であるジョン・アーリは、現代の我々の生活が、“on the move”（「移動中」「常に動く」）のなかで営まれている点を指摘する。高度にテクノロジーが発達した現代では、通勤、旅行といった短期的移動から移民のような半永久的移動まで、さまざまな目的や類の移動が頻発し、我々の社会生活に組み込まれている。これに伴い、我々の生活は、もはや一定の地域（territorial area）に完結するものではなく、より広域な空間のなかで成立する。被災地を例にとると、東日本大震災後の東北地方に全国ないし全世界から集まった支援者の存在がそれを物語っている。震災後、現地に駆け付け寝泊りしながら活動するボランティアのみならず、毎週末、関東や関西から通うボランティアの姿も珍しくなかった。これは、東日本大震災後に発生した自然災害（二〇一六年の熊本地震、二〇一八年の西日本豪雨等）でも同様であり、バス・新幹線・飛行機などあらゆる手段を使って現地へ赴く支援者の姿が見られた。自然災害という ある地域に局所的に発生する問題に対し、被災地外から頻繁に支援者が訪れることは、特異なことではなくなっている。

このように見ていくと、現代社会における「共同性」とは、静的ないし固定的な地理的空間を基に形成されるだけではなく、絶えず人と人の関係性から生まれるものである。ただし、興味深い点として、アーリは、人々の関係性について検討する際に、実際の場で「人に会う」という点を重視する（Urry 2007=2015: 339）。移動性の高まりにより、我々は従来の社会よりも多くのネットワークを持ち、より多くの他者を「知っている」（Urry 2007=2015: 321）という状況にある。ただし、ここで形成される「知り合い」というネットワークをより強固にするためには、「物理的に共在して会うことそのもの」（Urry 2007=2015: 338）が重要であるという。アーリは、テクノロジーが発展し、ヴァーチャルのものも含めたコミュニケーションのあり方が多様になったとしても、人々が共同性を形成する上では、物理的に共在する場が重要であるという。

以上のことからすると、コミュニティ概念に含意されてきた「地域性」は、従来前提とされてきた一定の地理的空間への帰属、という意味に留まらないものとなった。では、こうした状況のなかで、人々の「地域」の捉えなおしは、どのようなイッシューを巡って起きうるのだろうか。以下では、被災地の事例を通じて考えていきたい。

「移動」が地域にもたらすもの——宮城県亘理郡亘理町の事例から

ここから紹介するのは、筆者が二〇一三年五月から二〇一八年九月の間、現地を複数回にわたって訪れ、住民活動に参加し、住民や支援者へのインタビューから得られた災害公営住宅の「外」の地域コミュニティの状況である。事例である宮城県亘理郡亘理町は、一九五五年に四つの村（亘理町、逢隈村、吉田村、荒浜村）が合併した仙南地区の自治体である（図1）。亘理町の主要産業は農業と漁業であり、宮城県内でも温暖な気候を有していることから、いちご栽培が盛んに行われている。東日本大震災では、町の約四八％が浸水被害を受け、多くの住民が避難生活と流出した自宅の再建を余儀なくされた。沿岸部に位置する吉田東部地区・荒浜地区では津波被害が大きく、これらの地域で営まれてきた第一次産業への被害も甚大なものであった。ただし、二〇一四年秋ごろから復興公営住宅や集団移転地へ多くの住民が移転、二〇一七年三月には町内の全仮設住宅が閉鎖しており、東北の被災地のなかでは住宅復興が比較的早く進んだ自治体である。

以下で参照する吉田東部地区（図2）も、住宅被害により移転を迫られた住民が多く、一部では行政区の再編もなされた。そのため、地区内でも行政区によって人口増減に大きな差があり、内陸部では人口増の地域が見られるが、海岸線に近い行政区程、急激な人口減少に見舞われている。その要因には、災害危険区域

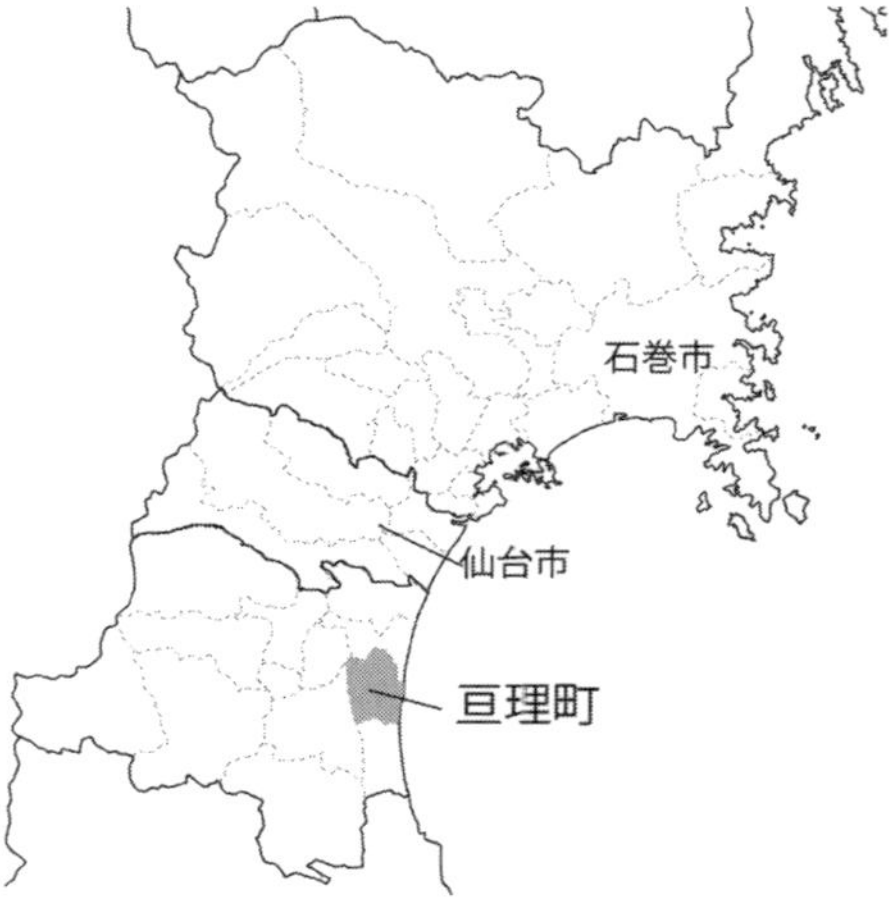

図１　亘理町の位置（筆者作成）

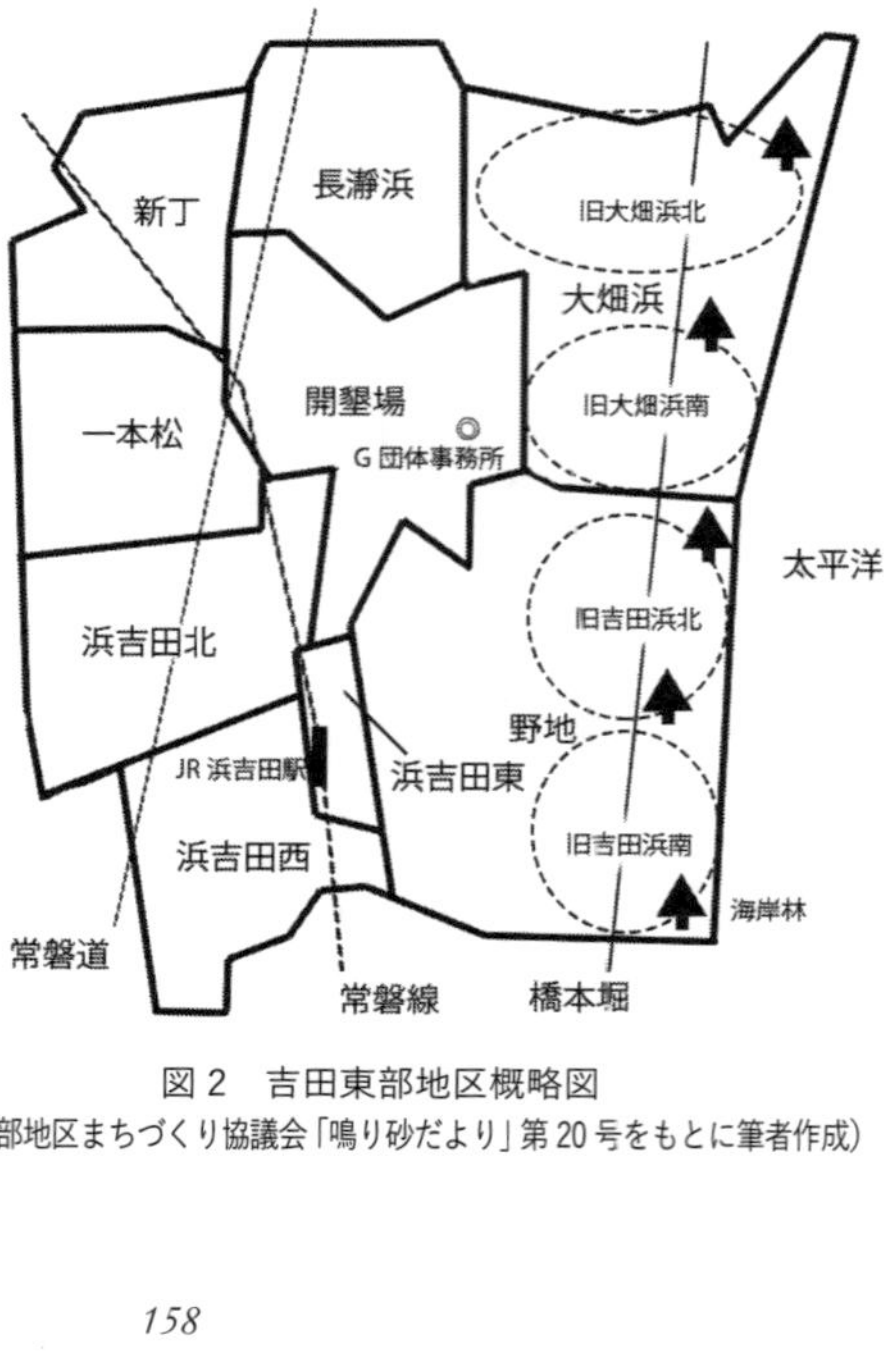

図２　吉田東部地区概略図
（吉田東部地区まちづくり協議会「鳴り砂だより」第 20 号をもとに筆者作成）

設定だけでなく、震災後の住民感情も関係している。沿岸部住民の中には、自宅が震災被害を受けたものの、危険区域の設定を免れ、元の住宅へ戻ることが可能であるケースも少なくなかった。しかし、「津波を自分の目で見てしまったら、もうあの場所には住めない」と、沿岸部地域へ戻ることの心理的抵抗も生じており、世帯減少の一因となっている。こうした急激な人口移動は、既存の地域コミュニティにどのような影響を与えたのだろうか。

震災前後の地域コミュニティの変化

まず、震災前後の地域コミュニティの様子を知るために、吉田東部地区の住民組織について、集落成立の歴史的背景と共に見ていきたい。

震災前の吉田東部地区には十二の行政区（＝集落[2]）が存在したが、歴史的には今回の震災で大規模な被害を受けた海岸部の四つの集落（大畑浜（北・南）、吉田浜（北・南））が始まりであったとされている。そのうちの一つである大畑浜（北）集落は、一五三二（天文元）年に小野但馬という武者が住み着き、集落が成立したとされている。当初の生業は、原始的な手法による塩採りや漁業であったが、一九一〇（明治四三）年、塩田整理の法により廃止され、以後農業が主要な生計手段となった。もう一方の吉田浜集落は、江戸初期に成立し漁業を生業としていたが、漁法の近代化がはじまった大正初期を境に農業への転換をはじめ、海に背を向ける集落となった。その後、明治期に入り、官有原野や低湿地の荒地などの人が住んでいなかった地域の農地開拓が進むと、内陸部にあたる吉田西部地区の次男・三男が移住し、野地、開墾場といった農業集落が形成された。しかし開拓は順調ではなく、農業技術が改良される昭和期まで住民の流出入が激しかった。一九三〇（昭和五）年に大畑浜南集落の小野長太郎氏がいちご栽培技術を持ち込むと、戦後生産が拡大し、吉田東部地区はいちご産地として名をはせた。さらに高度経済成長期以降は、仙台都市圏として浜吉田駅周辺のベッドタウン化が進行し、サラリーマン世帯との混住化も進んだ。

こうした歴史的変遷を持つ沿岸部集落には、全戸が加入する部落会、農家が共同作業を行うための実行組合や契約会、子ども会や老人会があり、それぞれの分野で自治活動を担ってきた。特に住民生活の共同の基盤となってきたのは、全戸加入の部落会である。開墾場集落を例にすると、部落会の活動内容は、安全なくらしを守る活動（交通安全・防災）、環境整備に関わる活動（草刈り作業・ゴミ出し当番）、祭礼に関わる活動（不動明王像の管理、元旦祈祷）であり、都市部でいう町内会組織に近いものと考えてよいだろう。

部落会は、震災時には安否確認、行政からの情報伝達、炊き出し、清掃など避難所運営の役割を担った。しかし、仮設住宅の入居が始まり避難所を出る段階になると、部落会の活動は幅を狭めていく。災害危険区域外となったものの全壊・半壊の被害を受けた住民が多い開墾場集落では、集落外への転居者も多かったが、「世帯の事情があるから深入りできない」（開墾場部落会会長Aさん、七〇代男性）と、移転や復興に関する相談機会を設けることはなかった。現在では、転居した住民との意思疎通はほとんどない状態であるという。

こうした状況から、集落に帰還した住民で自治活動を再開したが、移転者の宅地や農地周辺の草刈りも担う負担が増えた。加えて住民を悩ますのは、耕作放棄地や空き地、荒地の増加である。そのため、「地域に賑わいを取り戻すことを部落会のみで担っていくことは難しい」（Aさん）状況にあった。

さらに、災害危険区域に設定された沿岸部四集落では、部落会の活動として担ってきた海岸防潮林管理の問題も抱えている。海岸林は、江戸時代に造成され、明治以降は、国・宮城県・市町村が所有者であるが、日常的な管理は、行政が管理費を支払う形で部落会に委託されていた。震災後は、沿岸部四集落の部落会の統廃合、住民の移転などの理由から、継続困難な状況に置かれているという。大畑浜南集落のある住民は、「松、今後はどうするんですかと役場のほうに確認したら、考えてませんと。これまでは部落で安い賃金だけどしょうがないか、というわけでやったんだけども。でもそれだけの人数が（集落には）いない。業者に頼んだらとんでもねえ金額になる」と、不安を抱えたままである。

地域の問題解決に向けて――もう一つの共同関係の形成

震災後の地域コミュニティには、被災者の見守りや日常的なケアといった行政が想定してきたもの以外の問題も山積している。とりわけ農村として成立してきた沿岸部集落では、地域内の草刈り、耕作放棄地や防潮林の管理等、震災前まで積み上げられてきた生活の共同をどのように維持していくのかという点がある。既に述べたように、圏域（area）の急激な人口減少から、そこに「住まう」住民のみで問題を解決することには、限界が生じている。こうした状況への対処を試みたのが、開墾場集落に拠点を置き、内陸部の住民を巻き込みながら復興問題に取り組むNPO法人のG団体である。しかし、異なる圏域に住まう者同士による共同性とは、どのような関心から成立しているのだろうか。

G団体は震災後に設立された団体であるが、きっかけとなったのは、震災直後からボランティアとして支援活動に携わったBさん（二〇代男性）である。Bさんは震災直後、当時仕事をしていた西日本からボランティアとして亘理町へやってきたが、避難所の活動が収束した後も、Bさんの問題意識に「（住民は）自らの生活を再建することに手いっぱい」で「（復興は）絶対町民だけじゃ無理」という点があった。しかし、亘理町の住民ではないBさんは、復興のために何か手伝いたいという思いをもちながらも、「外の人がやっていいのか」という葛藤があり、住民が復興を担う主体となる支援をしたいと考えていた。そうした状況において、Bさんは沿岸部の被災者と対話する中で、これまで沿岸部住民が維持管理に携わってきた海岸防潮林の再生に着目するようになる。

転機となるのは、二〇一二年夏から二〇一三年冬にかけて開催された沿岸部まちづくりに関するワークショップであった。ワークショップでは、企画者であり外部支援者であるBさんらと住民で意見がぶつかり合う場面もあったが、沿岸部の将来像を描くマスタープランを作成し、行政に提出した。それと同時に、参加した住民の関心から、子どもたちの地域学習、遊休農地活用、住民交流イベントなど、防潮林再生に留まらない活動が提案され、これらも地域の復興にむけた重要な活動として行われるようになった。その後、ワークショップ参加者であった開墾場集落住民のAさんとCさん（六〇代男性）が共同代表になり、このころからBさんら外部支援者は、活動の中心から周縁へ移り、亘理町内のメンバーが運営を担うようになる。

二度目の転機は二〇一六年四月、コミュニティづくりを目的に運営されていた共同菜園の参加者を、G団体の植樹や農作業のボランティアとして受け入れたときであった。受け入れの背景には、共同菜園の活動を運営していた支援者が撤退に伴い、町内で活動する団体への引き継ぎを求めていたことがある。共同代表の一人であるCさんがこれに応じ、受け入れを決めたのは、G団体の担い手不足からボランティアのなり手を求めていたためであった。しかし、活動を始めてみると「週一日、半日働くばあちゃんたちに、きちっとした生産のできる農業はたぶん無理だろうと。でも、彼女らによって賑わいが、コミュニティっていうのかな、それができたっていうのはすごく大きい」と、当初の思惑を超えた別の意味を見出すようになる。Cさんは、「防潮林の再生は一つの手段で、何が目的なのかっていうと、やっぱり人が来る集落、そういうのを作っていかないと」とも語っている。このようにG団体は、「防潮林再生」という当初の単一的なミッションに留まることなく、多様なメンバーによる、まちづくり活動へと展開している。

なぜ地域活動を支えようとするのか

G団体の活動には、沿岸部住民だけでなく、これまで沿岸部地域に関わりの薄かった内陸部住民もボランティアとして関わっている。なぜ彼らはG団体に参加するようになったのだろうか、何人かのインタビューを見ていきたい。

部落会会長とG団体代表を併任するAさんは、防潮林への「個人的な関心」が参加理由であったと語る。震災前は、開墾場部落会として防潮林管理に携わることはなかったが、かつて防潮林でキノコや山菜採りをした経験があり、思い出深い場所であったという。ある日、Bさんが主催するワークショップのポスターを見つけ、防潮林再生に関する近隣集落区長の苦労を案じ参加した。これまでも近隣集落の区長とは区長会で顔を合わせていたが、ワークショップでは防潮林の話を詳しく聴き、学ぶことが多かったと語る。活動が進むにつれ、住民のなかには、「G団体はよそ者ではないか」という声もあったが、Aさんは、「俺はその人のとこ行って、『こういうわけで木植えないと駄目なんだ』と訴えている」と、部落会会長を担っているからこそ、住民とG団体のあいだを「つなぐ」役割があるという。

一方、内陸部から通うメンバーは、「沿岸部の住民を支えたい」という想いが参加のきっかけになっている。例えば、逢隈地区からボランティアとして参加するDさん（六〇代女性）は、震災前まで吉田東部地区との関わりはなかったと語る。震災後、Dさんの自宅被害は軽度であったため、避難所での支援活動に参加していた。しかし、避難所の様子はわかっても、沿岸部の復興状況や問題はわからず、「沿岸部と内陸部に温度差があったんだよね。『同じところにいて、いいのかなこれで』っていう思いが正直あった」と感じていた。そうした時に、「ちょっとした知り合い」であったG団体のメンバーの一人からイベントやワークショップの話を聞き、手伝いをするようになる。Dさんは、沿岸部について「私らも何回か芋煮会もお花見も来てるし良かったんだよね。そういうのがまた元に戻るのいいなあって。だから続けていかないとだめ」という想いを持っている。

同じく内陸部住民のEさん（六〇代男性）は、勤務先であった小学校で被災し、児童の避難生活を支えてきたが、退職後も「地域のために何かしたい」と考えていた。様々な団体の活動を手伝う中、担い手不足に頭を悩ませていたCさんと出会い「何か手伝えることがあれば」と申し出たのがきっかけとなった。ただし、「木を植えているだけならここまで熱くなっていないです。ばあちゃんたちが入ってきたのが大きかったですね。時々震災時の話、ばあちゃんたちがするでしょ。話してくれるまでには何カ月かかったわけで。お茶飲んでる間に自然に話が出て、積み重ねをしていかないとできないなっていうのがお互いあって、のめり込んじゃいましたね」と、高齢者ボランティアとの関わりが活動にめり込む要因であったと語る。

このようにG団体では活動する動機が多様であり、スタッフのFさん（三〇代女性）は、そうした状況について「（みんな）それぞれの想いだけでやっている」と述べる。Fさんは日常的な活動やミーティングの場において、「一瞬、ちょっとみんな考えていること全然違うかな」と思う場面もあるという。防潮林、畑、子どもへの活動のどれを重視するのか、それぞれが想いを持っているからこそ関心の違いが現れる場面もあるが、「最終的には『この地域のために』っていうので繋がっている」という。

事例から見えてきたもの――「地域」に「住まう」ことの意味

インタビューから、G団体における共同関係のきっかけには、震災後に出会った個別具体的な「他者」の苦悩への寄り添いがあることが明らかとなった。ただし、被災地一般での支援者の減少から明らかであるように、他者の苦悩への寄り添いはきっかけになったとしても、時限的なものに留まることも多い。しかし、G団体においては「この地域のために」という言葉に現れているように、「被災地ないし被災者支援」ではなく、「地域活動」として継続的な共同関係が築かれ、活動を行っている。

彼らの言う「この地域」が指し示す範囲について、活動内容やワークショップで作成されたマスタープランの領域からすれば、津波被害を受けた沿岸部であることが明らかである。しかし、Cさんは、「この地域」の意味するものについて、「吉田東部だけ栄えてもしょうがない」と述べ、G団体の活動は「亘理町全体」の豊かさを目指して行っているという。それは、自らが活動するなかで、町全体で高齢化や雇用減少が進む現状を目の当たりにし、亘理町全体が活気付かなければ沿岸部も復興しないと感じたためであるという。Cさんは、震災から活動に至る一連の過程で、自らの生活とそれに結び付く「地域」を捉え直そうとしている。

こうした捉え直しのあり方は一様ではないが、内陸部と沿岸部の住民が共同するなかでなされつつある。他の例を挙げると、震災前は沿岸部との関わりが薄かったDさんへの先のインタビューでも、震災という出来事を契機に、被災した沿岸部とDさんが住まう内陸部を「同じところ」と語りなおしている。地理的・空間的な双方の状況には大きな差があるが、異なる圏域に住まう他者と出会い、苦悩に寄り添おうとすることで、自らが住まう「地域」や「隣人」とは何であるのかを問い直している。

このように、震災後の移転や支援活動を通じて、生活課題や悩みを抱える他者と出会うことにより、従来とは別様の、個々の生（life）が共存する空間としての地域性（locality）が生まれつつある。この点に関連する指摘として、伊藤洋典は、「地域」に「住む」ということについても、以下のような捉えなおしの必要を述べている。

「地域」を住む場所とするということは、単に住民票がそこにあるというだけではないはずである。それは「地域民主主義」の担い手となるということであり、地域社会の創造に対して一定の責任をもつということでもある。（中略）地域とは、その基底において、そうした他者との交渉の網の目によって成り立っている。とすれば、日々の行動、交渉は「まち」に対する関わる方の表現でもあり、地域創造（の一歩）でもあるということになる。つまり「住む」とは、さまざまな関係の中に身を置きながら、かつさまざまな関係を構成していく行為であるということにある。（伊藤二〇〇四：六九）

伊藤が指摘するように、「地域」に「住まう」ことの意味とは、住民票――あるいは空間的にそこに「居る」こと――とは、異なるものとして捉えなければならない。既に述べたように、個人化という現象は被災地に限らず地域コミュニティ荒廃の一因であったが、そこから再び人々が関係を結び、生活圏を共に創るとき、そこに関わる者によって主体的に認識される「地域」がある。事例から見えてきた「地域」に「住まう」ことの問い直しとは、自分と自らの目の前の他者がその地域でどのように暮らしていきたいのか、という問いと向き合うことであった。そこでは、自分と目の前の他者が共にある空間としての「地域」が見出され、立ち現れる課題の解決に挑んでいる。

おわりに

本章では、東日本大震災の被災地に着目し、人口移動とその影響による地域コミュニティの展開について示した。震災前の各集落には、ある一定の地理的空間への帰属をメンバーシップとする部落会が生活の共同基盤として存在した。しかし、震災後は、移転による急激な人口減少によって、復興課題への対応が難しい状況にあった。こうした中、従来とは別様の共同性として、内陸部と沿岸部双方の住民による関係性が形成された。ここでは、移転者、帰村者、集落に関わりの薄かった内陸部住民が共同し、防潮林再生や高齢者の生きがいづくり、耕作放棄地の管理といった復興期の共同ニーズへの応答を試みている。内陸部住民に着目すると、被災に際し沿岸部も内陸部も「同じところ」と捉え返すことで、地域再建の活動に携わることの必要性を感じていた。

この事例から明らかになったのは、他者の日常生活を見つめ、そこで抱える悩みや痛みに寄り添おうとする関係性から生まれる地域性（locality）である。G団体において人々が活動する動機は、固定的に設定された行政区への帰属とは異なり、「共に生活する上での課題の解決を共に目指す」という感覚に基づくものであった。そこでは、具体的な問題解決に向かうために共同するなかで、「地域」に「住まう」ことの意味の問い直しがなされている。以上のように本章では、従来型の地域コミュニティがさまざまな限界や課題を抱えるなかで、具体的な問題に対する共同から形成される、一つの地域コミュニティの成立過程を追ってきた。

さらに言えば、生活の共同に関する意思決定や運営に関わるシチズンシップ（市民権）もまた、一定の地理的空間に住まう人々に上から付与されるものではなく、具体的な他者との対話や寄り添いのなかから、生まれうるものであるだろう。生活の自治というテーマを考える際にも、「地域」に「住まう」ことの意味転換が重要な鍵になると考えられる。

【注】

1 「〈災害住宅〉自治会『必要』6割だけど……『加入したくない』4割東北工大、住民アンケート」河北新報オンラインニュース、二〇一七年十二月一七日。調査は、東北工業大学新井信幸氏により市営清水沢東住宅（三棟、計一七〇戸）で行われ、一一〇世帯に配布、約八割の回答率であった。

2 各地域について現在は、「行政区」という名称が一般的であるが、これは明治期以降に開拓された農村集落の単位とほぼ一致する。住民へのインタビューでの言葉と揃えるため、以下では、「集落」として記述する。また、震災後は十二の行政区は、九区に再編されている。

【引用・参考文献】

Delanty, G., 2003, *Community*, London: Routledge.（山之内靖・伊藤茂訳『コミュニティ――グローバル化と社会理論の変

容』NTT出版、二〇〇六年）
平山洋介、二〇一五「阪神・淡路から東北へ――住まいを再生する」『都市住宅学』二〇一五（八八）：九‐一三。
伊藤洋典、二〇〇八「地域主義的思考とコミュニティの理論」『熊本法学』一一五：二七‐五九。
伊豫谷登士翁・齋藤純一・吉原直樹、二〇一三『コミュニティを再考する』平凡社新書。
Urry, J., 2007, *Mobilities*, Cmbridge: Polity.（吉原直樹・伊藤嘉高訳『モビリティーズ――移動の社会学』作品社、二〇一五年）
吉原直樹、二〇一六『絶望と希望――福島・被災者とコミュニティ』作品社。

【用語解説】

自治会・町内会　ある地理的範囲に「住む」ことを参加要件とする組織であり、日本国内においては、自治会・町内会・部落会・区会などの名称が使用される。その性格について、「住縁アソシエーション」（岩崎二〇一三）と指摘されることもある（詳しくは岩崎信彦他編著、二〇一三『町内会の研究――増補版』御茶の水書房）。

原発事故被災とメディア・スケープの変容

松本行真

かかわりのきっかけ――福島県いわき市にて

二〇一一年三月十一日、筆者は福島県いわき市にある福島工業高等専門学校に勤務しており、そこであの大地震に遭った。自宅は二キロメートル近く海から離れていたが、津波襲来の痕跡もあった。卒業式などの行事が中止になり、学校も休校になった。筆者は東京西部の実家に避難していたが、その春に吉原直樹氏が近所にある大学に転任することになっていたこともあったこと、吉原氏が発災直後から福島県内にある避難所を中心に聞き取りを始めていて、「いわきにいるのなら何かしたほうがいいよ」といわれたこともあり、震災とその被害のインパクト、そして騒然とするいわき市内の状況にショックを受けていたものの、調査に着手することにした。

いわき市内沿岸部で約三〇〇名が津波で犠牲になった。沿岸部から内陸にある小中学校、コミュニティセンターなどに避難していた。さらに事故を起こした東京電力福島第一原子力発電所がある双葉郡からの避難者も多く流入した。市内には数十か所の避難所が設置され、どの避難所に何人避難者がいるか、毎日のようにいわき市のホームページが更新されていた。先の経緯もあり、四月中旬にはいわき市危機管理課から許可を得て、下旬から避難所での調査を開始した。

その当時、吉原氏と議論したのは次のことだった。絆とかコミュニティなどが強いのは、仙台市のような大都市ではなく、どちらかというと周辺部、あまり人の移動の少ない、地域の構成員がそれほど変わらないところではないかと。しかし蓋を開けてみると、そうではなかった。バラバラに避難していて、避難所も全く見ず知らずの人が多いこともあり、色々とトラブルも起きていた。確かに、コミュニティや絆といったものが避難所でも上手く活かされ、避難行動やその後の生活につながっているところもある。しかし、その割合は非常に少ない。多くが「コミュニティは、あったけどない／なかった」（吉原）のである。

もう一つのきっかけ――被災をめぐるメディア報道の違和感

いわき市は三月十一日の津波による被災、そして四月十一日と十二日に内陸部で地震が発生したのだが、やはり原発事故による影響も大きかった。被災した地域には独特の空気や雰囲気というものがある。災害の時というのは有事である。平時ではない。何となくザワザワした印象というのだろうか、落ち着きがないというわけではないのだが、何か違和感がある。特にいわき市は双葉郡から多くの人たちが避難してきたこともあり、市内の各施設では明らかに人や交通量も増えた。そして原発事故収束に向けた暫定的な処置が落ち着く四月下旬、五月上旬くらいまでか、落ち着きがなかったような感じであった。取材関係者が市内にたくさん来て、様々な報道がマス・メディアにより発せられた。住んでいる人間からすると、それらの内容には違和感しかなかった。少なくとも筆者（とその周辺）はそう感じていた。例えばいわきの駅前で、不審者など

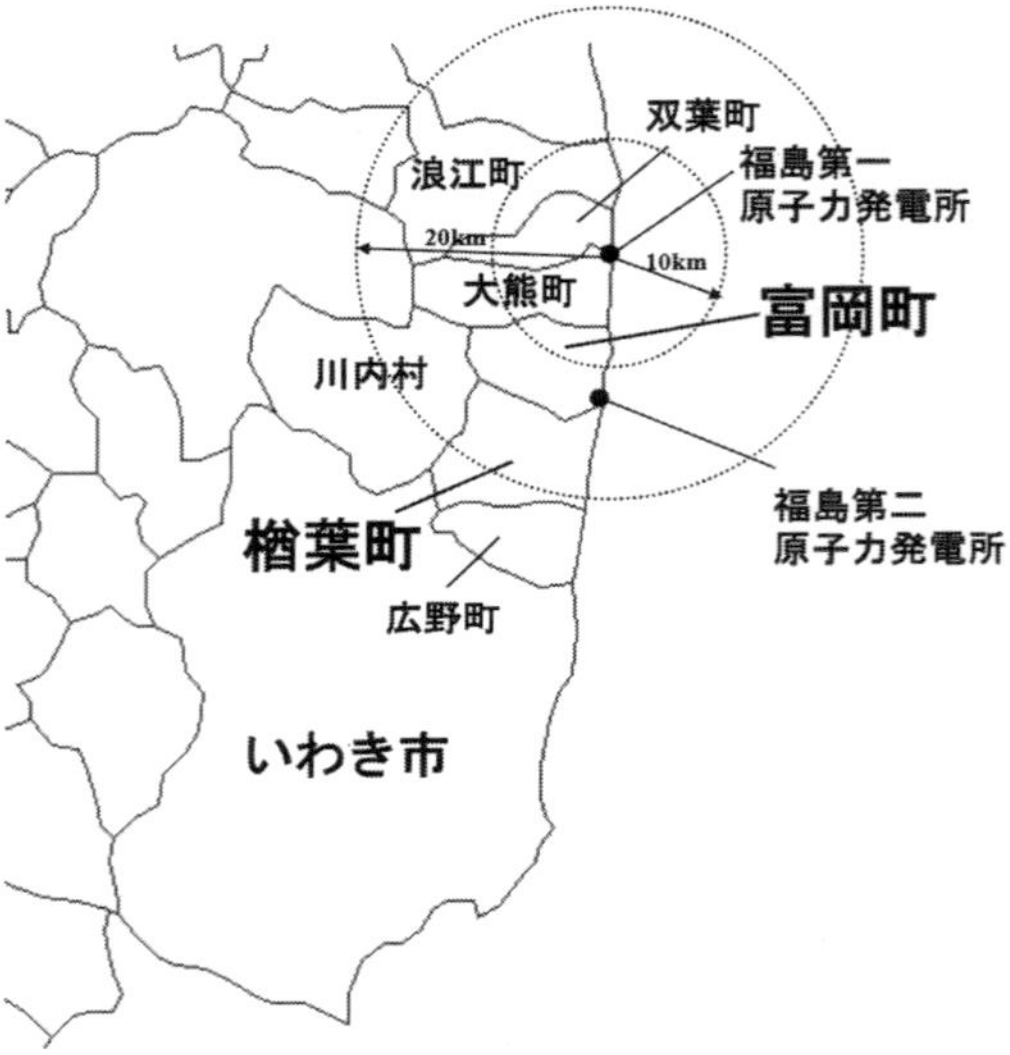

図１　福島県浜通り地方

による犯罪が増えたといわれたりしていた。当時、筆者は学生の身の回りのことを色々と指導する学生委員会に属しており、そうしたことから警察などからの情報などが随時入る仕組みになっていた。しかし、誰かが襲われたとかというような情報は(自分が知る限りにおいて)全くなかった。それもうがった見方をすれば、その当時は「情報統制」がしかれていたというかもしれないが、今の時代はできないのではないか。それがばれてしまったら後の処理が大変だからである。

　自身の経験でやはり大きかったのは、原発が周辺に立地する双葉郡出身の学生が冷静であったことである。楢葉町や大熊町から通うゼミ生も松本研に在籍していたが、五月に授業が再開した頃に彼らが言うには「別に問題はないですよ」と。当時はメディアなどでは色々と議論(外部被曝、内部被曝など)されていたが、「自分たちは放射能に関して小学校から教育を受けていたので、客観的にみて不安になるほどではない」。発災直後から何度も質問されたのだろう。「そんなことも知らないのか」といった表情で話していたのが印象に残っている。

また、主に東京発のマス・メディアが、いわき市内で原発事故による避難者と受入側（いわき市住民）のとの間で対立があると伝えていたり、研究者の中でも先の対立や脱原発も含めた論調を張る人も出るようになった。そういう側面も一部あるかもしれないが、本当に地域全体を動かすような大きな流れになっているのか、そこで暮らすものとして疑問に思ったこともあり、津波被災の沿岸部だけはなく原子力災害の避難者への調査にも着手したのである。


福島と「フクシマ」――情報をアップデートする「メディア」としてのコミュニティ／ネットワーク

二〇一九年四月から職場が宮城県から大阪府へ移ったが、いわき市にある拠点は残しており、二週に一度の割合でそこから浜通り地方各地へ通っている。富岡町で震災前に有名だった夜ノ森地区の桜を見に行ったり、後述する双葉郡未来会議の情報発信拠点である「ふたばいんふぉ」、多くがいわゆる「帰還困難区域」となる大熊町の開庁イベントも訪問した。

防潮堤問題を残しつつも復興が「ある程度」進む津波被災地に比べて、マス・メディアの多くがとりあげる原子力災害の被災地は、帰町者が少なく復興が進まない、無意味な除染、汚染水（処理水）、健康被害という負のイメージが多い。健康被害、とりわけ若年層の甲状腺がんは、国連報告（『UNSCEAR2013報告書』など）をはじめとして、何度も安全性に関する問題は指摘されたものの、伝えられるのは福島県内の「地方版」であり、全国メディアで取りあげられることはほとんどなく、あってもベタ記事扱いである。

こうした例は枚挙にいとまがなく、県内に住む人たちには常識でも、県外では知られていないことが多い。もっといえば、主に東京発のマス・メディアやそこから得る情報はアップデートされていない。二〇一九年でも「福島の子供たちは健康不安を抱えていて大変ではないか」と質問される。筆者はそれを一つ一つ説明するなか、「そんなはずはない」という表情で質問を重ねられることも数多く経験した。善意による「フクシマ像」という風評流布は発災から九年目となる今でも続いている。

これらのギャップを「被災の当事者か否か」に帰着させるのは思考停止を促すだけである。そこで情報を「やりとり」するメディアとしてのコミュニティ／ネットワークに着目したい。メディアへのアクセスが少ない／ないことにより、情報が発災直後の状況からアップデートされないのではないか。例えば楢葉町のある仮設自治会では、避難指示解除を前に帰町するか否かで悩む住民に対し、放射線の勉強会に加え福島第一原発の視察で廃炉の現状を知ってもらうことで、「これだったら帰町しても大丈夫」という人たちが増えたという。まさにコミュニティ／ネットワークにより情報がアップデートされた事例である。

補助線としてのモビリティ——メディア・スケープへのまなざし

ここまでの議論は相対的に「狭域：ローカル」な視点によるものである。ローカルに対置される「広(大)域：グローバル」の視点を導入する必要がある。メディアの発展という視点で考える。情報通信技術の発達で大容量通信が実現した二一世紀以降、YouTubeなどによる草の根的な情報発信手段で、非・被災地の人たちはマス・メディア以外からも被災地の現状を知ることが可能となった。インターネットをはじめとする何らかのかたち（メディア）で「つながって」いれば、「どこでも」みられるという意味で「グローバル」の性質が帯びてくる。ただそこにはヒト・モノ・カネ、特にここでは情報といった「流動性：モビリティ」がこの現象を理解するための補助線として定めたい。

留意すべき点に、こうした「つながり」へのアクセス方法がある。情報の流通量が多くなると、本来得たい情報にアクセスするための「サーチ・コスト」が増加する可能性もある。コストを低減する役割を果たすのが、ヴァーチャルな空間ではポータルサイトであり、リアルなそれでは諸個人により形成されるコミュニティ／ネットワークである。そこで得られる情報の信用度は、空間で形成される「共同の営み」も判断材料の一つとなる。

さて、グローバル化をいくつかの次元で検討したアパデュライの**五つのスケープ**のうち、「メディア・スケープ」を援用しつつ、グローバル／ローカルの両義性をめぐってモビリティという補助線を用い、原子力災害による被災者／支援者らの生活や支援という「共同の営み」を、彼らが共有するリアル／ヴァーチャル領域としてのコミュニティ／ネットワークの次元で論じる。以下では様々なメディア・スケープを確認することになろう。伝統的で（相対的には）一方向的・狭域なメディアとしての区会、仮設住宅自治会、公営団地自治会をとりあげる。次に双方向的なメディアと位置づけた広域自治会、双葉郡未来会議などのネットワークを概観する。福島県内というローカルな領域における共同の営みに関わる変容をみるなかで、二〇一八年九月に発生した北海道胆振東部地震と東日本大震災という両災害の接点を持つ支援ネットワークとのかかわりからモビリティ、コミュニティ／ネットワークといった諸関係の要素を析出する。そして東日本大震災へ立ち返り、議論したメディアの諸類型(↓スケープ：視角)と変容にかんする検討を通じて、これからのメディア・スケープを検討したい。

伝統的なコミュニティ——区会

ここでの「区会」は町内会とほぼ同義とする。区長をはじめとした役員会が構成され、広報配布やごみ収集、季節の行事などを実施する。震災前の楢葉町は約八千人に二〇の区会、約一万六千人の富岡町には二七区会があった。両町民とも被災後はバラバラになった。区会も避難先では総会だけでなく懇親会などを積極的に開催するところもあればそうでないところもあり、後者の区会が多かった(Matsumoto 2018a)。

楢葉町は二〇一五年九月に全域、富岡町は二〇一七年四月に一部区域を除き、それぞれ避難指示は解除された。両町とも役場などの主導で様々なイベントが開催された。しかしながら、帰町率は楢葉で約半分、富岡が一割未満である。区会は何をしているか。楢葉町下繁岡区(震災前一一一世帯三五六名、二〇一九年三月末時点八三世帯一五五名)をみてみよう。(避難指示解除時の)区長はいわき市にある小名浜相子島仮設住宅自治会長、また自身が避難していた埼玉県越谷市で「一歩会」という支援団体を設立・活動をしている人である。避難後の経験から帰町後も交流が大事であると考え、花植えや芋煮会などを積極的に開いてきた。区内に太陽光パネルの製造工場なども建設され、他の施設の工事が進んでいる。人の流動性が低いところに見知らぬ人が急にたくさん入って来ると、元からいる人たちは不安になる。「それなら交流すればいい」と、(当時の)区長が工場長に参加依頼をしたら、区のイベントに四〇名ほどが集った。そこで挨拶をして、一緒に飲み食いをして、お互いを知ろうということである（現在は中断している）。こうした「新しい近隣」とのつながりを構築する一方で、伝統的な行事の復活もある。二〇一九年一月に震災後初の「酉小屋」を開催、三〇名近くが集まった。神社再建も含めて、避難指示解除後に「戻っている」人たちを中心とした――とはいえ、帰町しない／留保している人たちを疎外しない――生活の営みがなされつつある。

富岡町はどうか。小浜区（震災前三六一世帯九六四名、二〇一九年三月時点一五世帯前後）では（震災前に就任した）区長の奮闘が目立つ。避難指示解除が発災から六年、区内への帰町者が少ない。区の活動も総会や六月の花植えくらいであり、多くの区では区長が帰町しておらず、楢葉町と比べ区単位での「共同の営み」は難しい状況である。

災害ユートピア？――仮設住宅自治会

楢葉町で一四カ所（会津美里町一、いわき市一三）、富岡町は一三カ所（大玉村一、郡山市三、三春町六、いわき市三）が設置された。

楢葉町の仮設住宅自治会設立を入居開始、設立、解散の時期でみると、色々なことがわかる。当初は皆、見ず知らずが多く、同じ町民、同じ避難者、そして仮設住宅に入居という共通点しかない。そうすると何かルールを作ったほうがよいとなる。また、市内外からボランティアが訪問し、様々なイベントの持ち込みも多かった。震災対応でさらに人手不足が露呈した役場としては窓口となる人、住民を取りまとめる人が必要となる。それが自治会で、なるべく速やかに自治会を設立したほうが、ごみ出しのルールであるとか、役場

図２　楢葉町内行政区

図３　富岡町内行政区

からの連絡だとか、イベントや懇親交流を行うためにはつくらないといけない。しかしながら二年間、自治会が設立されなかった仮設住宅もあった。避難指示解除後、自治会の対応は大きく二つに分かれた。一つは自治会長が「避難指示解除になったからもう俺は楢葉に帰る」となり、後任不在となり解散、または事実上解散になったところ。もう一つは最後まで自治会が活動を続けたところもある。例えば、上荒川仮設は二四一戸と大規模であり、当初は様々な問題があったが、会長らの尽力でゴミ収集や懇親イベントなどを続けていくなかで、トラブルも徐々に収束していき、自治会役員と住民たちとの信頼関係も形成された。会長自身、二〇一七年には楢葉町内の自宅のリフォームは完了したが、最後まで自治会長として仮設住宅に住み

続けた。二〇一八年二月に開催された懇親会は三〇名近くが参加し、会長は「最後まで（自治会が）できてよかった」と述べている。仮設住宅ごとにかなり状況は異なっていた。

富岡町は一部「帰還困難区域」が残され、楢葉町に比べ帰町率は低い。その意味では当時も今も仮設住宅の重要性は高いといえる。そういう背景もあるかもしれないが、富岡町で入居開始と自治会設立時期にあま

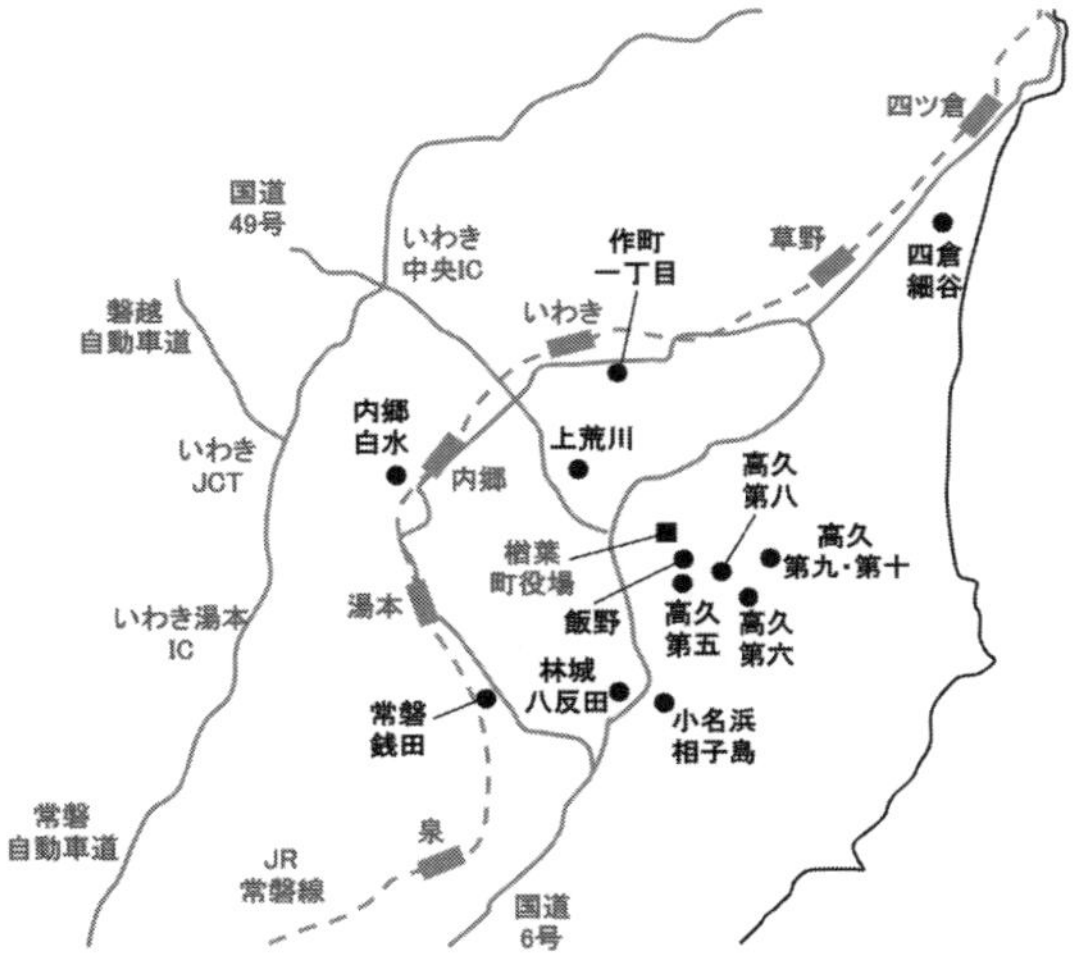

図４　楢葉町の仮設住宅（いわき市内）

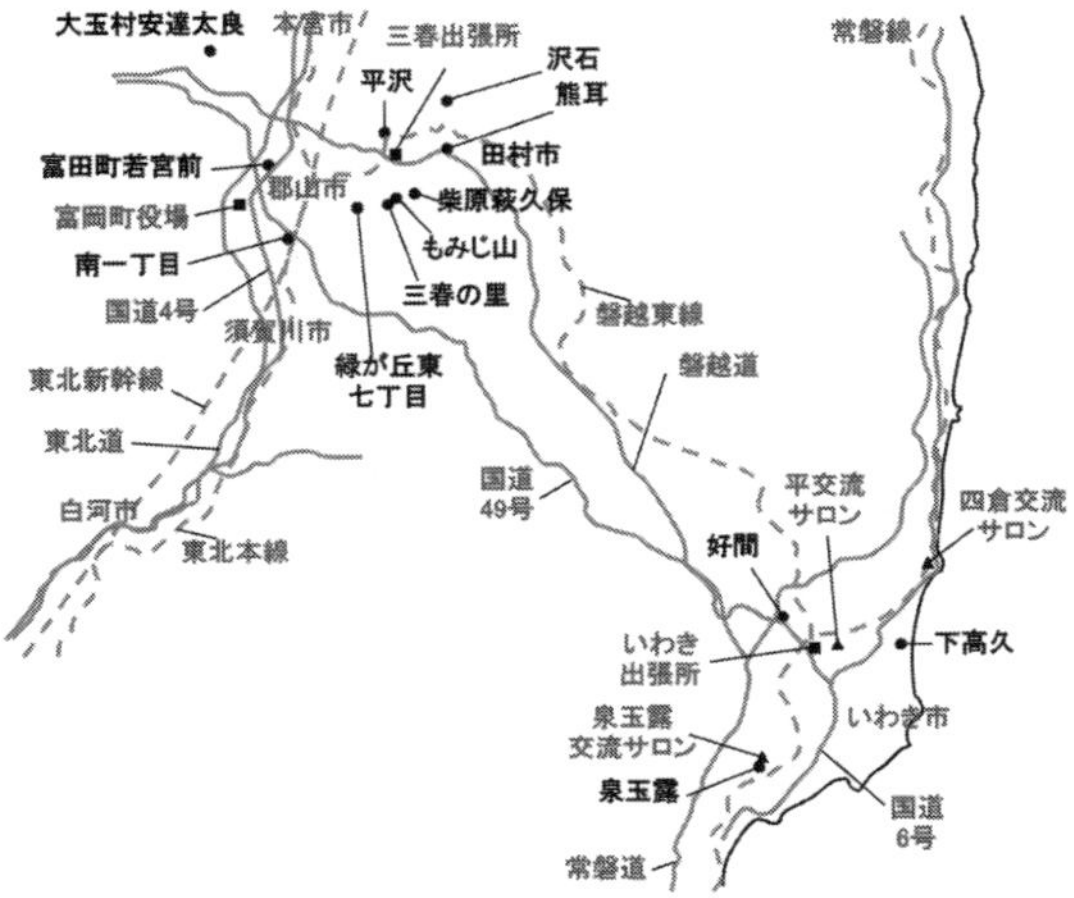

図５　富岡町の仮設住宅

りタイムラグはない。役場の根回しが上手くいったこと、自治会長の多くが元区長だったことも理由として考えられる。楢葉町は住民による自治会設立の要望を受け役場が動くかたちであったが、富岡町は当初から自治会設置を前提に色々と動いていたようであった。富岡町も仮設住宅は残っているものの、避難指示解除後、時期に差はあるものの、仮設住宅自治会は解散したが、泉玉露仮設のように入居・退居住民・外部支援者有志によるサロン活動を続けている（二〇一九年八月八日時点で、二〇二〇年三月末で供与終了（特定延長除く）することになっている）。

震災前の「顔役」が活躍するサードプレイス――広域自治会

「広域」は仮設住宅という、閉じた／狭い空間に集住する人たちで結成された自治会と対置した意味あいで用いる。本章で対象とする富岡町からの避難者で結成された広域自治会は主にいわき市、郡山市、福島市等を拠点とする。いわき市に「さくらの会」（二〇一一年五月設立）と「すみれ会」（二〇一一年九月）、郡山市では「郡山方部居住者会」（二〇一二年五月）、福島市は「福島市及び県北地区在住富岡町民自治会」（二〇一一年十一月）、会津地方では「会津富岡さくら会」（二〇一二年一月）、県外の新潟では「さくら会富岡・ｉｎ柏崎」（二〇一二年三月）などがある。避難者が多い地域であり、発災からほぼ一年以内で結成された。

主な設立のねらいはネットワークづくり、情報不足を補う、孤立防止と、いずれも避難者同士の情報共有や交流である。規模はさくらの会が二〇〇名、すみれ会は一〇〇世帯以上、郡山方部居住者会が一三〇世帯程度である。総会、新年会、宿泊旅行等といった基本的行事のほか、さくらの会はグランドゴルフ・パークゴルフ大会、すみれ会で富岡町内の花植え、郡山方部居住者会は原子力発電所施設見学といった自治会ごとの特徴もある。

会員の多くは震災前の区会、現居住先の町内会等に加入しているが、広域自治会は富岡町民というくくりによる「サードプレイス」（オルデンバーグ）ともいえる。それには大きく二つの役割がある（Matsumoto 2018b）。一つは、広域自治会が震災前に属していた区会とのつながりに依拠することから、区会との関わりでは広域自治会はしがらみのない「別の場所＝サードプレイス」とは「完全には」言い切れない。広域自治会の認知経路は区会経由が半数近くあり、広域自治会長が震災前の顔役的な存在であることもあり、その口コミ効果が大きいことも「相対的」といえる一つの要因である。ただ、避難先の居住地（いわき市や郡山市）で震災前の顔役を中心に富岡町民が新たに再構成される意味では「新しい近隣」ともいえる（弱い意味でのサードプレイス）。もう一つは、各広域自治会員が現居住地で属する町内会等と広域自治会は組織形態も拠点・活動場所の点で異なっていることから、広域自治会は現居住地の視点からは「別の場所＝サードプレイス」となっている（本来の意味でのサードプレイス）。本来の意味でのサードプレイスの性質を持ちつつも、震災前後の区会との関係も有している意味で「相対的」であり、より広い性質を有するという意味でも「第三」なのである。

「災害ユートピア」後のゆくえ――公営団地自治会

仮設住宅は基本的に二年の年限があり、状況に応じて更新する意味でも「仮の」住まいである。原子力災害による避難者を対象にした県公営団地は県内（郡山市、いわき市、三春町など）に建設され、入居が進んでいる。

避難者は発災後から、町に戻るか／戻らないか、ないしは保留するか、などを思案しながら生活していた。避難指示解除後、震災前に住んでいた町に戻ったり、公営団地、いわゆる「恒久」的な住宅に住み始めたら、行政の立場からは「避難生活は終わり」である。「恒久」住宅に入ったら、入居者はようやく「ふだん」の生活に戻ることになるが、「共同の営み」という視点では弊害があらわれつつある。

三春町には富岡町民を対象とした仮設住宅が六カ所建設されて、二〇一六年末から入居開始になった平沢公営団地（九二戸）へ集約された。入居開始前から各仮設住宅から数名ずつ自治会設立に向けた発起人会議が複数回開催され、二〇一七年一月に正式に団地自治会が発足し、初代会長には柴原萩久保仮設の元自治会長が就いた。外部の支援団体との連携により、懇親のための様々なイベントを開催するのだが、会長への聞き取りによれば「仮設住宅にいた時のほうが、色々なことがやりやすかった」。なぜそんなことが起きるのか。「みんな公営団地に入ってホッとしてしまった」。仮設住宅にいた頃は何でも協力しあっていたが、それは仮設住宅で避難生活を送る有事だったからで、公営団地に入ったらふだんの生活に戻れる。そうするとイベントに来ない、諸々の協力をしない、下手をすると回覧板すらうまく回らないようになって、自治会も上手く行かなくなってしまう。

東日本大震災後の「絆」や「コミュニティ」に関する言説を吉原直樹は「コミュニティ・インフレーション」（吉原）として、「コミュニティは大事というが、本当にコミュニティはあったのか」を問うていた。公営団地に入った時には平時に戻るわけだから、人びとの関係も元に戻るのではないか。震災前の富岡町は二七行政区あったが、「絆」という正のイメージを持つコミュニティは（筆者の聞き取り範囲であるが）、せいぜい二〜三割である。公営団地への入居で、元のバラバラ、同じ団地に住んでいるだけの関係に戻る。別の例でも、町内に設置された曲田団地で自治会がなかなかできない。管理組合はできているのだが、それに一歩踏み込んだかたちにならない。有事には避難者同士で協力して活動をしてきたものの、それは「災害ユートピア」のようなものであり、そこから時間が経って落ち着いてきたら、また元に戻ろうとしているのである。

狭域（ローカル）→広域（グローバル）支援ネットワーク――双葉郡未来会議

双葉郡未来会議（以下、「未来会議」）は双葉郡富岡町出身の平山勉氏が発起人となり、二〇一五年七月に設立された任意団体である（加井・松本ら二〇一九）。各地で避難生活を送る双葉郡出身者の対話の場を提供したいという平山氏の想いから設立した。住民同士が双葉郡各町村の情報や問題を共有する場と機会を創造することで民間レベルでの連携促進に寄与することを目的とする（未来会議会則二〇一五）。未来会議の構成員は、Facebookにおける事務局ページの登録者数とほとんど同義としており、二〇一八年一〇月時点で約二二〇名である（未来会議Facebook）。その中でも月に一度開催される「ふたばみらいＭＴＧ」に出席する主な構成員は一〇名である。発足後、「飲ミーティング」を毎月実施し、双葉郡内の現地視察や福島第一原発見学を行っている。さらに、一つの町村に絞り、各町村のキーパーソンによる現状報告を行い、設定されたテーマに関するパネルディスカッションも開催した。双葉郡住民による震災後の行動の検証と発信に向け、双葉郡出身者が聞き手・編集者・発信者となり、震災後の経験や想いの記録・発信を行う企画「一〇〇人インタビュー」

が進行中である。そして、活動の「集大成」の一つとして、二〇一八年十一月五日に情報発信施設「ふたばいんふぉ」を富岡町内に開館した。

阪神淡路大震災後の「NPO元年」後、各種災害への支援がNPOなどにより実施されてきたが、支援の事業化にともなう組織上の問題も露見しつつある。具体的には一つに活動資金確保の問題である。既存のNPOやそれに準ずる団体、そして行政機関のような雇用／被雇用でくくられるような団体ではなく、未来会議は自発的な動機により参加する個人で形成される、新たな支援形態としてのボランタリー・ネットワークと考えられないだろうか。他の支援団体との比較から、未来会議は自発性、開放性、入退出自由度、水平性が高く、具体的な目的設定がないという特徴をもつ。詳述すると、未来会議は代表の意図により、あえて具体的な目的設定をせず、構成員に対し目的達成の義務を与えていない。このことが団体に参加しやすくかつ退出しやすい環境を整え、さらに個人同士の水平的な関係構築を可能にしている。最大の特徴は、目的達成に向かわなくとも活動を進める個々人の自発性によってのみ、団体が成立していることである。比較対象団体は、参加するために「復興支援活動をしている」ことが前提となり、単に関心があるだけでは参加する敷居が高く、垂直的な関係であるため、必ずしも自発的な意思による個人が集まり、ゆるやかで外にも開かれている団体であるとはいえない。

東日本大震災から北海道胆振東部地震へ――一歩会、温もり届け隊、招待する会

筆者は二〇一一年から主に福島県浜通り地方を中心に調査を続けているが、北海道を拠点とした被災者支援を行う（広域支援）ネットワークもその範囲内である。きっかけは楢葉町・小名浜相子島仮設自治会長の新妻氏への（仮設設立間もない）二〇一三年の聞き取りである。新妻氏は発災直後から避難先の埼玉県越谷市で、現地に住む元小学校教員・安齋氏と被災者支援組織「一歩会」を立ち上げたのだが、その安齋氏を二〇一四年秋に紹介されたのが第二のきっかけである。後に実施した聞き取りで「被災地に編み物を送りつづけている支援団体『温もり届け隊』が岩見沢にある」（代表は元高校教員の渡辺氏）といわれてその存在を知り、二〇一五年春に安齋氏から「温もり隊が仙台に行くようだから、（沿岸被災地を）案内して」と言われたことが第三のきっかけである。その後、温もり隊には二〇一五年冬から二〇一六年春まで集中的に聞き取りを行い、二〇一五年九月と二〇一六年五月の一歩会岩見沢訪問にも同行し、前者では渡辺氏の住む町内会で開催された交流会にも参加した。

温もり隊へ編み物を提供していたのが南幌町にある「誓松寺」であるが、その寺は「福島の子どもたちを南幌に招待する会」（招待する会）という、二〇一三年夏から福島市内にある学童の子どもたちを一週間ほど南幌に連れてくるグループに協力していた。筆者が岩見沢に滞在していた二〇一六年八月にキャンプが行われていて、そのときに温もり隊のメンバーと一緒に訪問し、会長大西氏、副会長佐藤氏、事務局渋谷氏を紹介された。その後同年一〇月から聞き取りを始め、二〇一七年度はチャリティーコンサート、キャンプにも部分的に参加し、二〇一八年度は可能な限り（月に一～二回程度）活動に同行するようにしていた（浦河、稚内など）。そして八月末の稚内のイベントに同行した一〇日後、筆者は函館で「胆振東部地震」に遭ったのである。

帰りの交通手段の都合で地震発生の九月六日から九日まで筆者は道内にとどまることになったが、岩見沢、札幌や南幌などのインフォーマントへ電話や直接会ったりして聞いたところ、そのいずれも「北海道は災害にはほとんど無縁だったから、今回はショックだった」という認識であった。それらに通底していたのは「全道ブラックアウト」への対応が個別分散的であり、(筆者が聞き知った範囲では)横のつながり(→ネットワーク)によるものが見られなかったことにある。「つながり」の弱さが災害(直)後の報道にも影響を与え、大きな課題として顕現した道内のマス・メディア関係者との知己を得て、筆者の道内全域にわたるコミュニティ・メディア研究へとつながるのだが、それは後述する。

モビリティ、コミュニティ／ネットワークの「力」——それら基層にあるものは何か

今回の地震についてはパットナムのいうブリッジングの妙をあらためて実感した。「招待する会」の大西・渋谷氏による福島市内の支援活動受入側であった広域自治会事務局の三瓶氏はまさに震災後複数回にわたり聞き取りを実施したインフォーマントであった。「友達の友達は友達」(ミルグラム、ワッツ)である。こうしたブリッジングを実現する一つの要素となるのが「モビリティ」であることはいうまでもないだろう。人・もの・情報における流動性の増加がより、このブリッジングの潜在性を高め、より広範(グローバル)でかつゆるやかな(開かれた)ネットワークが形成されやすくなった。

しかしながら、こうしたネットワークもベースになるものがあることは忘れてはならない。地震対応への本格的な調査はこれからであるが、道内の人たちが被災後の情報収集・物資調達に苦労したことにどのような共通性／差異性があるかを一つの起点と考えている。「温もり届け隊」は各人のそれまでの町内会・赤十字奉仕団・ボランティア等の活動をベースにしたものであり、(相対的に)地縁によるつながりが資源として担保

されてネットワークが形成されたといえる。「招待する会」は札幌在住の大西・渋谷氏と南幌の佐藤氏が中心となって続けてきたが、前者は教育・音楽関係の（相対的に）非地縁型ネットワーク（いわゆるテーマ型ネットワーク）から、後者は佐藤氏が農業・元町議ということもあり地縁型のそれという、会全体では「ハイブリッド型」のネットワークともいえる（対極的ともいえるこの性質による葛藤がここ近年顕在化し、会の運営にも正と負の両面による影響を与えている）。

今後の課題として、これらをあえて類型化してみよう。タイプとしては(1)（相対的に）旧来型ネットワークの「温もり届け隊」、(2)ハイブリッド型のネットワークである「招待する会」、そして(3)地縁にとらわれない新しいネットワーク（「新しい近隣」（吉原）、(4)(1)〜(3)のいずれにも属さない一般の人たち、という大きく四つのタイプに分けられないだろうか。今回の地震・停電への対応に特に苦慮したのは恐らく(4)の人たちであり、割合としては一番大きいと考えられる。これらにどう情報を伝達するのか、マス・メディアの役割はそこにあるのかもしれないし、(4)の人たちが今回も発生してしまった「デマ」に流されてしまったのではないか。付言すれば、(1)〜(3)のネットワークに入るためには平時から活動に関与するなどの「コスト」を支払わねばならない。有事のさいに得られる情報や支援がこうしたコストを回収する機会となるともいえる。

ふたたび東日本大震災へ――メディア再定位へのまなざし

何故に胆振東部地震を取りあげたのか。ポイントとなるのは「デマ」である。東日本大震災では特に原子力発電所の事故という特殊な災害があったため、中長期的には「風評」被害なるものが生まれ、それは今に至るまでも続いている。筆者は所属が県外になった二〇一三年以降も、いわき市に拠点(アパート)を置いて活動を続けているのだが、その土地の「雰囲気や空気」を肌身で感じるためという目的が大きい。当然ながら「〇〇近くの△△に住んでいます」と話すことによる(親近感を抱くという)効果も目的の一つとしてあるのだが、大きいのは地域の全体的な文脈を肌身で感じることで形成されるセンス／直感の獲得である。

冒頭でも論じた「不審者」や「避難者同士の対立」といったトピックもマス・メディアで取りあげられるほどの深刻さはなかった(それを「正常性バイアス」という人もいるかもしれない)し、多くの人たちも同様に感じていたのは聞き取りから得られた結果でもある。昨今では復興作業従事者(除染作業員や工場勤務者など)が受入側町民に与える治安への不安などをあげることも出来る。そうしたことへの対応は先の下繁岡区のようなものはあるのだが、少なくとも県外のマス・メディアで取りあげられることはあまりない。(人を惹きつけるという意味での)ニュース性は「不安」や「対立」の方があるからである。震災があって、特に原発事故という特殊な事故があって、新たに入ってきた人たちとの「いざこざ」や「不安を抱く」とした方がメッセージ性はあるとマス・メディアは考える。当然ながらまったくゼロではないが、目立って多いわけでもない。むしろ、お互い無視しあうよりは共生に向け一緒にやっていこうという動きの方が増えつつある。

もう一つ、「原発事故でこんなひどい思いをした」という人を(以前ほどではないが)マス・メディアは取りあげる。そうした人たちを筆者は機会あるときに「あの人は誰ですか」と聞くことにしている。大抵は「知らない」という答えが返ってくる。(検証は必要であるが)震災前・後において地域内のネットワークやコミュニティから「やや」ないしは「まったく」外れた人、胆振東部地震の項で論じた⑷のようなタイプといえないか。

確かにマス・メディアはその「マス」にあるように、多くの人に視聴・聴取等されねばならないという(資本の論理としての)宿命もあるのだが、あまりにも部分的に切り取りすぎてはないだろうか。そして、これだけICTが発達して様々な人たちが色々な手段による情報発信が可能であるのにもかかわらず、相も変わらずステレオタイプな「フクシマ像」がマス・メディアを中心に流布されるのである。筆者が現地に「住まい」「感じる」ように心がけている大きな理由はそこにある。

災害の伝達と伝承をめぐって――新たなメディア・スケープを求めて

マス・メディアが「わかりやすく」伝えなければならないのはその使命として理解できるが、それは(情報に関するモビリティの増大に従い相対的に)部分的にならざるを得なく、意図せずとも結果としてデマや風評被害を拡大させてしまう。マス・メディアからもたらされる部分的・断片的な情報をどう集約・統合するか。それを実現するプラットフォームとしてのメディア、つまりネットワークやコミュニティにおけるコミュニケーション(やりとり)という媒体を通じた「つながり」を構築／再構築する必要があるのではないか。補助線としてモビリティを設定することで、部分的な情報を集約・統合し「見え方→視覚としての機能」としてのメディア・スケープが立ちあらわれるのではないか。

ある地域では次のような構想(夢想?)の実現に向けて議論をはじめている。鍵となる主体はマス・メディアたる県域局、コミュニティ放送局、地域住民組織の三つである。メディアを二つの側面、具体的には伝播範囲のグローバル／ローカル、コミュニケーション・メディアとしてのネットワーク／コミュニティから捉えて、それらの両義性と相互作用から創発される共同性をどう捉え、どう形成していくのか。その手段としての放送局のあり方、放送局と地域住民組織との連携の可能性を検討している。当然ながら、それらの関係は広域・狭域／開放・閉鎖という両側面を持つことはいうまでもない。ただ、災害の教訓を表層的に伝えるだけではなく、創発性をどう平時から生み出すか。それが有事の災害対応につながるのではないか。こうした関係を築くことが、「フクシマ以後」で問題となっている風評被害の抑止にもつながるのではないだろうか。これらの一つの視角として新たな「メディア・スケープ」の再考なのである（付言すれば、こうしたマス・メディアだけでなく、われわれ研究者の「スケープ」の捉え直しも同時に求められる）。

最後に二つのエピソードを紹介し本論を閉じる。二〇一七年、震災後ではじめて行われた富岡町の夏祭りに、出資者として行政、区会、各種団体に続いて、各企業の一つとして「東京電力ホールディングス」やその関連企業が掲示されていた。電力事業者は震災前から地域の行事への資金提供や、草刈りなどの清掃活動に関与し、震災後も仮設住宅内とその周辺でも同様なことが行われている。電力事業者からすれば、そうした交流で地域に溶け込めるメリットもあり、住民側もそう捉える面もあったから続いたのである。マス・メディアを通じてだけでは、こうした部分はなかなかみえてこない。

もう一つ、富岡町内に戻ったある区長との話である。筆者が「今の富岡町に色々と不便はないですか」と尋ねると、「不便も何も、もともと不便だったんだから、そんなに大したことはない」。ポジティブな返答を受けるなか、「あえて失礼を承知で……」という前置きで「それはもしかしたら、東電が来る前の昭和三〇年代前半に（富岡町が）戻った、リセットされたということか」と質問した。「そうそう、そうなんだ、結局はあの頃に戻っただけなんだ。だから、これからなんだ」と。当然ながら、このような前向きに考える人ばかりではない。原発事故が実際に発生し、立入が制限される区域が町内に依然として残っている。ただ、こうしたことを考えている人もいるのであり、各々の情報の発信者による部分・断片をどう集約・統合するか、そのきっかけが現地に赴くことであり、その集大成として新たな「スケープ」が生まれるのではないか。

【引用・参考文献】

Appadurai, A., 1996, *Modernity at Large: Cultural Dimensions of Globalization*, Minneapolis: University of Minnesota Press.（門田健一訳『さまよえる近代――グローバル化の文化研究』平凡社、二〇〇四年）

加井佑佳・松本行真・Ngheim Phu Binh、二〇一九「原発事故被災地の復興に向けたボランタリー・ネットワークの取組と課題――双葉郡未来会議を事例に」『日本都市学会年報』五二、近刊。

Matsumoto, M., 2018a, “Formation of Third Place by Evacuees from Nuclear Accident: Case Study of Wide Area Residents’ Association of Tomioka Town, Futaba County, Fukushima Prefecture”, *Journal of Disaster Research*, 13(6)：1142-1156.

――――, 2018b, “Differentiation and Integration of Evacuees with regard to Lifting the Evacuation Order following the Nuclear Power Plant Accident: A Case Study of Naraha and Tomioka Towns, Futaba County, Fukushima Prefecture”, *Journal of Disaster Research*, 13(6): 1125-1141.

【用語解説】

五つのスケープ　アパデュライはグローバリゼーションが進行する中で再編が求められる「空間のとらえ方」について、「エスノ・スケープ（民族の地景）」、「メディア・スケープ（メディアの地景）」、「テクノ・スケープ（技術の地景）」、「ファイナンス・スケープ（資本の地景）」、「イデオ・スケープ（観念の地景）」を提示し、空間を普遍的、均質的ではない、多層、多主体の位置に応じたプロセスから捉えようとした。

問題提起⑸〈地域〉を学ぶことから〈グローバル〉を問い直す

伊豫谷登士翁

われわれにとってもっとも親しみのある世界地図はメルカトール図法であり、地図は客観的で正しいと思われています。しかしながら、そこでは、つねに北半球が上に、そして緯度の高い欧米諸国の面積が大きく描かれ、豊かで進んだ北と貧しく遅れた南という二分法的な権力配置が、投影されてきました。地図に映し出された姿は、西欧を中心とした近代の世界観や歴史の見方を創り上げ、南に配置された諸地域は、つねに眼差される対象でした。

この眼差しに抵抗した観点がなかったわけではなく、そのひとつがいま、ひろく「地域研究」と呼ばれる研究領域だと考えられます。しかしながら、グローバルにローカルを対置することによって、二一世紀以降の大きな転換過程の変化を捉え切れてきたのでしょうか。あるいは新しい観点を生み出しえたのでしょうか。ここでは、南の諸地域に関わる研究の可能性を考えてみたいと思います。

地域研究は、植民地支配期にはじまり、第二次世界大戦後のアメリカによる占領政策によって拡がり、その後の世界戦略の柱としての開発などの政策的な要請に基づいて定着してきました。しかし、いま地域を対象とする研究が直面する課題は、大きく変化してきています。南北問題といわれた半世紀前と比べて、二一世紀のいま、南では、依然として北との所得格差が拡大し、経済的な困窮に苦しむ地域が残されています。さらに地域紛争は冷戦時を上回る規模で激化し、戦争によって生みだされた難民と呼ばれる人々は、膨大な数に上っています。

帝国主義と植民地、そして開発と未開発、先進と後進、北と南といった地理的に分割された世界像は、グローバリゼーションといわれる過程で、どのように変わってきたのでしょうか。いま現れてきているのは、一括して北と南というようには包括できない世界の拡がりであり、北のなかに南が、南のなかに北が、群生してきている世界だといわれています。

グローバリゼーションと呼ばれるさまざまな事象は、発展途上国のこれまで置かれてきた状況を大きく変えつつあります。さらに言えば、グローバリゼーションという捉え方そのものがきわめて欧米中心的な観点からスタートしてきており、地域を対象とする研究は、これまでの欧米中心の世界認識を批判する視点を発見する研究として位置づけられるかもしれません。西洋対東洋という二分法な捉え方、欧米中心的な観点からの脱却などは、これまで何度も言い古され、ラテンアメリカやアジア、アフリカを場とした新しい議論も展開されてきました。アジア研究は、もはや一国主義的な研究に取って代わって、東アジアなどのより広域的なあるいは越境的な枠組みで論じられてきています。

グローバリゼーションという化け物は、〈包摂と排除〉、〈均質化と差異化〉の両義的な世界を創り上げてきただけでなく、地球が耐えられないほどの環境破壊をもたらしてきています。地域研究は、近代あるいは資本主義に代替するオルタナティブの可能性を秘めているかもしれません。

【引用・参考文献】

Appadurai, A., 1996, *Modernity at Large: Cultural Dimensions of Globalization*, University of Minnesota Press.（門田健一訳『さまよえる近代――グローバル化の文化研究』平凡社、二〇〇四年）

Scott, J. C., 2012, *Two Cheers for Anarchism: Six Easy Pieces on Autonomy, Dignity, and Meaningful Work and Play*, Princeton University Press.（清水展ほか訳『実践　日々のアナキズム――世界に抗う土着の秩序の作り方』岩波書店、二〇一七年）

ラテンアメリカから〈グローバル〉を捉え直す

山脇千賀子

はじめに

日本におけるラテンアメリカへの関心は、極めて低い。ラテンアメリカといえば、ブラジル・アルゼンチンに代表されるサッカーの強いところ、カーニバルで夜通し踊りまくる陽気な人たちのいるところ、というようなイメージがすべて、と言っても過言ではない。

一九九〇年代から急速にラテンアメリカ諸国から「日系人」が合法的に流入して、身近にラテンアメリカ出身者が増えたことによって、日本人のラテンアメリカ認識が少しは変わるかもしれないという一部の研究者の淡い期待は、この三〇年近くにわたって裏切られ続けている。群馬県大泉町や静岡県浜松市が「ブラジル・タウン」と呼ばれるほどブラジル人集住地として有名になったが、それは日本人のブラジルへの関心を高めるのにどの程度貢献したかと問われたら、限りなくゼロに等しいといわざるを得ない。

そもそも、一九九〇年の入管法改定によって合法的に単純労働に従事することが認められたのは「日系人」である、という前提を考慮すれば、それも当然の流れなのかもしれない。日本とラテンアメリカ諸国の関係を繋いできた移民の流れは、現代日本社会において忘れられたも同然の扱いを受け続けている。現代日本社会は、どういうわけか移民送り出し国であった自国の歴史に背をむけてきた。

「移民国」としての日本？

しかし、日本が国家として近代化を進めた一九世紀後半から二〇世紀前半を通じて、日本からの出移民の流れは南北アメリカ大陸に向かうのが主流だった。近代日本の名だたる政治家たちは、日本人移民に日本の未来を託す姿勢をみせてきた。人口過多の狭い島国にしがみつくのではなく、広大な未開拓地をもつ移民受入大陸である南北アメリカ大陸の輝かしい未来に参入することによって、日本人が世界の発展に貢献できるのではないか、という壮大なビジョンが当時の日本にはあった。現代風に言うならば「グローバル人材」構想のさきがけかもしれない。しかも、当時の日本のGNPレベルは、南北アメリカ主要国よりも低く、海外の移民による郷里の家族への送金は多くの日本人の生活を支えるものだったのである。

そうして、戦後も南米に向けた移民送り出しは続き、今日のラテンアメリカ諸国は、一六〇万人を超える「日系人」が生活するところとなった。累積債務などによる経済不況にあえぐ「失われた十年」と呼ばれる一九八〇年代のラテンアメリカ諸国から、まずは日本国籍をもつ戦後移民やその子世代の「デカセギ」が始まった。その後は、前述した一九九〇年の入管法改定で、祖父母世代が日本の戸籍に記載されている三世代までの「日系人」とその家族が来日するようになったが、そうした人々を日本社会は「グローバル人材」として認識したからこそ法改正が行われた、というわけではなさそうだ。

この間、「日系人」はきわめてローカルな日本社会の労働市場における「フレキシブルな労働力」＝派遣労働者・アルバイト人材として重宝されてきた。コンビニエンス・ストアで売られている弁当やパン類の生産現場は「日系人」によって成立している。しかし、日本人の身近な生活の場所で、異なる価値観・文化をもつ人々と共に生きるとはどういうことか、「日系人」とのつきあいから学ぼうとした日本人はどれほどいただろうか。

他方、この数十年にわたって日本の文部科学省は多額の予算を小・中学校に派遣される主に欧米諸国出身の若い英語教育アシスタント確保のために費やしている。かれらとの接触を通して外国人とのコミュニケーションの仕方を学ぶように子どもたちに強要している大人たちが念頭においている「グローバル人材」とは、果たしてどういうものなのだろうか。

それは、二〇一九年から安倍政権が進めようとしている外国人移民受け入れ政策とはなにか、という問題とも密接にかかわる問題であり、今こそ、喫緊に私達が正面から向かい合うべき課題だろう。

本章では、こうした問題意識を前提にして、ラテンアメリカと日本を比較しながら、私達が今生きているグローバリゼーションが進む社会とは何かを考えたい。事例としては、料理と音楽を取り上げる。その根拠は、これらの事例が言葉の違いを越えた身体感覚との関わりなしに考えることができないテーマであり、そうした意味でユニバーサルな議論の展開につながる可能性に期待しているからである。

グローバリゼーションの中の「日本食」

二〇一三年十二月にWashoku（和食）がユネスコ（国連教育科学文化機関）により人類の無形文化遺産に認めら

れた。「和食」の食文化が自然を尊重する日本人の心を表現したものであり、伝統的な社会慣習として世代を越えて受け継がれるべきものとして認められた、と言われている。

食に関する無形文化遺産としてユネスコが初めて認定したのは、「メキシコの伝統料理」（二〇一〇年認定）である。続いて、「フランスの美食術」、「スペイン・イタリア・ギリシャ・モロッコ四ヵ国の地中海料理」、「トルコのケシケキ（麦がゆ）料理」といった四件の食文化が社会的慣習として登録され、「和食」で五件目となった。

実は、それ以前に世界レベルでの「日本食」ブームに関連して、日本政府がどのようにして「日本食」を守っていくのか模索した時期がある。二〇〇六年前後の海外における「日本食」レストランの認定制度の制定をめぐる一連の「騒動」期である。

二一世紀に突入して、特に欧米諸国において日本人ではないアジア系移民が経営する「日本食」レストランが目立つようになったことに対する警戒感が、マスメディアなどを通じて喧伝された。例えば、日本ではまず使われないフルーツをすしと組み合わせた料理が出現したり、トウガラシソースとすしの組み合わせなどの「本来の日本食の姿」とはかけ離れた料理が海外で「日本食」として普及してしまうことに対する危機感が煽られた。

農水省は、海外における日本食レストラン認定制度の制定を見すえて、二〇〇六年には海外における「日本食」レストランの現状についての調査を行い、二〇〇七年には有識者会議を何度か開催している。海外における「日本食」の質の担保を図ることが目的とされたが、欧米のマスメディアでは「スシ・ポリスをつくろうとしているのか」といった批判もあがった。

日本国家のお墨付きを得ることができなければ、「すし」として客に提供してはならないのか、という不満であろう。客が喜んで食べているものに対して、それが「日本食」と呼ぶにふさわしいかどうかを認定する権利を日本国家がもっていると主張することは、果たして「日本食」ファンを増やすことになるのかどうか。そもそも、守るべき「日本食」とは何か。議論が噴出した。

結果的に認定制度は作られず、二〇〇八年度より農水省は「日本食海外普及功労者」として毎年数名を選出して表彰している。第一回表彰者はすべて日本人だったが、その後、外国籍をもつ人たちも含まれるようになった。つまり、「日本食」のあり方を制限する方向性ではなく、望ましい「日本食」を奨励するという妥当な方向を選択したといえよう。とはいえ、表彰制度にしても、「日本国家が正統な日本食を定めたい」という国民国家体制が要求する欲望のひとつの発現タイプであることは否定できない。

この問題は、グローバリゼーションによって国家の意図を超えて「自生的に」世界に普及してしまった「日本文化」をなんとか日本国家のコントロール下に置こうとする動きと理解することができるだろう。

ペルーにおけるニッケイ料理の誕生

他方、世界レベルでの日本食ブームを背景に、ペルーのレストラン業界では一九九〇年代後半以降、Cocina Nikkei（ニッケイ料理）というカテゴリーが使われるようになった。それは、数人の優れた日系の料理人が作る料理を形容するのに使われ始めたもので、特に魚介類の料理に関して多様性に富んだ調理文化をもつ日本食の特徴を活かしながら、ペルー人の好みに合うようなアレンジを施した創作料理を含んでいる。

代表的な例としては、ゆで蛸を薄造りしたものにブラック・オリーブを混ぜ込んだマヨネーズソースをかけたプルポ・アル・オリーボ（pulpo al olivo）がある。この料理は、沖縄系二世の料理人ロシータ・イムラ（Rosita Ymura）の手から生まれて、今ではリマの魚介料理を扱うレストランでは定番といえるメニューとみなされるまで普及している。

また、ペルー料理の代表格ともされるセビーチェ（ceviche）は、新鮮な素材の味を活かそうとする日本人／日系料理人が現在のペルーのセビーチェの調理法に大きな影響を与えたのではないか、と言われている。セビーチェは、生の白身魚や茹でた蛸・エビ・イカなどの魚介類をライム果汁と塩でしめた後、スライスした玉ネギ、生トウガラシ、生コリアンダー、生ニンニク等と混ぜたマリネである。

実は、メキシコやペルーの隣国のエクアドルも世界的に優良な漁場とされる太平洋に面しており、セビーチェという料理が存在している。しかし、両国におけるセビーチェには、トマトソースやケチャップが使用されるのが一般的で、ペルーのさっぱりとしたセビーチェとはかなり味わいが異なる。

つまり、日系料理人が客の食欲・好みに応じて、自らの文化的バックグラウンドに含まれている様々な要素を自在に組み合わせる創造性が、ペルーにおけるニッケイ料理を生み出したといえるだろう。それは、「日本食」ということもできないし、従来のペルー料理にあったものでもないために、ニッケイ料理と呼ばざるを得なかったのだ。近年、ニッケイ料理は既に海外におけるペルー料理レストランの看板料理になっている。

食文化をめぐる思考パターンのちがい

ここで紹介した正統な「日本食」をめぐる一連の日本側の動きは、日本において過去から受け継がれた食文化の伝統を重視しているのに対して、ニッケイ料理は、日本の食文化も含めた異なる文化的バックグラウンドをもつ人同士が交流するところから生まれる未知の食文化への希求を表現しているようにみえる。ラテンアメリカには、文化の流動性やダイナミズムを前提として、人間が文化を創っていく主体であることに対する信頼感がある。現在では、南北アメリカ大陸にグレートジャーニーの末に辿り着いた先住民も、ヨーロッパからの植民者も、アフリカから奴隷として連れてこられた人も、アジア系移民も、ラテンアメリカの食文化を形成してきた重要な要素として認められるようになっている。人が移動しながら様々な未知なものとの出会いを繰り返して生きていることを前提とした社会のダイナミズムが、ニッケイ料理を生み出しているといえよう。

もっとも、「日本食」の内実を精査すれば、その食文化は日本国内においても非常に多様であり（例えば、正月料理とされるものでも地方差がある）、日本人が貪欲に日本国外の食文化から学んで「日本食」を形成してきたことが分かる（例えば、遣唐使の時代から中国で仏教を学んだ僧が日本にもたらした食材や調味料など）。ここでは、具体的な事例を分析する紙幅はないが、「日本食」が千年以上にわたって同じであったと言えないことは誰の目にも明らかであるにも関わらず、人類の無形文化遺産として「和食」が認められたというだけで、それは決して変えてはいけない「伝統」であるかのようにイメージしてしまう私たちの思考パターンが作用していることを確認しておきたい。

そして、言説レベルでの「日本食」をめぐるナショナリスティックな反応とは裏腹に、現代日本人の食生活が世界に類を見ないほど多様な文化的背景をもつ料理を取り込んだハイブリッドなものになっていることも指摘しておきたい。日本のスーパー、レストラン、コンビニエンス・ストア等で観察できる食べ物のバラエティの広さは、グローバリゼーションがもたらす猥雑な人間の欲望の展示会とでも呼びたくなるような情景である。身体の欲望が言説を裏切る現場を見せ付けられているようだと言ったら大げさだろうか。

グローバル音楽への欲望

日本人の身体がグローバルに展開する感覚への誘惑になびいてきた様相は、音楽の世界にもみてとることができる。日本の音楽界においてＪ－ＰＯＰというジャンル名称の誕生・普及に深く関わったと自認するＦＭラジオ局Ｊ－ＷＡＶＥは、二〇一八年に開局三〇周年を迎えている。演歌や歌謡曲といった日本の土着的・民俗的音楽の影響が明らかな音楽とは袂を分かつポピュラー音楽を指すのに、Ｊ－ＰＯＰという名称が使われるようになって久しい。Ｊ－ＰＯＰは、グローバルな音楽市場における日本発のポピュラー音楽としての位置を示すことを意識したネイミングになっており、歌詞が何語で歌われているのかを考慮しなければ、音楽として世界のどこでも流通するポピュラー音楽の一部となっている。

日本では、ポピュラー音楽の出発点として、英米語圏発祥のロックを偏重して評価してきた傾向がある。第二次世界大戦後の日本社会における米国文化の圧倒的な影響力は、現在に至るまで「洋楽」というジャンルが英米語圏発のポピュラー音楽を指して使用されている状況にみてとることができる。

しかし、世界の歴史を振り返ってみると、グローバルに流通するポピュラー音楽の決定的な出発点になったのは、一九世紀後半のカリブ諸島の音楽だといわれる。音楽評論家の中村とうようによれば、「世界商品となった民衆文化」としてのポピュラー音楽の嚆矢は、キューバ発祥のハバネラというジャンルに位置づけられる「ラ・パロマ」という楽曲である（中村　一九九九：三四）。この曲は、楽譜出版とレコードという複製技術の発展や音楽産業の成立によって世界の民衆に共有される初めてのポピュラー音楽となった。

では、なぜ、当時の文化的中心であった欧州から生まれた音楽ではないのか。カリブの小国トリニダード・トバゴの首相を務めたエリック・ウイリアムズの名著『コロンブスからカストロまで』において詳細に論じられているように、カリブ諸島は一五世紀の大航海時代から旧大陸・新大陸・アフリカ大陸という異なる文化がぶつかり合うグローバリゼーションの最前線となってきた。そうした多様な人間の移動によって活性化された渦の中で生まれた「混血文化」だからこそ、ラテン音楽には多くの人々の心を揺さぶる力があり、「グローバル音楽」として流通したのではないだろうか。

ここで、私たちが注目すべきなのは、異なる文化が「混血」する現場における支配と従属の関係性である。大航海時代以降、欧州の植民地とされてきたアメリカ大陸およびカリブ諸島において、アフリカ大陸から奴隷として連行された人々が持ち込んだ躍動するアフリカン・ビートを含めたアフリカ的音楽要素が「混血文化」としてのラテン音楽の成立に深く関わってきたことは疑いの余地がない。支配者側が正統な文化として押し付けてくる音楽をただ従順に反復・模倣するのではない、下賤なものとされた被支配者が関与した創造的音楽の実践が、新しい空間で可能になったのである。

政治的な支配・従属関係は、そのまま文化に反映されるとは限らない。むしろ、音楽自体がもつ力が、政治的構造をなし崩しにする可能性を示す事例として、グローバルなポピュラー音楽としてのラテン音楽の誕生の歴史から、私たちは様々な学びを得ることができるのではないだろうか。

メディアとしてのヒップホップ

二〇一五年夏の日本において国会議事堂前に集まった若者たちがヒップホップ調のコール＆レスポンスで安保関連法案反対の意思表明をする場面。現代日本の若者の政治的意思表明がそのような形で行われる目新しさがマスメディアで取り上げられた。しかし、世界を見渡せば、音楽が公的な場において政治的意思表明と手を取り合うことは、決して珍しいことでも新しいことでもない。

世界において音楽と政治的運動がどのようにむすびついてきたのか。ここでいう政治的運動とは、いわゆる被抑圧者による抵抗に限られず、支配者や権力者による統治のプロセスも含んでいる。それは、音楽が人々の身体に働きかける作用をもたらすことから導き出される宿命とも呼ぶことができるだろう。

人々は音楽によって、言語という理知的な認知のレベルでは捉えきれないところで心を揺さぶられる経験をする。揺さぶられた人々の感情が一定の方向性をもつ運動に収斂されるように、音楽を意図的・戦略的に使うことは、支配者・権力者側によっても被支配者・被抑圧者側によっても行われてきたことである。戦時下の国家権力は兵士や国民を鼓舞する軍歌を作り、社会的にマイノリティの立場におかれている人々は社会における自分たちの居場所をヒップホップによって作ってきた。音楽は政治的運動に欠かせないパートナーとして社会的役割を果たしてきた。

ヒップホップは、一九七〇年代N・Y・ストリートにおけるアフリカ系・ヒスパニック系ゲットーで誕生したといわれる。ただし、ヒップホップには以下の多様な表現手段が含まれる。①ストリート・ダンス、②グラフィティ、③ラップ、④ナイトクラブDJといった表現手段の総合としてヒップホップのアイデンティティが示される。

こうしたヒップホップの表現方法は、世界の若者にメディアを通じて拡散した。その影響力の大きさを、ラテンアメリカの狡猾な政治家たちは黙って見過ごさない。

ブラジル・サンパウロ州が労働者層を支持基盤とする労働党政権期（一九八九〜一九九三）には、市民参加型予算執行システムを導入している。一九八〇年代までのラテンアメリカといえば軍事政権というイメージがもたれていたが、その後の民政化の過程において「先進的」な民主主義的システムが導入されていることは、日本ではあまり認識されていないかもしれない。

同時に、ポピュリズム的政策にも様々な「先進的」事例をもつ。上述したサンパウロ州労働党政権期には「被抑圧者の教育学」を第三世界で広めた教育学者・実践家として著名なパウロ・フレイレが提唱した「シチズンシップ教育」の一環として、ヒップホッパーとの協働が注目された。社会的にはマージナルな階層の若者のヒップホッパーに、市民としての自覚と行動を促す「先生」として活躍してもらおうという企みである。ヒップホップのイベント企画・組織化において、州政府の支援ばかりでなく、企業スポンサーも獲得して、若者のヒップホッパーをリーダーとして「**シチズンシップ教育**」を目的とした様々な文化的活動が展開されてきた。

そうしたリーダーのひとりであるDJ Brisは、二〇〇二年のインタビューで自らの活動について、以下のようにコメントしている。「俺たちは先生だよ。シチズンシップを教えているのさ。ヒップホップは自己とコミュニティのアティチュード（心のもちかた・あらわしかた）について扱っているんだ。本当のところ、ヒップホップは俺たちの“espaço”（＝社会的位置・空間）を取り戻すためのものなんだよ」(Pardue 2011: 205)。

これは、南米一の大国であるブラジル経済の中心とされるサンパウロが、空間的に富裕層と貧困層が近接していながら「共有スペース」がない都市になっていることは、民主主義の実践上、大きな障害であるという認識に基づいたマニフェストということができるだろう。ヒップホップによってすべての市民が共に生きる空間としての都市を創造していこう、という意気込みを感じさせるコメントである。

このようなヒップホップを社会・教育活動のメディアとして活用する動きは、ラテンアメリカ諸国において広く観察できる。

やはり、都市下層を主な支持基盤として登場したベネズエラのチャベス政権期（一九九九～二〇一三）にも、都市下層居住地域におけるヒップホップを媒介とした若者のための教育・社会活動が盛んに行われた。貧困層の若者が自己尊厳意識を向上させて、社会の一員としての意識をもち活動することを促進するのに、ヒップホップは有効なメディアと考えられている。二〇〇五年には、ラテンアメリカ・アンダーグラウンド・ヒップ・ホップ・フェスティバルがベネズエラ政府の肝いりで開催され、スペイン語圏のヒップホッパーの交流も行われている。ヒップホップを通したコミュニティづくり、および社会変革のための連携した社会的活動の奨励の事例を、ＳＮＳ・動画サイトなどを通して国境を越えて相互参照して発展させている様子が二一世紀に突入以降は顕著にみられる。

インターネット普及が文化にもたらすもの

ラテンアメリカ諸国のみならず、かつて第三世界といわれた地域における携帯電話およびスマートフォンの急速な普及が社会にもたらしている甚大な影響について、私たちはまだ充分に分析できるだけのデータをもっているとは言い難い。しかし、それは歴史上「革命」と呼ばれた政治体制の変革よりもはるかに大きな影響を、一般の市民生活に与えていることは間違いない。

インターネットが社会インフラとして大多数の市民に共有されるようになったことを受けて、企業がビジネスチャンスに活かすことを虎視眈々と研究開発する一方で、市民がサイバースペースという現実社会の諸属性に縛られない真に民主主義的な空間を利用して、逆に、現実社会の不公正な格差を克服する可能性も生まれている。

そうした可能性を探る事例のひとつとして、ラテンアメリカにおける画期的な文化政策として評価されているブラジルの事例を簡単に紹介しよう。

二〇〇三年に発足した第一次ルーラ政権は、まさにブラジル史上初の労働者階層出身大統領の誕生として注目を集めた。同政権の文化省大臣に任命されたのが、一九六〇年代末から七〇年代にトロピカリア運動で一世を風靡した現役の音楽家として著名なジルベルト・ジル（二〇〇三～二〇〇七年）だった。大臣就任直後から“すべての人のための文化（Cultura para todos）”と銘打ったセミナーを開催し、二〇〇四年から文化省内のシチズンシップと文化的多様性局が管轄となった文化政策プロジェクトPrograma Arte, Educação e Cidadania“Cultura Viva”（アート／教育／シチズンシップ・プログラム：生き生きとした文化）を立ち上げた。“Cultura Viva”の骨子は、「全国に存在する既存の文化創造拠点あるいは文化プロデュース拠点」としての“Pontos de Cultura”（文化拠点）を文化省が認定して、それらを有機的なネットワークで繋ぎ、「地域コミュニティに根ざした文化活動をフリーソフトウェアやオープンソースを活用して支援を行う」というものである（原田 二〇〇七：七三、七五）。国家と市民社会が協働しながら、文化活動への市民参加を促進することによってブラジル型民主主義が普及していくことを目指した試みといえるだろう。

「やや抽象的な表現であるため、理解しやすいように日本流におきかえて説明すると、人々が習い事に通っているようなカルチャー・スクールやグループ、お祭りの出し物を練習する稽古場などに参加を呼びかけ、それらを全国規模で水平的にネットワーク化し、インターネット上の掲示板やリアルの会議などで情報共有を行ったり、各種のコンベンションやイベントなどを行うというイメージである」（原田 二〇〇七：七六）。二〇一四年までに、ブラジル全土において三、〇〇〇～四、五〇〇の文化拠点が文化省に認知された実績をもつ。そのうちには先に述べたヒップホップ・グループの活動などが含まれる。

“Cultura Viva”プログラムは、その後、ラテンアメリカ諸国においてモデル事業と位置づけられ、類似のプログラムが普及していく。二〇一四年には多国間協力のかたちで、Programa IberCultura Vivaが、参加一〇ヵ国（アルゼンチン、ブラジル、チリ、コスタリカ、エルサルバドル、スペイン、メキシコ、パラグァイ、ペルー、ウルグァイ）によって創設された。市民社会のイニシアチブによって地域コミュニティをベースにした人間開発を文化・教育・シチズンシップによって目指す文化政策を奨励することが目的とされる。

これらの広汎な地域にわたる市民の文化拠点における活動は、ＳＮＳや動画サイトを通じて共有されており、遠く離れた地域の文化活動を動画で確認して、自分たちの活動の参考にする流れができている。そこには、国境を越えたヒップホッパーのコミュニティがあり、演劇活動愛好家のコミュニティがあり、特定のカトリック聖人を祀る信徒団のコミュニティもある。簡単に移動する資源をもたない市民が、お互いの文化的資源を動画で共有する機会が開かれていることにより、さらに自分達の文化的生活を豊かにしようとする意欲や活動が盛んになるようなポジティブ・サイクルが期待されている。公的機関が市民のニーズに基づかない文化振興政策に無駄に公金をつぎ込まなくても済むというメリットもある。

ここで注目したいのは、脱国民国家領土的コミュニティが共有しているのは、「動画」という視聴覚メディアによって媒介された情報であるということだ。政治学者のベネディクト・アンダーソンが近代ナショナリズムの起源として注目した新聞などの文字メディアによって媒介されるコミュニティとは、位相を異にするコミュニティが構築されつつあるのかもしれない。それが、どのような意味をもつのか。議論は始まったばかりに思われる。

グローバリゼーションに呼応するラテンアメリカ

このようなラテンアメリカ諸国を巻き込んだ市民レベルでの文化活動の活性化を可能にしている背景には、

ヨーロッパ人による植民地主義的支配がもたらしたスペイン語（・ポルトガル語）という共通言語をもつ側面があることは否定できない。とはいえ、広大なラテンアメリカ地域には、先コロンブス期に築かれた高文明を発達させた先住民族の歴史をもつ地域、欧州人による植民地支配期の影響を色濃くもつ地域、植民地期に奴隷としてアフリカからやってきた人々が多数派を占める地域など、多様な文化的特徴をもつサブ地域が散らばっている。コミュニケーション言語を共有していることが、文化の同質化を即座にもたらすわけではないことをラテンアメリカの歴史は証明している。

では、現代におけるメディア技術の発達はラテンアメリカの文化の同質化をもたらしているのだろうか。答えはイエスでありノーである。互いの文化活動を参照しあうことは、単なる模倣ではない。他者の文化を共有することによって自己は他者と同質化していると同時に、自らの身体とそれを取り巻く環境の中で再現されている文化は、既に参照された元の文化とは異なるものとして模倣されているのであり、そうした意味において異質化されている。グローバリゼーションによって進行する文化のダイナミックなフローが、私たちにもたらしている同質化と異質化の同時進行によって、私たちが何を得て、何を失うことになるのかは、私たち自身の文化に対するアティチュード（心のもちかた・あらわしかた）にかかっている。

ラテンアメリカでは、国家権力側もインターネットがもたらす利益に敏感に反応してきている。そのスピーディな対応ぶりは、技術大国を自任する日本がおよびもつかない。アンデス山脈やアマゾンといった地理的辺境地を生みやすい特徴を抱える国々では、インターネットを通じて市民登録や投票を可能にする「市民サービス」にも積極的に取り組んできている。国民の一〇～二〇％までもが移民として外国に生活するようになった二一世紀のラテンアメリカ諸国の中には、国民が生活するリアルな現場が外国であろうとも、バーチャルな領土に住まう自国民として扱う法令を次々に制定してきている。国家の姿は、今やリアル領土とバーチャル領土のハイブリッドになっているのかもしれない。

ラテンアメリカは大航海時代以降、世界市場を成立させた人々の欲望とエネルギーが渦巻くフロンティアとなってきた。その渦は、いまだに健在であるようだ。

おわりに

私たちが生きる二一世紀の世界を特徴づけるメディア技術の発達がもたらした画期的な社会的インパクトの一つは、情報のフローの方向性が多様化したことであろう。

かつては圧倒的な権力者のもとに情報が集められ・発せられるような垂直的フローによって支配が行われ、二〇世紀にはラジオ・テレビの普及によってマスメディアの権力が人々の生活を左右するほどの影響力を獲得した。いずれにせよ、情報発信をすることができるのは、限られた「権力者」であった時代である。

それに対して、私たちが生きている今現在は、辺境と呼ばれるような土地の貧しい社会的弱者であっても、スマートフォンを手にしたら世界の人々に向けて情報発信できる時代である。いわゆる先進国の研究者によって一方的に観察されて、その成果が学界に報告されてきたアマゾンの先住民が、自らの視点でビデオカメラを回してアマゾンの現実を発信できる世界が到来したのだ。

さらに、社会的弱者が水平的にむすびつくことも驚くほど容易になっている。かつて、大農園に囲い込まれた奴隷たちが命がけで農園の垣根を越えて連絡を取り合って一斉蜂起したことを想起すれば、奴隷たちに申し訳ないと思えるほどだ。

このような情報革命によって、世界の人たちがどのようなかたちでむすびつき、社会を変革していくのか。既に、多様なツールを私たちはもっている。グローバルなコミュニケーションにとって障害となる言語の壁も、今となっては通訳・翻訳アプリが乗り越えさせてくれると主張する人々もいる。

こうした世界状況だからこそ、本章では私たちの存在の核となる身体に深く関わる食文化と音楽をめぐる日本とラテンアメリカの現状を考察してきた。言語をアイデンティティの核として捉える西洋的知の枠組みの賞味期限はまだ有効なのかどうか。その回答は早急にはできそうにない。ただ、異なる環境における人々の生の営みを観察して比較考察するという地域研究は、私たちが汲み尽くしてはいない知の泉なのではないか。それをどのように活用するのかは、私たちのアティチュード（心のもちかた・あらわしかた）にかかっている。

【引用・参考文献】

Anderson, B., 1991, *Immagined Communities: reflections on the origin an spread of nationalism*, London and N.Y.: Verso.（白石隆・白石さや訳『定本想像の共同体――ナショナリズムの起源と流行』書籍工房早山、二〇〇七年）

原田千佳、二〇〇七「ブラジルのデジタル・カルチャー振興政策」『季刊 政策・経営研究』一、七三―八七。

梶田孝道・丹野清人・樋口直人、二〇〇五『顔の見えない定住化――日系ブラジル人と国家・市場・移民ネットワーク』名古屋大学出版会。

Mintz, S., 1985, *Sweetness and Power: The place of sugar in Modern History*, N.Y.: Viking Penguin.（川北稔・和田光弘訳『甘さと権力――砂糖が語る近代史』平凡社、一九八八年）

宮島喬・太田晴雄編著、二〇〇五『外国人の子どもと日本の教育——不就学問題と多文化共生の課題』東京大学出版会。
中川文雄・田島久歳・山脇千賀子編著、二〇一〇『ラテンアメリカン・ディアスポラ』明石書店。
中村とうよう、一九九九『ポピュラー音楽の世紀』岩波書店。
Pardue, D., 2011, "Conquistando Espaco: Hip-Hop Occupations of Sao Paulo", in Avelar, I. & C. Dunn (eds.), *Brazilian Popular Music and Citizenship,* Durham & London: Duke University Press.:pp.205-222.
Taussig, M., 1993, *Mimesis and Alterity: A Particular History of the Senses,* Oxon and N.Y.: Routledge.（井村俊義訳『模倣と他者性——感覚における特有の歴史』水声社、二〇一八年）
Wallerstein, I., 1983, *Historical Capitalism,* London and N.Y.: Verso.（川北稔訳『新版　史的システムとしての資本主義』岩波書店、一九九七年）
Williams, E., 1970, *From Columbus to Castro: The History of the Caribbean, 1492-1969,* New York and Evanston: Harper & Row, Publischers.（川北稔訳『コロンブスからカストロまで——カリブ海域史、一四九二—一九六九』岩波書店、二〇一四年）

【用語解説】

シチズンシップ教育　二〇世紀を通じて、主に国籍や民族などの所属に基づく権利・義務としてのシチズンシップを求める運動が世界中で興隆したが、二一世紀型の新しいシチズンシップの考え方は、活動・態度によって表現されるようになってきた。ある社会において、法的に最低限の市民としての義務を果たすだけでなく、法が保障する権利が実効性をもつために「参加」することが市民にとって重要になる。こうした「参加」を重視する新しい考え方を欧米ではアクティブ・シチズンシップと呼んでおり、二一世紀以降のシチズンシップ教育の考え方の根底には、こうした変化が影響している。

アフリカ人移民の背景にあるもの——農村社会の変容と国家建設

武内進一

アフリカ[1]から流出する人々

アフリカ人を満載したトラックがサハラ砂漠を越える。砂漠の中を何日も走る車の荷台で、人々は飢えと渇きをじっと耐える。運悪くトラックが故障すれば、命を落とすことさえ稀ではない。地中海沿岸に到着した人々は、ヨーロッパへ向かう船を探す。数多くの船が難破し、たくさんの人命が失われる。ガソリンが切れ漂流した船から、人々が救助船へと殺到する。こうした光景がテレビで繰り返し流されている。

二〇一七年、国際移住機構（IOM）はヨーロッパに渡航しようとリビアに来たガンビア人移民が、「奴隷」として売買されていたと報じた。大西洋沿岸のガンビアから、ナイジェリア北部、ニジェールを通り、サハラ砂漠を越えてリビアにやってきた移民たちがブローカーに騙されて売り飛ばされたのである。二〇一八年には、ギニアビサウ沿岸で移民を載せていたとみられる小舟が転覆し、六〇人以上が行方不明となった。モロッコに近いスペイン領のカナリア諸島に向かっていたらしい。こうした事件は、近年日常的に起きている。艱難辛苦が待ち受けていようとも、人々は止むことなくアフリカ大陸からヨーロッパを目指す。

なぜあんなひどい目に遭っても、アフリカの人たちはヨーロッパに行きたいんだね?それほどアフリカにいるのが嫌なのか?アフリカの生活というのは、そんなに貧しいのかね?こんな質問を受けることがある。よりよい生活を求めてアフリカからヨーロッパへ移動するという理解は、間違ってはいない。しかし、それは事実の半分でしかない。それを示す一つの根拠は、近年アフリカが急速に経済成長していることだ。かつてアフリカは貧困や飢餓、そして紛争の大陸と言われたが、二〇〇〇年以降アフリカ経済は顕著な成長を続けている。中国やインド、トルコやロシアなど、様々な国がアフリカとの経済関係を深めようと秋波を送っている。もちろん欧米や日本も同じである。こうした状況にあって、なぜアフリカの人々はヨーロッパを目指すのか。これは考えるに値する問いである。

本章は、この問いを入り口にして、アフリカがこの二〇年余りの間に経験した大きな変化について考えたい。そこには様々な側面があるが、最も重要なのは、アフリカの国家が、社会が、そして両者の関係が最近になって著しい変容を遂げたことである。ヨーロッパに向けた人の流れは、その一つの結果と言える。本章ではこうした変化を跡付けてアフリカの現在を考察するとともに、そうした思索の営みである地域研究(アフリカ研究)という方法についても考えたい。

移民・難民の背景

資源に依存した経済成長

サハラ砂漠を越え、ヨーロッパに向かうのは、主に都市の若者である。なぜ彼らが祖国を捨ててヨーロッ

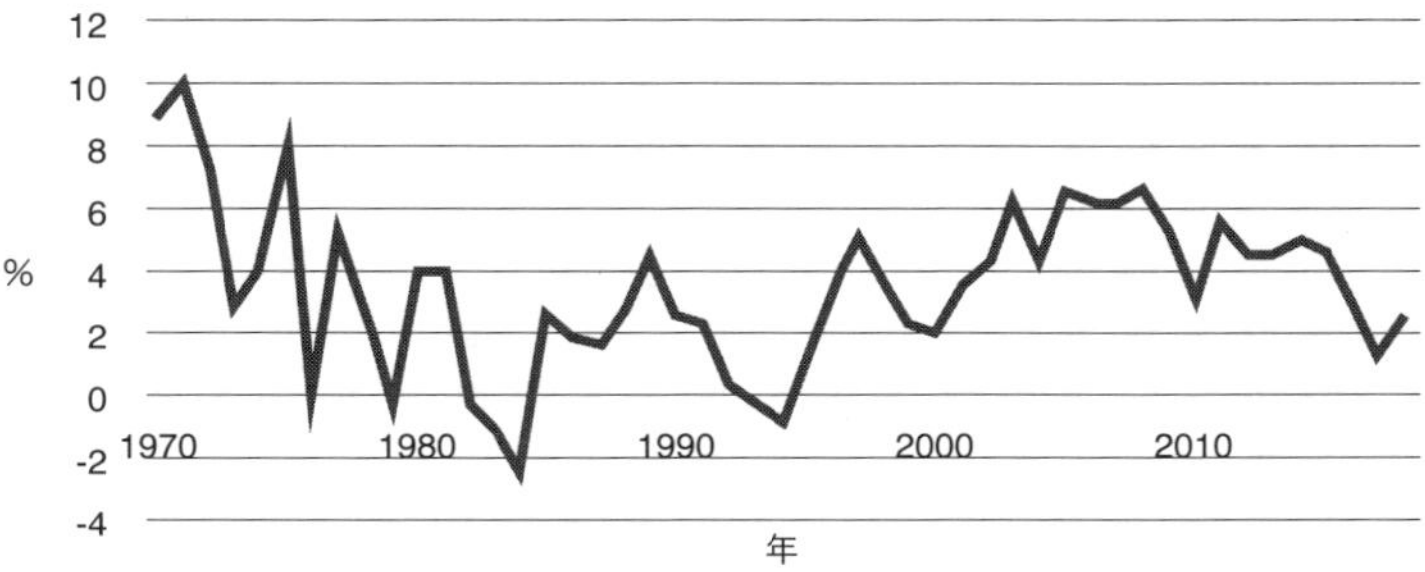

図１　サブサハラ・アフリカ諸国の実質経済成長率（1969–2017 年）
注）世界銀行の統計による。

パに行くのか。最も根本的な理由は、仕事がないからである。なぜ経済が成長しているのに都市に仕事がないのか。図1に示すように、アフリカ諸国は一九七〇～八〇年代の深刻な経済危機を脱し、九〇年代後半以降は実質五%前後の比較的高い成長を続けている。それにもかからわず都市に仕事がない理由には、経済成長を主導するセクターの特質が関係している。

近年のアフリカの経済成長を支えたのは、端的に言って、資源価格の高騰であった。なかでも石油が重要である。二〇〇〇年代の石油価格高騰はナイジェリアやアンゴラなど伝統的な産油国に巨額の富をもたらし、さらに資源開発が進んだために、ガーナ、チャド、南北スーダン、ウガンダなど、新たな産油国が続々と誕生した。それがアフリカ全体の高成長を牽引したのである。

しかし、資源輸出が主導するアフリカの経済成長は、十分な雇用をもたらさなかった。石油輸出は経済を急成長させるが、同じ速度で雇用を生み出すわけではない。石油がもたらす富を享受できるは国民のごく一部に限られ、国内の経済格差は顕著に拡大した。

これはアジア諸国の経済成長とは大きく異なる点である。東アジアや東南アジアでは、一九七〇年代以降急速な経済成長がみられたが、その牽引役は製造業であった。衣類や電子機器などを生産する製造業が発展し、その輸出が経済成長の原動力となった。それら製造業は多くの雇用を生み出し、人々の生活を底上げしたのである。一方アフリカでは、経済成長が資源に依存していたために、十分な雇用を創出せず、格差を拡大させた。

深まる中国との関係

アフリカの高成長の背景には、BRICSと称される新興諸国の成長がある。なかでも中国の成長は巨大な影響を与えた。中国からアフリカ諸国への輸出額と輸入額は、二〇〇〇年に三六億ドル、五三億ドルだったが、二〇一四年には八〇四億ドル、一、〇八九億ドルへとそれぞれ二〇倍以上飛躍的に増加した。中国は瞬く間に日本や欧米を抜き去り、アフリカの最大貿易相手国となった。投資も盛んで、今やアフリカのどの国に行っても、建設工事現場に中国語の看板を目にする。新植民地主義との批判を浴びることもあるが、近年のアフリカの経済成長を中国が支えたことは疑いない。

ただし、中国との経済関係の深化は、資源に依存したアフリカの経済構造を変えなかった。自らの急速な成長のために資源やエネルギーを国外に求めた中国と、それが提供する安価な工業製品を求めるアフリカの利益が一致した結果、経済関係が深化したわけであるから、それも当然である。

最近になって、エチオピアなど一部の国に対して、中国が積極的に製造業投資をするようになった。自国で賃金水準が上がったため、より安価な労働力を求めて中国企業がアフリカへ進出し始めたのである。経済特区を作り、外資を歓迎するアフリカ諸国の政策と相俟って、中国だけでなくアジア諸国の企業が急速にアフリカへの投資を進めている。これがアフリカにおける製造業の成長をもたらすのか、注目に値する現象である。

強権的な政権

人々がアフリカを離れるのは、必ずしも経済的な理由ばかりではない。政治的抑圧も重要な理由のひとつである。シリアの人道危機が世界の耳目を集めた二〇一五年、ヨーロッパに逃れた人々の数がシリアに次いで多かったのは、アフリカ大陸北東部に位置するエリトリアであった。エリトリアは一九九三年にエチオピアから分離独立した若い国だが、一九九八～二〇〇〇年のエチオピアとの戦争をきっかけとして、厳しい徴兵制度を導入したり、多数の若者を農村に「下放」するなど、国民への締め付けを著しく強めるようになった。ゲリラ戦の元指導者イサイアス・アフェウェルキ（Isaias Afwerki）大統領の統治下、「民主主義正義人民戦線」(People's Front for Democracy and Justice: PFDJ）が事実上の一党独裁体制を敷き、政権批判は厳しく取り締まられてきた。

国際社会に背を向けたＰＦＤＪ政権はソマリアの反政府組織支援などを理由に国連の制裁を受け、さらなる経済停滞を招いた。経済的な苦境は人々の流出を促したが、エリトリアから人々の流出が止まらない原因の根本に、苛烈な政治的抑圧があることは間違いない。冒頭に挙げたガンビアでも、長年にわたってヤヤ・ジャメー（Yahya Jammeh）大統領による独裁が続いた。職だけでなく自由もまた、人々が移動する要因として重要である。

近年アフリカは著しい経済成長を遂げたが、民主化という点では、この間停滞あるいは逆行している。アフリカ諸国の民主化が急速に進んだのは、冷戦終結直後の数年間であった。その最大の理由は、西側先進国が冷戦終結後に援助政策を見直し、民主化しない国には援助を与えないという方針を打ち出したことにある。一九八〇年代末のアフリカでは民主主義体制は少数派で、約三分の二の国々が一党制を採用していた。そのなかで民主化支援を掲げた援助政策見直しは、一党制の国々に重大な脅しとなった。それは事実上、一党制を採用している国に援助を出さないという通告だったからである。経済危機に苦しむ当時のアフリカ諸国は政府開発援助（ODA）に大きく依存しており、援助をカードとする外交圧力に抗せなかった。一九九〇年代初頭の数年間に、一党制諸国が雪崩を打って複数政党制を採用して民主化したのは、そのためである。

しかし、二〇〇〇年代以降のアフリカでは、民主主義を骨抜きにする動きが広がった。憲法の多選禁止条項を撤廃して現職大統領の任期を伸ばす、野党政治家の活動を制限する、有力野党の活動を抑圧する、マスメディアを統制する、などなど、形の上では民主主義的な政治制度を維持しながら、強権的な政権運営が目立つようになった。この背景として、経済成長と中国との関係深化は重要な意味を持つ。経済成長によって、アフリカ諸国は西側先進国の援助に依存する必要がなくなり、その民主化圧力を受け流すようになった。そうしたアフリカ諸国にとって、中国は格好の「ロールモデル」になる。近年のアフリカで民主化に向けたモメンタムは明らかに低下し、それもまた人々がヨーロッパを目指す動きの背景にある。

農村から都市へ

人口増加

アフリカからヨーロッパに向けた移民は主に都市出身者である。しかし、同時に、アフリカの農村から都市に向かう巨大なヒトの流れがあることを忘れてはならない。この流れは都市化と言い換えられるが、農村から都市へと流れ込む人々は、国外へと流れ出す人々の「予備軍」とも言うべき存在である。アフリカの都市化は今に始まったことではなく、独立前後から一貫して進んでいる。しかし近年、その農村から都市へと移動する人々のは著しく増大している。そこには少なくとも二つの要因がある。

第一に、急速な人口増加である。アフリカは最近まで、人口が希薄で土地が豊富な地域と見なされてきた。確かに、二〇一七年末時点でのアフリカ大陸の人口は十二億五千万人程度であり、中国、インドそれぞれ一国の人口よりも少ない。一方でアフリカ大陸の面積は中国とインドを合わせた広さの二倍以上あるから、人口密度は相対的に希薄である。しかし、アフリカ大陸の人口は今日急速に増加している。国連の予測によれば、今世紀末のアフリカ大陸の人口は、中国とインドを含めたアジア全体と同程度の規模になるという。「老いていくアジア」とは逆に、アフリカの人口構成は若年層中心で、だからこそ移動へのモチベーションが強い。

若者たちが教育や就職の機会を求めて都市に出るのは昔からだが、人口増加とともに農村の若者を取り巻く状況は厳しさを増す。農業を営むために十分な土地が相続できなくなるからである。土地不足のために若者が農業を諦め、都市に向かうことが常態化している地域は、今日アフリカでも少なくない。

農村の土地取引

農村の土地不足は、人口増加だけに起因するものではない。最近の重要な動きとして、多くのアフリカ諸国で大規模な土地取引が進み、広大な土地が企業などに売却されたことが挙げられる。この現象は、「**ランドグラブ**」(土地収奪)と呼ばれることもある。東南部アフリカのマダガスカルで、二〇〇八年、政府が韓国企業と一三〇万ヘクタールもの土地賃借契約を結んだことが明るみに出て、大きなスキャンダルとなったことがあるが、こうした例はアフリカで広く観察される。大規模な土地取引のデータベース(Land Matrix)を利用した筆者の計算によれば、二〇一七年二月の段階で、アフリカにおける大規模土地取引契約の総面積は可耕地面積の一三%に達している(武内 二〇一七：一七)。

同じデータから、ガボン、コンゴ共和国、コンゴ民主共和国、リベリアなどの国々では、契約面積が可耕地面積の数倍に達している。これら国は熱帯雨林が豊富に存在することから、広大な森林コンセッションが取引されたと考えられる(可耕地面積の定義には、通常森林が含まれない)。一方、国内に大きな熱帯雨林が存在しない、ガーナ、サントメプリンシペ、シエラレオネ、スワジランド、モザンビークといった国々でも取引契約下の土地面積は可耕地面積の二割を超えており、農地取得が進んでいることが窺える。企業による大規模な農地取得が進めば、アフリカ人小農の生産活動と競合する。実際、住民と企業との土地紛争の事例は、アフリカ諸国で枚挙に暇がない。

アフリカで民間企業の土地取引が活発化した背景には、二〇〇〇年代の農産物価格上昇がある。中国など新興国の経済成長を背景として、食料需給がひっ迫し、農産物価格が高騰した。とりわけ二〇〇七〜〇八年にかけては、食料危機と称されるほど農産物価格が上昇した。さらに、バイオエネルギーが注目を集め、その生産のための農地需要が急増した。こうした要因から、比較的土地が余剰と見なされたアフリカに農業投資が集中し、土地取引が進んだのである。

ただし、アフリカで農村の土地取引が盛んになったのは、国際的な要因ばかりではない。アフリカ人自身もまた、農村における土地取引の重要なプレイヤーである。近年のアフリカでは、都市住民、特に公務員など賃金労働者が活発に農村の土地を購入している。彼らの主たる動機は、老後への備えである。アフリカ諸国では年金など社会保障制度が十分でないため、人々は自ら退職後に向けて準備しなければならない。農村での土地購入は、その代表的な方法である。土地を持っていれば農業や牧畜で自らの食い扶持を稼げるため、老後の備えとして安全確実である。さらに、都市の給与取得者にとって農村部の土地は安く、比較的簡単に入手することができる。アフリカで大学教授などと接していても、田舎に土地を買った、人を雇って畑を作らせている、といった話は頻繁に耳にする。

新たな土地政策

ここまで、食料・エネルギーに対する世界的な需要や都市住民の老後の備えを背景として、アフリカ農村で土地取引が進んだことを説明してきた。これらはいずれも需要側の要因だが、供給側の要因も重要である。

近年、アフリカ諸国は相次いで農村の土地取引を簡便化する政策を採用し、これが大規模土地取引を大きく促進した。次にこの点について説明しよう。

一九九〇年代以降、多くのアフリカ諸国が土地改革を行った。土地改革とは幅広い概念であり、日本の文脈では通常、第二次大戦後米国の占領下で実施された土地再分配政策——地主の所有地を小作などに分配する—を指す。しかし、この時期にアフリカで行われた土地改革は、ほとんどが法制度改革であった。具体的に言えば、土地に対する個人の権利を明確にし、権利証書の発行によってそれを保障する政策が多くのアフリカ諸国で採用された。

白人入植地が多い南アフリカなど一部を除いて、アフリカ諸国、特にその農村部に土地権利証書を持つ人はほとんどいない。これまで、土地所有権は法律的には国家に帰属するとされ、実態的には家族や共同体が土地に対する権利を行使することが普通であった。土地は個人の所有物ではなく家族や共同体のものであり、個人の都合で売買できるものではないと考えられてきた。したがって、個人が土地権利証書を持つことはほとんどなかったし、土地に対する個人の権利も曖昧であった。

一九八〇年代頃から、土地に対するこうした権利関係を問題視する考え方が強まってくる。土地を耕作する人の権利が曖昧だから土地への投資が進まず、効率的な利用ができないという見解である。「緑の革命」を通じて農業生産力を伸ばしたアジア諸国と異なり、独立後のアフリカ諸国では農業生産性が上昇せず、食料輸入が大幅に増加した。アフリカの農業生産力を高めるには、土地に対する個人の所有権を明確化し、投資を促すことが必要だとの議論は、経済自由化政策が一般化する中で、アフリカ諸国の土地政策に大きな影響を与えた。

一九九〇年代以降今日まで、内戦などで混乱した国を除けば、ほとんどのアフリカ諸国が土地改革に着手し、新しい土地政策を発表し、土地法を改正している。そこでは、個人の土地所有権強化が謳われ、土地権利証書の発行が簡素化された。ルワンダやエチオピア高地のように、政府が主導して土地登記が進められ、ほとんどの住民が土地権利証書を持つようになった地域もある。こうした所有権明確化政策は、民間企業や都市住民からの農村の土地に対する需要増に合致し、土地移転を促進させた。これまで共同体のものであり、売買できないと考えられていた土地が、権利証書を伴って、個人や企業の手に渡ることになったのである。

当然ながら、こうした土地取引のすべてがスムーズに行われるわけではない。地方役人がブローカーとなって土地取引を仲介することが多く、農村住民の側からすれば、外国企業や都市住民がやってきて二束三文で土地を取り上げられたと認識する場合も少なくない。これまで取引の対象外とされてきた土地が法制度改革によって商品となり、アフリカ農村に巨大な変化をもたらしている。それが、農村から都市への人の流れをさらに加速させているのである。

新たな国家建設

植民地期の統治システム

アフリカからヨーロッパへの膨大なヒトの流れが、直接的には都市の雇用不足と強権的な政治体制によって引き起こされ、その背景に大規模土地取引に代表される急速な農村変容があることを説明した。こうしたアフリカの現状は、どのように理解できるだろうか。アフリカは、工業化も民主化も進まず、農村では外国企業のランドグラブが横行する、世界資本主義に翻弄された悲劇の大陸なのだろうか。

そうした側面があることは否定できないし、土地収奪に代表される現状の問題点を告発することは重要だ。しかし、ここでは、現状をあえて別の見方から考えたい。つまり、近年のアフリカで起こっているのは、植民地期に導入された統治システムの変容であり、それとは異なる形での国家建設のプロセスなのだと主張したい。このようにアフリカの現状を見ることは、今後その地域がどのような方向に進むのかを予想するうえで、一定の意味があると筆者は考えている。

先に述べたアフリカ農村の変化について考えよう。もともと共同体のものであり、売買できないと考えられてきた土地が、近年の法制度改革の結果、商品として取引されるようになったと述べた。ただし、アフリカにおいて土地が共同体のものだとされ、個人の所有権が否定されたのは、実は植民地期のことである。これは、ヨーロッパによるアフリカの植民地化と、そこで導入された統治システムに深く関わっている。少し説明しよう。

アフリカを植民地化したヨーロッパ列強が導入したのは、間接統治と呼ばれる制度であった。列強にとっての優先課題は、植民地化したアフリカを少人数のヨーロッパ人によって低コストで統治することだった。それには、効率的に税金を徴収して統治のための財源を確保し、治安を維持しなければならない。そのため列強は、分権的な統治制度を導入した。すなわち、一定領域の住民を**チーフ**に代表させ、そのチーフに徴税権や裁判権など強力な権限を与えて統治させたのである。ここには、その領域に居住する人々は共同体の成員であり、その共同体が当該領域の排他的な土地権利を持ち、またチーフによって代表されるとの想定がある。これらの共同体は、正式には「原住民統治機構」などと呼ばれ、植民地における地方行政の根幹部分をなした。

この共同体こそ、「部族」と呼ばれるものである。部族とは、はるか昔から存在してきた血縁集団ではなく、統治者が効率的な植民地統治のために、それを再編し、創出したものである。ヨーロッパ人とアフリカ人を区別／差別し、前者に土地の私的所有権を認める一方、後者にそれを認めず、土地に対する共同体的な権利だけを認めたのは、アフリカ人にヨーロッパと同じ市民権を認めず、部族を通じて植民地を効率的に統治するための中核的な仕組みであった。ひとつの植民地には、もともと何の関係もないアフリカ人社会がたくさん含まれる。そのアフリカ人社会を部族として再編し、その連合体を統治するというのが、植民地統治の要諦であった。

もとより、部族をめぐる上記の想定はフィクションである。共同体が一定領域に排他的な権利を持つという主張は、その集団がその領域に固定的に居住し、移動しないという仮定の下で可能になる。しかし、アフリカ人はそもそも移動を繰り返す人々であった。人口希薄で土地余剰の状態の下で、人々は頻繁に移動した。植民地当局は統治上の理由から人々の移動を制限し、土地とヒトを結びつける政策を導入したのである。人口稠密な日本では土地と人間との結びつきが当然のように受け取られがちだが、アフリカの状況は全く異なる。

ポストコロニアル国家

植民地に導入された統治システムは、アフリカ諸国の政治的独立後もすぐには変化しなかった。アフリカ諸国の独立は「アフリカの年」と呼ばれる一九六〇年以降急速に進展したが、それは自ら勝ち取ったというより、国際社会の規範の変化によってもたらされた側面が強い。そのことは例えば、同じ年に国連総会で採択された「植民地独立付与宣言」において、植民地支配が「国連憲章に違反」しているという見解が打ち出されたことによく示されている。植民地経営は、もはや国際社会から受け入れられなくなったわけである。独立したアフリカ諸国の新政権にとっても、植民地分割でつくられた国家をいきなり集権的に運営することは容易でない。結果として、多くの場合、政治的独立は植民地期の統治システムを変えなかった。特に、部族を通じた領域統治の仕組みは、根強く残存した。人工的な領域国家を運営するために、便利な仕組みだったからである。

多くのアフリカ諸国において、チーフは独立後も地方ボスの位置を占めた。タンザニアのように、独立運動を妨害したとして、独立後の政権がチーフを抑圧した国もあるが、その措置は徹底されなかった。チーフに代わって地方行政を担う主体を見つけられなかったからである（Miller 1968）。チーフの権力は、土地に対する支配力と結びついている。チーフが力を持つなかで、個人ではなく共同体が土地に対する権利を持つ仕組みも変わらなかった。

政治的独立を遂げた後も、部族を通じた統治の仕組みや資源輸出型経済構造など、植民地期に由来する様々な要素がアフリカの国家を規定した。それが「ポストコロニアル国家」と呼ばれる所以である。ポストコロニアル」という言葉には、「コロニアル」の影響を強く残存させているという含意がある。事実、アフリカ諸国は旧宗主国を中心とする先進国の強い影響の下に置かれ続けた。冷戦終結を受けて西側諸国が援助政策を変えると、アフリカで急激な政治体制の変化が起こった事実は、アフリカがいかに対外的な依存状態にあったかを示している。

植民地型統治システムからの変化

一九九〇年代以降、こうした状況は変化しつつある。新興国の台頭とアフリカ自身の経済成長によって、旧宗主国など西側諸国への依存度が減少したことは既に述べた。アフリカ諸国の統治にも変化がみられる。幾つかの国々では、植民地型の統治システムが瓦解した。ここで植民地型の統治システムとは、部族を基盤とするチーフに地方行政を事実上委任する間接統治型のそれを指す。

アフリカにおいて、部族を基盤とするチーフの政治的権力は近年総じて低下傾向にある。これには独立以降一貫した傾向と、国ごとのバリエーションを指摘できる。すべての国に言えることは、近代的教育を受けたエリートが国家機構の中で力を持つようになってきたことである。家柄に関係なく、大学で学んだエリートが行政機構に入り、地方行政の仕事を任されるようになっている。彼らが従来のチーフの役割を代替する傾向は、全てのアフリカ諸国で共通に観察される。

チーフが実質的に統治上の役割を失った国もある。とりわけ、激しい内戦や革命を経験した国の中には、従来の統治システムが崩壊し、それに代わって集権的な統治システムが成立したケースがある。ルワンダやエチオピアがその典型例である。ルワンダでは、「社会革命」と呼ばれる独立前後の内乱によって、従来の支配階級（トゥチ）が国外に放逐された。これにより、ルワンダでは伝統的なチーフがいなくなり、支配政党の幹部が地方行政を差配した。独立時に追放されたトゥチ難民の第二世代は、ゲリラ組織を結成して祖国に侵攻し、激しい内戦の末一九九四年に軍事的勝利を収めた（武内 二〇〇九）。紛争後に彼らはトゥチのチーフを復活させるのではなく、軍事組織と同様にきわめて集権的な統治体制を樹立した。エチオピアでは、一九七〇年代の共産主義革命によって皇帝を中心とする従来の支配階層が放逐された。一九九〇年の内戦で共産主義政権が倒れ、再度の政権交代が起こったが、新政権も帝政に復帰せず、統治体制の集権化を継続して進めている。

ただし、こうした国ばかりではない。西アフリカのガーナやシエラレオネ、南部アフリカのザンビアなどでは、地方行政におけるチーフの権限が法的に担保されている。アパルトヘイト廃止以降の南アフリカでも、旧ホームランド地域ではチーフの役割が憲法上規定された。もっとも、従来のチーフ制をそのまま存続させようというのではない。女性差別や長老支配など、家父長制の問題点を改め、チーフ制を近代的市民社会に適合させることが議論されている。

現状をまとめれば、近年のアフリカでは、地方行政における伝統的チーフの役割に関して、三つの類型に分類できる。第一に、植民地的な分権型統治システムを廃し、集権的な統治体制を確立した国で、ここでは伝統的チーフは実質的に消滅している。第二に、伝統的チーフの役割を法的に定めている国で、ここでは現代社会に合わせてチーフ制を調整しようとしている。第三にそれ以外の国々で、近代教育の影響などにより、チーフの影響力は次第に薄れつつある。アフリカ政治においてチーフは依然無視できない権力を保持しているが、全体として見ると、部族を基盤とした統治システムは後退し、国家権力が集権化傾向を強めている。冷戦終結以降のアフリカ諸国は、それ以前とは異なる、新たな国家建設の段階に入ったと言えるだろう。

近年の土地改革が意味するもの

近年の土地改革をこの新たな国家建設という視角に重ねたとき、アフリカ諸国の主体的選択が見えてくる。一九九〇年代以降にアフリカで進められた土地法改革が世界的な新自由主義の影響を受けていたこと、それが結果として土地の商品化を進め、農村における大規模土地取引を促し、都市に向かうヒトの流れを加速させたことは疑いない。ただし、それは国際社会から一方的に押し付けられたものではなく、アフリカ諸国が主体的に導入したものであった。そして、幾つかの国は、その土地法改革を通じて農村に対する政治的統制力を強化した。

ルワンダやエチオピアは、まさにその例である。両国では土地法改革の一環として、先進国の援助を受けて大規模な土地登記事業が実施され、一般市民に土地権利証書が交付された。これによって一般市民の私的所有権が強化されたわけではない。両国とも土地の所有権は国家にあり、適切な利用がなされない（ルワンダ）、あるいは利用者がいなくなった（エチオピア）と判断されれば、土地は国家に回収される旨規定されている。土地登記事業を通じて、市民の私的所有権強化ではなく、国家による土地管理の効率化が図られたわけである。

植民地型の統治システムにあっては、地方の統治は部族を基盤とするチーフに委任されるから、国家がその領域を直接かつ厳密に管理する必要はない。しかし、中央集権化を目指す近代国家にとって、国土の緻密な管理は避けて通れない。ルワンダにせよエチオピアにせよ、先進国が推進する土地法改革の流れに乗って登記事業を推進し、結果として土地管理の強化に成功した。換言すれば、両国の統治エリートは、新自由主義的な背景を持つ政策を自らの国家建設に利用したのである。

ルワンダもエチオピアも、内戦に勝利した元ゲリラが政権与党となり、野党の活動を制限して強権的な政治体制を構築してきたことで知られる。土地法改革は、単に農業生産力を高める目的でなされたのではなく、与党主導による統治体制確立の一環であり、農村社会を再編して中央集権化を進める意図を含んでいた。それは、中央集権的な近代国家建設に向けた内発的な動きであったと評価できる。

「我々の目的は、植民地主義者が大陸を分割してつくったぶざまな加工品から、真のネーションをつくりだすことだ」[2]というザンビア初代大統領カウンダの言葉はよく知られている。しかし、カウンダは、植民地型の統治システムを変えるため積極的に取り組んだとは言い難い。現在に至るまで、ザンビアで伝統的チーフは大きな政治的権力を握っている。野党の活動を抑圧するルワンダやエチオピアの政治体制を手放しで称賛することはできないが、そこで起こっている新しい国家建設—中央集権的な近代国家の確立—は、アフリカにとって不可避の要素を含んでいるように思える。

地域研究という方法

アフリカからヨーロッパに向かう移民・難民を入り口として、その背景にあるアフリカの経済や政治の構造、農村社会の変容、そして新たな段階に入った国家建設について論じてきた。アフリカに視座を置いて議論を進めたつもりだが、これが地域研究のアプローチなのかと問われると自信はない。「地域研究とは何か」という問いは、筆者が三〇年ほど前にアフリカ研究を始めて以来向かい合っているものだが、未だに確たる答えを得ていない。最後に、地域研究について最近考えさせられたエピソードを紹介して、本章を閉じたい。

南アフリカ（南ア）のケープタウン大学にあるアフリカ研究センター（Centre for African Studies）に所属する研究者と話していた時のことである。彼によれば、同センターが提供する修士課程のアフリカ研究プログラムの人気が急騰していると言う。「工学とか医学とか、理系分野の出身者まで入学してくるんだ。アフリカ研究の人気はどんどん高まっているよ」と彼は誇らしげだった。欧米や日本で、地域研究が勢いのある学問分野だという認識はあまりないだろう。特に地域研究が国家の世界戦略と結びついていた米国では、冷戦終結を一つの契機として、その優先度が大きく下がったと言われている。

南アフリカにおける地域研究（アフリカ研究）の人気は、何を意味しているのだろうか。私はこの動きを、アフリカ人、とりわけその若者たちが主導する認識上の変化だと捉えている。これまで常に世界から眼差される対象でしかなかったアフリカが、自分達を、そして世界を主体的な考察の対象とするようになってきたのである。アフリカ研究への関心の高まりは、欧米で構築された理論の学習ではなく、「自分を知る」ことを学問の基盤に据えたいという欲求を表している。きわめて正当かつ健全な学問上の要請である。

地域研究は、ある固有の現場から浮かび上がる問いに答えるための営為であり、そこで生起する問題をめぐるコンテクストの理解を重視する。それ自身が単独のディシプリンとは言えないが、具体的な場に関わる学問上の問いに答え、また新たな問いを発見することによって、学術を豊かにする可能性を持つ。特に、非欧米地域で発現する諸問題に注目する地域研究は、欧米の知的ヘゲモニーに対する異議申し立てにおいて大きな役割を果たしてきた（Appadurai 1996=2004: 42-43）。

南アでアフリカ研究への関心が近年盛り上がっているというのは、裏を返せば、最近に至るまでそうした学問上の要請が顧みられなかった、あるいは抑圧されていたことを意味する。一連の動きの発端となった「ローズ・マスト・フォール」（Rhodes Must Fall）運動（二〇一五年）は、征服者セシル・ローズの銅像が南アのトップ校ケープタウン大学の中央に飾られていたことへの抗議活動だが（牧野 二〇一六）、アパルトヘイト体制が終焉して二〇年を経た段階で、ようやくこうした問題提起が社会に広がったわけである。欧米の知的ヘゲモニーはそれほどまでに強力だと言うことだが、独立から半世紀を過ぎて新たな段階の国家建設が進み始めたアフリカ諸国の状況と相通じるものがある。

筆者は日本語を母語とする日本国籍保持者で、その限りで言えばアフリカと何の関係もないが、「自分を知る」ためにアフリカ研究に強い関心を抱くアフリカ人学生の気持ちはよくわかる。自分の出身地域を専門としようと、それ以外の地域を選ぼうと、地域研究は「自分を知る」という動機と不可分のところがある。私の例でいえば、アフリカについて学ぶことは、日本を、そしてまた自分を異なる視点から観察することである。

アフリカを通じて、日本、そして自分を深く理解できたと感じることは、しばしばある。人間は「自分とは何か」という問いから逃れられない。私もまた、「地域研究とは何か」を問いながら、「自分とは何か」を考え続けていくのだろう。

【注】

1　断りのない限り、本章で「アフリカ」はサハラ以南アフリカ（いわゆるブラックアフリカ）を指す。

2　原文は以下の通り（Fessha 2010: 10による）。"Our aim has been to create genuine nations from the sprawling artifacts the colonialists carved out."

【引用・参考文献】

Appadurai, A., 1996, *Modernity at Large: Cultural Dimensions of Globalization*, Minneapolis: University of Minnesota Press.（門田健一訳『さまよえる近代——グローバル化の文化研究』平凡社、二〇〇四年）

Chanock, M., 1991, "Paradigms, Policies and Property: A Review of the Customary Law of Land Tenure." In *Law in Colonial Africa*, edited by K. Mann and R. Roberts. Portzmouth: Heinemann, 61-84.

Fessha, Y. T., 2010, *Ethnic Diversity and Federalism*, London: Ashgate.

Mamdani, M., 1996, *Citizen and Subject: Contemporary Africa and the Legacy of Late Colonialism*, Princeton: Princeton University Press.

牧野久美子、二〇一六「『Must Fall』運動を振り返る——二〇一五年の南アフリカにおけるプロテストの軌跡」『アフリカレポート』五四：四四 - 四九。

Miller, N., 1968, "The Political Survival of Traditional Leadership," *The Journal of Modern African Studies* 6(2): 183-201.

武内進一、二〇一七「アフリカにおける土地政策の新展開と農村変容」武内進一編『現代アフリカの土地と権力』アジア経済研究所、三一-三四。
――、二〇〇九『現代アフリカの紛争と国家――ポストコロニアル家産制国家とルワンダ・ジェノサイド』明石書店。

【用語解説】

ランドグラブ　土地収奪を意味する。確立された定義はないが、市民社会、政府、国際機関の連合体組織「国際土地同盟」(International Land Coalition) は、土地取得が次の五つの条件を一つでも満たす場合に「ランドグラブ」と定義している。(1)人権を侵害している。(2)事前告知に基づく自由意思による同意原則（FPIC原則）を欠く。(3)公正な評価を欠く。(4)透明な契約を欠く。(5)実効的かつ民主的な計画を欠く。

チーフ　様々なアフリカ人コミュニティの指導者を指す。そのコミュニティは地方行政機構と重なることが多い。出自としては、本章で説明したように植民地期に遡ることが一般的で、独立後も様々な政治的影響を受けてきた。

一九九〇年代末から二一世紀にかけて、日本の研究は、海外の日本研究における新しい流れの影響を強く受けてきました。とくにアメリカからの影響は、社会科学全般に大きな転換／転機をしるしたように思います。テッサ・モーリス＝スズキさんは、オーストラリアから、ヨーロッパ並びにアメリカなどの日本研究を見据えて、日本の技術史、そしてアイヌ研究、北朝鮮への帰国事業などをめぐって「衝撃的な研究」をおこない、日本の知的状況に深甚なインパクトをもたらしました。さらに三・一一をめぐる日本の知のありように深い関心を寄せられ、本書の執筆者にも大きな影響を与えてきました。

III部　再び、大きな問いに立ち返る

――「民主主義、多文化主義、三・一一」

そこでIII部では、I部、II部の問いと応答の内容をテッサさんに振り返ってもらい、その上であらたな課題を提示してもらうために、三つ論点、すなわち⑴民主主義、⑵多文化主義、⑶三・一一、についての問いかけに応答していただくことにしました。

問いかけ(1)「民主主義」

欧米や日本など、これまで先進民主主義国と考えられてきた国々の多くにおいて現在、民主主義の諸前提が大きく揺らぎはじめています。日本の安倍政権においては「戦後レジームからの脱却」という掛け声の下、憲法をはじめとする立憲民主主義的な仕組みが国家運営を妨げる障害とみなされ骨抜きにされています。そして米国では、トランプ大統領が登場し、やはり同じく「アメリカを再び偉大にする」という勇ましい号令によって、アメリカ社会の分断を深め、国際協調の道は閉ざされようとしています。そのように第二次世界大戦以後に国際社会で共有されてきたはずのさまざまな規範的な理念が現在、危機的な状況にあります。

はたして、民主主義は終わりを迎えたのでしょうか？　それとも現在は、なにか大きな変化の前触れということなのでしょうか？　民主主義の未来を、私たちはどのように展望したらよいのでしょうか？　私たち一人ひとりは政治とどのように関わりをもてばよいのでしょうか？

デモクラシーの危機

テッサ・モーリス＝スズキ（山岡健次郎訳）

空洞化するデモクラシー

一九八九年、東西ドイツ分裂の象徴であったベルリンの壁が崩壊しました。「冷戦終結」の兆しを広く印象付けたその出来事は、強権体制に対するデモクラシーのまるで奇跡的な勝利であると思われました。インド生まれの小説家であるサルマン・ラシュディがその当時の雰囲気をつぎのように回想しています。「一九八九年のベルリンの壁が崩壊する二ヵ月前に、もしそんなことが実際に起こるだなんて君が言ったとしても、誰一人として君の言うことなんて信じやしなかったはずさ。それほど冷戦システムは強固で壊れないものに思われていたから。それが突然、一夜のうちに塵のように吹き飛んだんだ。」

当時、デモクラシーが独裁政治に突然の勝利を遂げたのは、なにも東ヨーロッパにかぎりませんでした。ベルリンの壁が崩れ落ちた三ヵ月後には、南アフリカの監獄から二七年ぶりにネルソン・マンデラが解放されました。彼は一九九四年に南アフリカの新しい大統領となりました。一九八六年、フィリピンの「ピープル・パワー革命」によってマルコスの独裁は終わりを迎え、韓国では一九八七年六月の大規模デモにより、同じく唐突に民主化の波への扉が開かれたのでした。

一九九〇年代のはじめには、多くの人々がデモクラシーの成功と自由主義世界の勝利について語ったものです。同世代の多くの人々と同じく、私も八〇年代後半から九〇年代初頭の一連の出来事が生み出した希望の感覚を覚えています。そしてやはり同世代の多くと同様に、私は現在、あの希望はどこに行ってしまったのだろうかと訝しんでいるのです。あれからおよそ三〇年、世界はまったく違う場所になってしまったかのようです。一九九〇年代前半に拡がった、今後デモクラシーは拡大し続けるというあの陶酔感に取って代わって、(インドの小説家のアルンダティ・ロイが述べているように)デモクラシーは「空洞化し意味のない言葉となってしまった」という感覚が支配的になりつつあります。

一九九〇年代の前半には、自由民主主義は勝利し世界中に伝播していくだろうという見通しがありました。しかしそれ以来、事態はまったく違ったコースを辿ることになりました。中国は、経済的な意味で開放されましたが、政治的な変革は起こることなく、一党支配が継続しています。北朝鮮は、キム一家の支配下に置かれたままであり、自由民主主義への明らかな転換を経験したはずの(ロシア自身も含めた)多くの国々において、一人の指導者による支配と言論の自由を統制する動きが再び現れてきました。

この一〇年間に、さらに私たちは、デモクラシーの常識的な通念に対するいくつかの挑戦を目撃してきました。何と言っても、ポピュリズムと呼ばれる現象の台頭があります。たとえばそれは、二〇一四年にインドでモディ政権を誕生させた選挙以来見られるものですし、フィリピンにおいては、二〇一六年のロドリゴ・ドゥテルテ大統領の誕生以来顕著になってきています。そしてもっとも露骨に、米国におけるドナルド・トランプの登場があります。日本でもまた、一九九〇年代にはほとんど誰も予測しなかったような政治の変化がありました。一九五五年の結党以来支配権力を握ってきた保守勢力としての自由民主党による政治的支配は徐々に弱まり、やがて真の二大政党制による政権交代が実現するであろうと広く予想されていました、二〇〇九〜一〇年にかけて実際にそれが起きつつありました。しかし、二〇一一年の巨大地震、津波、東電福島第一原発事故という一連の出来事以後、事態は正反対の方向に進みはじめました。二〇〇九年に政権についた民主党は、震災対応での多くの失敗を非難され選挙で大敗し、日本は二〇一二年以後、ふたたび自由民主党政権の支配の下に置かれ、有力な批判勢力は希薄になりました。

グローバル化と共感の危機

一体、何が起こったのでしょうか？　説得的な一つの説明は、次のようなものです。一九八〇年代後半から一九九〇年代前半に勝利したデモクラシーは、拡大する市場経済に結びついていて、それは世界の多くの国々において貧富の格差を増大し続けてきました。市場の要求は、労働者の搾取をますます強めていきますし、雇用はいよいよ不安定化していきます。あらたなテクノロジーによって日常生活の隅々にまで仕事が入り込み、それによって私たちは、自分の家族や地域社会、そして自分自身のために捧げる時間をどんどん奪われています。都市化と産業化は深刻な環境の変化を引き起こし、それが多くの既存のコミュニティや生活様式の基盤を脅かしました。

人びとは終わりなき競争に駆り立てられ、孤独の中で怯えています。急速に変化する新しい情報技術は、社会を豊かにする可能性を秘めている一方で、人間同士のコミュニケーションを、個人的感情を即物的に吐露する断片的なメッセージへと縮減する方向に進んでいます。そうしたコミュニケーションのあり方は、自己顕示欲を刺激し、根拠のない噂を広め、フラストレーション、怒り、憎悪を発散するのに最適ですが、我慢強く議論を続け問題を深く掘り下げるのには全く役に立ちません。

変化のスピードにめまいを覚えるこうした世界にあって、多くの人々が人生において恒常的なストレスを抱え、将来に対する不安をつねに感じています。しかし、問題の原因は複合的かつ曖昧です。政党やイデオロギーが説得力をもつ解答を提示してくれることなどほとんどありません。結果として、共有感情の危機という、奇妙な現象が世界規模で広がっています。孤独、不安、そしてストレスが、「誰も私のことを気遣ってくれていない」という感情を醸成しているのです。

愛されていない、大切にされていない、というこうした実感は、人々の同情を一身に集めているように見える他者に対する妬みや怒りにつながっていきます。たとえ、そうした他者が多くの場合、もっとも悲惨な境遇の犠牲者であったとしても。紛争地域や迫害を逃れてきた難民や抑圧された民族的少数者、さらには自然災害、あるいは人為的な災害の犠牲者までもが、こうした奇妙な怒りや恨みの標的とされているのです。「なぜ人々は彼ら彼女らには同情するのに、私に同情してくれないのか？」まるで、共感が有限の資源であるかのようです。他者が一回同情を受けるたびに、自分への同情が一つ減っていくとでも言うかのように。しかし言うまでもなく、共感は限りある資源などではありません。共感は広がれば広がるほど、ますます増えていくものです。私たちはどのようにすれば、そういう簡単な理屈をもう一度取り戻せるのでしょうか？

東アジア全域にわたって、国家であれ地方自治体であれ、通常の政治制度がこうした社会問題への解決策を提示できていないことは明らかです。日本においては、二〇一一年の地震、津波、東電福島第一原発事故によって壊滅させられた地域の住民たちが、いまだに終わりなき災難に立ち向かい続けています。中国では、経済の急速な産業化の渦中において、農民工たちが拡大し汚染が進行する都市部の片隅で生計を立てようと奮闘しています。他方、モンゴル人やチベット人、さらにその他の少数コミュニティが、計り知れない環境破壊・文化破壊に直面させられています。韓国の若者たちは、仮借ない学歴競争と就職難の中で孤立を深め行き場を失っています。そして北朝鮮からの脱北者たちは韓国社会で差別にさらされていますが、だからといってどこか別の場所に避難できるわけではありません。

そして多くの場合、公的な政治はこうした問題への解決となるよりはむしろ、問題の原因となっています。その一つの帰結として、有権者たちは複雑な問題に対して単純な解答を持ち出す政治家に期待を寄せるようになります。そうした政治家たちのあけすけな物言いや型破りな言動によって「エリートどもを動揺させる」ことができるのです。さらに新しいソーシャル・メディアの広がりによって、こうしたポピュリズムは活性化しています。ほとんどのポピュリスト指導者たちがツイッターなどのコミュニケーション・アプリの熱心なユーザーであるのは決して偶然ではありません。オンライン・メディアは、公的な言論空間を再編しました。それは欲望と恐怖だけを共有する膨大な数の人々を束ねています。グーグルなどの検索エンジンは、ネットユーザーの情報を集積し、各ユーザーが聞きたい情報だけを届けてくれます。こうして私たちはグループ化され、オンライン・コミュニティというよりは、匿名のオンライン群衆（あるいは野次馬集団）となり、その閉鎖空間で声高に主張を響かせ欲望と恐怖を相互に増幅させているのです。

もうひとつの政治へ

つまりは、デモクラシーは瀕死の状態にあるということなのでしょうか？　私の答えは、「いいえ、決してそんなことはない」というものです。現在の危機とは、デモクラシーの意味を再考し、予期せぬ場所に民主的な政治活動を再発見する機会でもあります。アリストテレスのような思想家による使用例からもわかるように、「政治」という言葉の原義は、人々からなるコミュニティが（物心両面における）より善き生を探求することを意味しています。議会や政府の中枢で起きていることは、もちろんきわめて重要です。しかし市民による政治への積極的な関わりは、日々の生活の中から始まります。そして、重要な社会的・政治的変革というのは、ときに政党や行政の介入なしに、市民自身が自らのために活動することによって達成されるのです。

日本にはこの種の、民間レベルでの政治的活動のとても長い歴史があります。一九一〇年代に足尾銅山での汚染被害を受けた谷中村の農民たちは、そうした民間レベルの政治活動を展開しました。そのとき農民たちは、村を退去せよという政府の命令を拒否し、抵抗の意思を示すために黙って農耕を続けたのでした。一九二〇年代には長野県において、農民と大学の教員たちが民間レベルの政治活動を実践しようとしました。彼ら彼女らは寄り集まって「自由大学」と呼ばれるコミュニティ教育における目覚ましい独自の試みを開始したのです。それは、日本における多くの創造的なコミュニティ教育の先駆けとなりました。そうした試みは、次のような理解に基づいていました。すなわち、もし人々が自分自身の意見を形成し、そうした意見に基づいて投票できるような知識と教育を受ける機会を持たないならば、たとえ投票権を与えられたとしても、それはデモクラシーの一部が実現したに過ぎないという理解です。

第二次世界大戦後には、工場労働者、炭鉱労働者、そして多くの地方出身者たち自らが、社会的・政治的な問題への理解を深めるための独立したサークル運動を展開しました。こうした伝統は一九七〇年代にも、環境問題の専門家である東京大学の宇井純が開設した「自主講座」のようなかたちで受け継がれていきます。そこではあらゆる年代の一般の人々が集まり、公害問題について学び、自ら調査を行い、環境保護への新しいアプローチを発展させていきました。（福島に関しての以下の文章の中で論じるように）近年では、同じような「市民による科学」プロジェクトが、福島の原発事故をきっかけとして生まれてきていますし、また別の場所においても、自立的なコミュニティによる地域の発展を目指す草の根運動が展開されています。それは、「お上」から押し付けられる発展ではありません。日常レベルの政治実践としては、たとえば、ここ一五年ほどの間に日本を含めた世界各地にトランジション・タウンが生まれてきています。そうしたプロジェクトでは、特定の町や地域の住民たちを巻き込み、より環境に配慮した持続可能な未来へ向けた独自の町づくりプランが練られています。

日常レベルの政治と国家

上に挙げたのは、過去と現在に実践されてきた日常レベルにおける政治実践の数多い事例のほんの一部に過ぎません。そうした事例を強調するからといって、私は政府や政党活動や選挙が重要でないなどと言おうとしているのではありません。それらは引き続き市民生活に重大な影響を与えるでしょうし、草の根の市民グループにとっても、さまざまな意味で国家レベルの政治との連携は重要です。しかしながら、デモクラシーの意義を再発見するためには、われわれの政治そのものに対する理解を拡張することが大切です。さらに、投票箱だけでなく、私たちの日常生活こそが社会の未来を形作るのだということを忘れてはなりません。デモクラシーの公式な制度を作り上げるだけでなく、教育や自由闊達な議論、さらには草の根のネットワークを通して、デモクラシーのための社会的基盤を築き上げることが不可欠となります。

あなたが住んでいるコミュニティでは、どのようなかたちの日常レベルの政治が行われていますか？よりよい世界へ向けての展望を開くために、あなたは他者とどのように協働していますか？そしてあなたの日常レベルでの政治的活動は、国家さらには国際社会のレベルにおけるあなた自身の政治理解をどのように形作っていますか？

【引用・参考文献】

Cliff, T., T. Morris-Suzuki and S. Wei eds., 2018, *The Living Politics of Self-Help Movements in East Asia*, Palgrave Macmillan.
Müller, Jan-Werner, 2017, *What is Populism?*, Penguin Books.（板橋拓己訳『ポピュリズムとは何か』岩波書店、二〇一七年）
Roy, A., 2009, *Fieldnotes on Democracy: Listening to Grasshoppers*, Haymarket Books.

問いかけ(2)「多文化主義」

オーストラリアというと、日本では、白豪主義から多文化主義へと転換した国として知られています。かつて白豪主義のもとでは、いわゆる白人による国家を形成するために、アジア系を含む有色人の入国や定住が規制されました。しかし、戦後、移民の出身国の多様化が進む中で、一九七〇年代に出身地や出自文化によってハンディを負うことのない平等な社会を目指して、多文化主義（multiculturalism）が政策として掲げられるようになります。その政策は「過剰」とか「不十分」とか、左右双方から常に批判を受けてきましたが、今後も大きく後退することはないようにみえます。

他方で、欧米諸国では移民排斥運動や白人至上主義の台頭がみられ、多文化主義への否定的な論調が高まっています。また、日本はといえば、二〇一九年四月に、「外国人材」、実質的には「移民」の受け入れの拡大へと舵を切りました。日本社会の多様化はより進んでいくでしょう。

多文化主義とは何だったのか、また、今後はどうなっていくのか。グローバルな視点から、かつ日本社会への示唆も含めて、考えるべき課題であると思います。

多文化主義の現在

テッサ・モーリス＝スズキ（飯笹佐代子訳）

「多文化主義（マルチカルチュラリズム）」の起源

「多文化主義」という語が使われ始め、広まっていくのは一九六〇年代末から一九七〇年代初頭以降のことです。それは、グローバル社会のなかで、異なってはいても同時に起きた二つの動きに応えたものでした。ひとつは、自分たちの権利が社会のマジョリティによって無視もしくは侵害されていると感じた民族的、宗教的、言語的なマイノリティによる平等への要求が声高になっていったことです。「多文化社会（multi-cultural society）」という語が最初に使われたのは、しばしばカナダの二言語・二文化主義政府調査委員会による一九六五年の報告書であったとされています。この委員会は、カナダにおいてフランス語系コミュニティによる言語の権利を求める圧力が高まるなかで発足しました。

多文化主義への関心を促すもうひとつの動きは、戦後経済の急成長に伴って、西欧をはじめ世界各地で大規模な人の移動が生じたことです。一九五〇年代と六〇年代を通じて、ヨーロッパの比較的豊かな国々はおしなべて、自国経済の重点分野における労働力不足を補填するために、短期、長期いずれかの労働移住を奨励しました。たとえば（当時の）西ドイツでは、一九五〇年代よりイタリアやギリシャ、トルコといった自国より貧しいヨーロッパや中東の国々から短期契約で、いわゆる「ゲスト・ワーカー」を導入しました。一九五〇年から一九七五年までの間に、西ドイツに住む外国人の数は約五五万人から四〇〇万人以上へと増加しています。

この「ゲスト・ワーカー」の制度では、移住してきた肉体労働移民は契約終了後に帰国することとされ、受け入れ国が提供する社会保障や教育、その他の便益への権利を行使できないようになっていました。とはいえ、移民を、受け入れコミュニティの社会生活からそう簡単に排除することはできませんでした。彼（女）らは病気にもなります。恋愛もします。結婚し、子どもをもうけます。多くの移民は受け入れ国に留まる方法を見つけて永住者になり、ついには市民権ないしは国籍を取得するようになりました。スイスの劇作家マックス・フリッシュの有名で皮肉を込めた観察のとおり、「我々は労働力を求めたのに、やって来たのは人間だった」というわけです。

一方、イギリスでは、戦後の労働力需要の主な部分はインドやパキスタン、その他の西インド諸国といった旧植民地からの移民によって供給されました。カナダやオーストラリアも経済成長を支えるために、移民に大幅に依存しました。ただし両国とも、第二次世界大戦後の初期は「非白人」の移民を禁じる政策をとっており、一九六〇年代に入って（人種による）差別のない政策に移行しています。

移民の割合がより高くなると、受け入れ国における可視的マイノリティ（肌の色など外見からわかるマイノリティ）の存在感が増していき、いっそう進行する文化の多様化に対応するための最善策をめぐって議論が促されました。しかし、多文化主義がどのように解釈され、実践されてきたのかは国によってさまざまであり、また時代によって変化していきます。

多文化主義の意味

多文化主義にはいくつもの意味があります。まず、今日のあらゆる文化や社会は、多くの出身地や言語の異なる人びとの存在によって形成されており、多様である、という事実を単に表現します。この意味での多文化主義は、近代の国民国家と同様に古代の中華帝国や中世のイギリスやフランスのようなところでも、常に存在していたことになります。そして、移民や目に見える多様性が比較的少ない国でさえも、私たちのグローバル化された世界では文化がたえず自由に越境しているために、ますます多文化的になっていると言うこともできます。一九六〇年代と七〇年代に台頭した多文化主義論争におけるひとつの重要な側面は、すでに国境内に存在する文化的多様性への認識を格段に高めたことでした。

こうした認識は、次の、多文化主義という語の二番目の意味に関わってきます。この語はしばしば、ある姿勢、すなわち多様性を受け入れようとする、開かれた前向きな意志を指すために使われます。差別の問題や、一九五八年にロンドンのノッチンゲン・ヒル地区で起きたような人種暴動によってさえ、多様な民族的、言語的背景を持つ人びとの間で互いの受容と理解をより促進していくためには、教育、そして姿勢を改めることの必要性が強調されるようになりました。多文化主義は、そうした変化をもたらすための取り組みでした。

多様性が対立ではなく強さないしは成長の源泉となる社会を創造するための実践的な取り組みを行う上で、

新しい政策の立案が求められました。したがって、しばしば多文化主義という語は、文化的多様性を承認し、調整するために考案された一連の政策措置を指します。大まかに言うと、それらの政策は二種類の形をとってきました。多文化政策の一つは、移民が彼（女）らの住む受け入れ社会に馴染むように支援することを目的としています。たとえば、多数派の言語による教育を提供すること、他方で医療や福祉制度などに関する重要な情報については多言語で発信することなどです。このような政策は、一九七〇年代と八〇年代にカナダやオーストラリアとともに、いくつかの西ヨーロッパ諸国でも導入されました。多文化政策のもう一つの次元は、国民国家の諸側面をマイノリティの存在に適合させようとする試みです。すなわち、国家の現行の規則や制度は、マイノリティの権利を配慮しない文化的前提によって形成されてきたのはないかということに気づき、こうした規則や制度を、近代国家の内部に存在する多様性をより誠実に反映したものに変えていこうとすることです。

オーストラリアの例では、多文化主義の考え方は一九七三年から展開され、人種差別を禁じる法律（一九七五年に成立し一九九五年に改正）や、いっそう増す国内の文化的多様性を反映した新たな公共放送サービスの創設——一九八〇年に設立されたSpecial Broadcasting Services（ＳＢＳ）や、後の二〇〇七年に発足したNational Indigenous Television（ＮＩＴ）——などの政策措置を含みます。より広い意味では、ヨーロッパからの移民が到来する何万年も前からオーストラリア大陸を占有していた先住民族への特別の権利を認めた新たな土地権（land rights）法も、国家の多文化的性格に対する認識が高まっていることを表しています。

バックラッシュと論争

しかしながら、多文化的な姿勢と政策は、世界の各地で過去二〇年来、挑戦やバックラッシュにも直面してきました。多文化主義を批判する人びとは、たとえば、文化の受容には限度があるべきとする議論をしばしば提起します。女性の権利を厳しく制限する伝統を持つ文化的、宗教的な集団も存在しています。したがって、民主的な社会では、自らの伝統を維持するための移民マイノリティ集団の主張は、ジェンダー平等という考え方と衝突してしまうかもしれません。しかし、これは個人の権利と集団の権利を調和させるという、より大きなジレンマの一部に過ぎないと論じることもできます。つまり、こうしたジレンマは、特に高い割合の移民や民族的な多様性を擁しない社会も含めて、あらゆる民主主義国家において存在しているからです。多文化主義を擁護する人びとからの対応・回答は、個人の人権を侵害する実践を阻止したり禁止したりすることは、多文化社会において当然容認できるというものです。多文化主義は「何でも許される」ことを意味するのではなく、政府や社会制度が、個人の人権を擁護、向上することに最善を尽くしつつ、多様な集団が互いを理解し、尊重し、協働するために可能な限り強固な基礎を創るべきことを意味します。多文化主義はまた、特定の言語的、民族的、宗教的なコミュニティに対する短絡的なステレオタイプを克服し、さらに、コミュニティ内と諸コミュニティ間の双方に存在する多様性やダイナミズムを承認することを目指します。

他方で、多くの比較的豊かな国家では、政治的環境の変化が多文化政策への挑戦を生んでいます。デモクラシーの危機についての議論でもみたように、ますます広がる格差、雇用の不安定に対する懸念、戦争や貧困に侵された地域から流出する大量難民への不安、そして噂や偽情報を拡散するために容易に使われるニューメディアの隆盛、これらすべてが社会的緊張と相互不信を招いています。こうした事態は、あちこちで新たな外国人嫌いの政党の台頭をもたらしてきました。たとえば、オーストラリアのワン・ネイション党やスペインのヴォックス、オランダの自由党のような政党のことですが、いずれの政党も国政選挙で獲得した票の数から見ると比較的少数に留まっているとはいえ、主流政党の政策に影響を与えてきています。なぜなら、より大きな政党は票を失うことを恐れて、自らの政策を極右の方にシフトさせる傾向を示してきたからです。

そのひとつの帰結として、多文化政策を維持し展開することへの関心が世界各地で低下しつつあります。これは深刻な懸念すべき動向です。多文化主義は単にいくつかの法を通せば成り立つというものでも、またそれ以上の努力を何らすることなしに上手くいくことが期待できるというものでもないからです。多様性が対立や摩擦の源泉ではなく活力の源泉となる開かれた多文化社会を育むためには、持続的な取り組みとエネルギーが必要なのです。

多文化日本

日本は高度成長時代に移民労働者の流入を促す政策を導入しなかった点において、例外であったと言えます。一九八〇年代以降、日本で就労する外国人の数は実質的に増えましたが、彼（女）らの入国を促進し、日本での日常生活を支援するための国家的な枠組みは皆無に近いものでした。少なくとも一九八〇年代までは、政治家をはじめとして多くの人たちにとって、日本を民族的文化的に均質な国であると主張することはごく普通のことでした。しかしながら、この主張が真実であったことは決してありません。近代国家日本は、琉球王国という、それまで独立していた王国と、北海道と南サハリン、千島列島に住んでいたアイヌの人びとなどによる、それまで自立していた自治コミュニティの併合によって形成されました。戦前と戦中には朝鮮系と中国系の人たちも相当数移住しています。一九八六年に当時の中曽根康弘首相が日本を均質な社会と表現し、多人種のアメリカと比べて好ましいと述べたコメントに対し、国内外から抗議や批判が相次いだことは、日本の長きにわたる多様性の歴史に対する認識が高まっていることを示すものでした。

二一世紀に入ると、高齢化と二〇〇八年から人口減少が始まったことによって、外国人労働者に対する公的な姿勢は徐々に変化してきています。一九九〇年代と二一世紀の最初の一五年を通じて、日本政府は移住への門戸をより開放することにかかわり常に慎重な政策を取り続けました。少子高齢化の社会に与える影響がもはや隠せなくなり、多くの議論を経て、建設や農業、医療をはじめとする一連の分野において外国人労働者の受け入れを拡大し、規則化するための新たな方策を導入したのです(二〇一九年四月)。

この新たな政策は、多くの点で戦後の高度成長時代にドイツのような国で導入された「ゲスト・ワーカー」プログラムと似ています。外国人労働者は契約の終了後に帰国することが前提となっており、ほとんどの労働者にとって、新規則は日本で永住する道を提供するものとはなっていません。また、依然として国政レベルでの多文化主義への取り組みも伴っていません。それどころか、外国人労働者が日本の生活に馴染むための支援を提供する役割は、ほとんどのケースで雇用する企業と地方自治体に委ねられました。

外国人労働者の入国に関する新法の導入は、アイヌの人びとの地位を先住民族として法的に初めて認める新法の成立とほぼ同時でした。しかしここでもまた、改革は慎重かつ限定的でした。法律には「先住民族」という語が入っているにもかかわらず、カナダやオーストラリア、ニュージーランド、台湾など他国の先住民族マイノリティが獲得している土地や資源への特別な権利の承認は含まれませんでした。

重要であるのは、現安倍政権が「多文化主義」の語より「共生」の語を好む点です。社会の調和や一体性を強調するのに、文化的多様性を認知し、尊重し、賞賛することの大切さを軽視するからなのでしょう。日本は長きにわたり事実上の多文化国家でしたが、政策としての多文化主義に向かう旅はまさに始まったばかりなのです。

【引用・参考文献】

Fleras, A., 2009, *The Politics of Multiculturalism: Multicultural Governance in Comparative Perspective*, Palgrave Macmillan.
Iwabuchi, K. et al., eds., 2016, *Multiculturalism in East Asia: A Transnational Exploration of Japan, South Korea and Taiwan*, Rowman and Littlefield.
塩原良和、二〇一七『分断と対話の社会学――グローバル社会を生きるための想像力』慶応義塾大学出版会。

問いかけ(3)　「三・一一」

三・一一がグローバルな地平でもたらしたものは、グローバリゼーションが帯同してきた科学技術の不確実性とリスクの不可避性です。その一方でローカルな地層に足を踏み入れてみますと、災害資本主義が跋扈し、一瞬つまずいたようにみえる技術至上主義が息を吹き返していることがわかります。そしておぞましいことに、「原子力むら」が何もなかったかのように創造的復興論の旗振り役を演じています。ここでは原発爆発という「世紀の大災害」は色もなく匂いもなく、ただただ「忘却の河」に流されています。そうしたなかで、多くの被災者は「待つこと」も「選ぶこと」も許されない、場所をもたない無権利の状態に置かれています。

こうした状態の下で、復興施策、特に強制帰還が被災者間にもたらしている分断や格差を越えて立ちあがるもうひとつの市民社会の形成、さらにそうした市民社会を下支えするようなリフレクティヴな科学の樹立の可能性をどのように展望すればいいのでしょうか。

福島原発災害とその後

テッサ・モーリス＝スズキ（辛島理人訳）

二〇一一年三月の災害から八年以上が経過した二〇一九年四月、事故を起こした東京電力福島第一原発において、これから何十年も続くとされる廃炉作業の重要な工程の一つとなる燃料棒の取り出しが始まりました。一方、本稿を書いている時点で百万トンを超し、現在も増え続けている放射能汚染水は、原発の敷地内のタンクに貯蔵され、その処理策を政府も東京電力も明確に示せていません。事故が発生して八年の間に、二三〇万トン以上の放射能を含んだ土壌が、被災地から（福島第一原発に隣接する）大熊町や双葉町に運び込まれました。汚染した土壌や放射性廃棄物は、全国で約一、五三〇万トンもあり、その隔離や除染といった問題に対する解決策は未だ見つかっていません。これらの事実は、災害が日本社会にあたえた主要な衝撃が持つ二つの局面のうちの一つを示しています。事故収束には気の遠くなるような「長い期間」を有するという点です。

福島第一原発の爆発とメルトダウンは、徐々に上昇している人間環境における放射線レベルの世界的な上昇に拍車をかけた、現在進行中の一連の出来事の一部です。二〇一一年より前から、（他の地域と同様に）福島県の放射線量は、一九五〇年代と六〇年代に太平洋で行われた大気圏核実験の結果として、自然の水準よりも上昇していました。三月十一日の災害以来、福島の事故で出されたプルトニウムの総量を測定する研究においては、それらの核実験によって土壌から検出される放射線量の存在が前提とされています。セシウムなどの物質は、何十年も放射能を放出し続けます。放射性プルトニウムは何千年もなくなることはありません。福島の大災害は、人間環境を変え、人間が軍事あるいは産業のために原子力を用いる限り続く、計画的あるいは突発的な放射性物質の環境への排出という、継続しつづける歴史の一部となったのです。

この災害がもたらした衝撃の二つ目の重要な要素は、「不確実性」です。我々の技術が複雑になるほど、科学は自然状態により深く影響し、不確実性の領域が広がっていきます。放射線にさらされることによる影響は、きわめて複合的です。放射性物質の性質、被爆の方法、被爆した人々の状況などによって異なるからです。「福島の大災害が人間の健康や環境にもたらす長期的な影響は何か?」という問いに対する正直な回答は「誰も知らない」のです。優れた専門家が可能な限りの知識をもとに予測することもできるでしょうし、その予測をもとに人々を安心させるような意見を出すこともできるでしょう。しかし現時点で人類がもつ知識では、長期的にこの災害が特定の個人はいうまでもなく、特定のコミュニティの健康にどのような影響をあたえるかについて、断定できる意見を主張することは不可能です。

この将来にわたる不確実性は、日本で起きた大規模原発事故の対応に決定的な影響をもたらしています。影響をもっとも受けた被災地に住む人々は、そこを去るかそこに残るかを判断するために必要な信頼できる情報を得られないままの状態におかれました。原子力発電所に近い地域に戻る住民は、帰還による健康被害があるかどうかについて確証がないままです。確実性の欠如は、コミュニティ、あるいは時に家族の内部に分断や亀裂を生み出し、住民たちは生活をとりまく不確実な状況の把握を求めて格闘しています。

新しい日本へのビジョン

二〇一一年三月十一日に起きた出来事への一つの反応は、「新しい日本」を希求するさまざまな形態の出現でした。津波や原発メルトダウンの一か月後には、例えば、約一万五千人が日本の原発廃止を求めて東京の高円寺に集合し、その後一八か月にわたってデモの動きは連続して広がりをみせました。二〇一二年の半ばには（推計で）二〇万人ほどが集まって国会や首相官邸を取り巻きました。一見したところ、これらの出来事は、政府による原発再稼働への批判や原発の全面廃止の要求といった、単なる一つの事象への抗議にみえます。抗議活動は、（運動が盛り上がった六月に咲く花にちなんで）「あじさい革命」とも呼ばれました。この呼び名は、より深い意味を示していると思います。これは社会的政治的な変化の契機としての抗議運動というビジョンに基づき、さまざまな背景を持つ一般の人々が、政府や経済界などの失敗にうんざりし、思いやりのある持続的な新しい社会を生み出そうとした試みなのです。

「あじさい革命」という表現は、二〇一〇年十二月にチュニジアで発生し、いわゆる「アラブの春」の先駆けとなった「ジャスミン革命」を参照したものでした。腐敗や汚職や政治弾圧に抗議するために二〇一一年二月から中国全土で発生した民主派による抗議運動でも同じことが起こりました。中東のジャスミン革命のように、二〇一二年夏の日本で起こった抗議活動は、相対的に自発的かつ同時多発性をおびたものであり、あらゆる階層からの参加者を集め、その規模と熱量は多くの観察者を驚かせました。参加者のほとんどは、

「普通の市民」であり、会社員、子ども連れの大人、学生などでした。
　三月十一日以降のデモへの熱心な参加者・発言者であった歴史家の小熊英二は、日本で発生した一連の出来事を、歴史的変化のグローバルな動きの一つであるとしました。日本の反原発運動は、アラブの春やアメリカ・ウォール街での占拠運動とならんで、一つの世界的現象における三つの位相を表現していると述べました。小熊によれば、この変化のカギとなる特徴は、政治や社会運動から疎遠だった人々を巻き込む力です。音楽や踊りなどを交え、若い世代の創造力とエネルギーを運動に用いた、抗議活動のお祭りのような雰囲気に注目する議論もあります。抗議活動そのものは、希求されるべき新しい日本を短時間とはいえ創出したようにみえます。つまり、世代、階級、ジェンダーといった分断は、共通の目的を創造的に追求するなかで解消されうるものです。世界の別の地域で同時発生した社会運動と同じように、日本で短期間とはいえ起きたあじさい革命は、確固たる構造による組織化はされませんでした。長期的なビジョンは相対的に不存在なゆえに、数多くの人を集めることができました。参加者の多くは、日本の政治経済的な指導者層への強い失望を共有していました。しかし、災害が日本をよりよく、より環境にやさしく、社会的に持続可能なものにするかもしれないという希望が共有されましたが、それを具体的な実践として持続発展させることは難しかったのです。二〇一二年以降、大規模な抗議活動は下火になりました。

市民による科学、避難への権利

　同時に、政府が対応しない問題に自主的に取り組もうとする市民活動も起こりました。二〇一一年の災害以降、市民生活の必要性から生み出された自助運動です。その代表例として、「市民放射能測定所」の広範な創設が挙げられます。原発事故への恐怖や不確実性への対応の一部として、災害から四か月後の福島市で市民放射能測定所が創立されました。その動きは、郡山（二〇一一年八月）、田村（一〇月）など近隣にも広がっていきます。二〇一三年末には、福島県内の八箇所（福島、田村、郡山、須賀川、二本松、南相馬、東和）と東京・世田谷であわせて九箇所の測定所が誕生しています。それに加えて、市民団体、非営利組織、企業などさまざまな機関が日本中で数多くの放射能測定所を設置しました。ジェンダーや環境問題の専門家であるアヤ・ヒラタ・キムラは、二〇一四年初頭には、北は北海道から南は熊本まで、その数は七四にも達したと報告しています。

福島県外に避難した人々は、県内に残った人々と同じく、自分たちが直面した危機を乗り越えるため、自発的な行動で問題に対処しなければならない環境におかれました。例えば、二〇一五年一〇月、『避難の権利』を求める全国避難者の会」が誕生しています。共同代表の宇野さえこが述べるように、この会は、「避難するかまたは（汚染地に）留まるかの自己決定」の権利は保証されるべきであると主張しています。中央政府や地方自治体が避難者への支援の打ち切り、放射線量が高い地域への帰還を推進している現在、その権利の主張は、ますます重要性を増しています。

現在進行形の問題

東日本大震災の後、日本政府は放射線被ばくに関する安全基準を緩和し、年間被ばく線量が二〇ミリシーベルト以下であれば健康に大きな影響はないとしました（それまでは年間一ミリシーベルト）。二〇一八年に福島県は、葛尾、飯館、浪江、富岡から避難した人々への仮設住宅の無償貸与を二〇二〇年三月までに停止すると発表しました。当該地域には政府によって「帰還困難区域」とされている箇所もあります。グリーンピースの調査では、政府が定めた放射線量の目標数値に今世紀の半ば（浪江の一部分では次世紀）まで達する見込みがない地域があるにもかかわらず下された決定でした。このような政府の方針は、放射性物質及び廃棄物の管理と処分に関する国連特別報告者から批判を受けました。地域を汚染する高い放射線量は、そもそも政府や東京電力が責任を負うべき事項です。避難するにせよ帰還するにせよ、それは自分たちだけが決める権利を有するとする、「『避難の権利』を求める全国避難者の会」からの強い抗議を引き起こしました。

この問題がもつ別の局面は、日本の出入国管理政策の変更によって明らかになりました。出入国管理及び難民認定法の改正は、さまざまな産業で働く外国人に限定的な労働許可と居住権をあたえました。外国人労働者を受け入れることのできる業種には、原発廃炉作業が含まれました。これは、外国人労働者が被曝する危険性や、契約終了後に帰国するか他国へと移る移民労働者の健康状態を把握することの困難さから、大きな懸念が示されています。

東電福島第一原発事故は、国内的であると同時に国際的なイシューでもありました。海洋に投棄ないしはあふれ出した事故原発の汚染水の影響は、米国、ソ連、中国等によるこれまでの核実験で日本が受けたのと同様に、国境を越えて広がっています。この災害は、原子力をめぐるリスクや不確実性についての今後の教育や討論、さらには、この災害が環境にあたえる影響を継続的に明らかにすることへの必要性を明示しました。放射線量の上昇が、日本のみならず世界中にあたえる影響への理解が、科学的により一層深まることになるのでしょう。

【引用・参考文献】

Hirata Kimura, A., 2016, *Radiation Brain Moms and Citizen Scientists: The Gender Politics of Food Contamination after Fukushima*, Duke University Press.
栗原彬編、二〇一六『人々の精神史9　震災前後――２０００年以降』岩波書店。
瀬戸内寂聴ほか、二〇一二『原発とデモ――そして、民主主義』筑摩書房。
吉岡斉、二〇一一『原子力の社会史――その日本的展開』（新版）朝日新聞出版。

あとがき

本書をむすぶにあたって、本書ができあがるまでの経緯と背景について若干述べておきます。

本書は、モビリティ研究会での議論をベースにしています。いまからほぼ八年前になるでしょうか。伊豫谷と吉原が共同で編者に加わった『人の移動事典』の刊行を契機にして移動について近(した)しく議論することになり、その延長上でモビリティ研究会が立ち上がることになりました。もともと伊豫谷は『グローバリゼーションとは何か』、『移動という経験』等の刊行を経て移動に辿り着いていました。他方、吉原はといえば、『モビリティと場所』、『社会を越える社会学』等の刊行を媒介にして移動への関心を深めていました。つまり、伊豫谷はグローバリゼーション・スタディーズを推敲する中で、そして吉原は「移動論的転回」(mobilities turn)にいっそう寄りそう中で、社会科学の中心に移動を据えることの重要性を認識するようになっていたのです。

さてそういうことで、二人の呼びかけで、主に一橋大学の伊豫谷ゼミの出身者と東北大学の吉原ゼミの出身者が中心になって、二〇一一年にモビリティ研究会が発足しました。その後、伊豫谷と吉原が別の大学に赴任するとともに、メンバーの多少の異同を経て、二〇一六年から現在のメンバーで二カ月に一度の研究会を続けてきました。毎回報告者を決めて、その報告内容について自由に議論するというスタイルを踏襲してきました。その際、中心も周辺もない横並びのメンバーシップの特徴を活かしながら、研究者としてのキャリアに左右されない闊達な議論が展開されました。本書は、そうしたモビリティ研究会が積み上げてきた論議を現時点で集約し、形にしたものです。その点で、本書はあくまでも中間的成果のとりまとめという性格を出ません。

研究会で常に意識してきたことは、二一世紀という時代／現代を移動から問うということでした。そしてメンバーの多くが主に社会学を学んできたということもあって、上述の問いを社会学のありようとかかわらせて提起してきました。こういうと、社会学内部の閉じられた動きのようにみえるかもしれませんが、研究会としてはむしろ、移動から〈いま〉を問うという営為自体が社会に生きる個々のメンバーの立ち位置を確認するということ、つまり生きられた人間のポジショニングにつながることをめざしてきました。そうすることによって、テーマを他人事（ひとごと）ではなく自分事として引き受けることが可能になり、空疎な理論偏重にも些末な実証にも陥らないことを回避することができるようになりました。

同時に、研究会の議論をできるだけ厚みのあるものにするために、移動に照準しながらもそれを越える事象——なかには一見かかわりのないようにみえる事象——にも目配りをしました。この数年間、あまりにも社会が激しく動き、テーマに関連して社会に向き合うことが困難に思われるような状況が続いたものだから、必然的に視野を広げざるを得なかったわけです。しかし結果としてみれば、そのことによって最初にたてた問いの有効性がある程度論証されることになりました。すなわち〈移動と場所〉というテーマ設定を通して、民主主義、多文化主義、そして三・一一を再帰的に問い直すことになったのです。移動を通して知のあり方を問うこと、つまり思想／理論の深みを問い質すことも、この再帰的な問い直しを抜きにしてはあり得なかったでしょう。

ところで以上のモビリティ研究会のスタンスと関連して、ここでもう一つ指摘しておきたいのは、本書が狭い意味での専門研究者を対象としていないということです。むしろ本書が(読んでもらいたいと)想定している読者は、いまという時代／現代を生きにくいと考えている人びと、かりにそこまでいかないにしても何らかの違和感を抱いている人びとや大学生です。本書では、テーマに関連してなされてきた従来の原理的、理論的な論じ方、問題の立て方を直接、対象とはしていません。むしろ本書を手にとることによって、読者と本書の執筆にかかわっている者との間に何らかの共通感覚のようなものができあがることを望んでいます。「はじめに」に言及した「三重奏によって『移動からいまを問う』という内容」構成も、実はこのことを期待して打ち立てられたものです。もちろん、それが成功しているかどうかは、読者の判断にゆだねるしかありませんが、誰に向かって本書を届けようとしているのかを理解していただければ幸いであると考えています。

本書はメンバーの抱えるいろいろな事情のために、当初予定していたスケジュールを変更して刊行されることになりました。しかしそのことによって内容上大きな困難が生じたとは思いません。むしろスケジュールの変更によって、メンバー間でより緊密な意思の疎通ができたのではないかと考えています。いまから振り返ってみますと、比較的短期間に一橋大学、大妻女子大学、大阪経済法科大学、青山学院大学を転々としながら、濃密な議論をおこなったことで本書刊行へのはずみがついたように思います。その点で研究会の会場を快く提供していただいた上記の諸大学には、いくら感謝してもしすぎることはありません。

それとともに、企画成案中に企画の意義に深い理解を示され、途中から本書の執筆陣に加わっていただいたテッサ・モーリス＝スズキさん、それからテッサさんの玉稿を達意に翻訳していただいた山岡健次郎さん、飯笹佐代子さん、辛島理人さんには、あらためて謝意をお伝えします。テッサさんのこれまでのお仕事については、もはや贅言を尽くすまでもありませんが、テッサさんの本書への参加が（本書）内容の刷新に深くかかわっていることもまた疑う余地はありません。

最後に、本企画を引き受けていただいたハーベスト社の小林達也さんには、筆舌に尽くしがたいほどお世話になったことを記しておきます。小林さんは企画成立以降、文字通り本書の生みの親としてほぼ毎回研究会に出席され、内容面だけでなく文体構成面にも委曲を尽くしたご意見を出され、作品としての推敲に寄与していただきました。そして（本書刊行に至る）いよいよ最終段階で、走りながらゴールに駆け込むわれわれを叱咤激励してくれました。

本当にありがとうございました。

吉原直樹

二〇一九年盛夏

索引
（50 音順）

〈ア　行〉

〈カ　行〉

著者紹介

〈編者〉

伊豫谷登士翁（いよたに としお）一橋大学名誉教授
テッサ・モーリス＝スズキ（Tessa Morris-Suzuki）元オーストラリア国立大学・教授
吉原直樹（よしはら なおき）横浜国立大学大学院都市イノベーション研究院・教授／東北大学名誉教授

〈執筆者・訳者〉

飯笹佐代子（いいざさ さよこ）青山学院大学総合文化政策学部・教授
伊藤美登里（いとう みどり）大妻女子大学人間関係学部・教授
辛島理人（からしま まさと）神戸大学国際人間科学部・准教授
笹島秀晃（ささじま ひであき）大阪市立大学大学院文学研究科・准教授
高野麻子（たかの あさこ）明治薬科大学薬学部・専任講師
高橋雅也（たかはし まさや）埼玉大学教育学部・准教授
武内進一（たけうち しんいち）東京外国語大学現代アフリカ地域研究センター・教授／日本貿易振興機構アジア経済研究所・上席主任調査研究員
松本行真（まつもと みちまさ）近畿大学総合社会学部・准教授
望月美希（もちづき みき）東京大学大学院新領域創成科学研究科・客員共同研究員／明星大学人文学部・非常勤講師
山岡健次郎（やまおか けんじろう）香川高等専門学校一般教育科・准教授
山脇千賀子（やまわき ちかこ）元文教大学国際学部・教授

応答する〈移動と場所〉(おうとうするいどうとばしょ)
—21世紀の社会を読み解く—

発　行 ——2019年10月10日　第1刷発行
——定価はカバーに表示

©編　者 —伊豫谷登士翁
—テッサ・モーリス＝スズキ
—吉原直樹

発行者 —小林達也
発行所 —ハーベスト社
〒188-0013 東京都西東京市向台町2-11-5
電話　042-467-6441
振替 00170-6-68127
http://www.harvest-sha.co.jp
印刷・製本　㈱日本ハイコム
落丁・乱丁本はお取りかえいたします。
Printed in Japan
ISBN978-4-86339-110-9 C1036